国家社会科学基金项目（16BTJ001）最终成果

|博士生导师学术文库|

A Library of Academics by
Ph.D.Supervisors

中国国民财富统计测度研究:
基于总量构成、地区配置与跨期转换

郝　枫　著

光明日报出版社

图书在版编目（CIP）数据

中国国民财富统计测度研究：基于总量构成、地区配置与跨期转换 / 郝枫著 . -- 北京：光明日报出版社，2022. 9

ISBN 978-7-5194-6794-4

Ⅰ. ①中… Ⅱ. ①郝… Ⅲ. ①中国经济—国民财富—经济统计—测度（数学）—研究 Ⅳ. ①F222. 33

中国版本图书馆 CIP 数据核字（2022）第 165290 号

中国国民财富统计测度研究：基于总量构成、地区配置与跨期转换
ZHONGGUO GUOMIN CAIFU TONGJI CEDU YANJIU：JIYU ZONGLIANG GOUCHENG、DIQU PEIZHI YU KUAQI ZHUANHUAN

著　　者：郝　枫

责任编辑：李壬杰　　　　责任校对：赵海霞
封面设计：一站出版网　　责任印制：曹　净

出版发行：光明日报出版社
地　　址：北京市西城区永安路 106 号，100050
电　　话：010-63169890（咨询），010-63131930（邮购）
传　　真：010-63131930
网　　址：http：//book. gmw. cn
E - mail：gmrbcbs@ gmw. cn
法律顾问：北京市兰台律师事务所龚柳方律师

印　　刷：三河市华东印刷有限公司
装　　订：三河市华东印刷有限公司
本书如有破损、缺页、装订错误，请与本社联系调换，电话：010-63131930

开　　本：170mm×240mm
字　　数：305 千字　　　　印　　张：17. 5
版　　次：2022 年 9 月第 1 版　　印　　次：2022 年 9 月第 1 次印刷
书　　号：ISBN 978-7-5194-6794-4

定　　价：95. 00 元

前　言

21 世纪初，在世界银行和联合国的大力推动下，国民财富测度研究迅速兴起并备受瞩目。国民财富是理解可持续发展、经济增长与国民福利之间内在关系的关键概念。在统一框架内系统开展国民财富与分类资本测度，有效反映国民财富总量、结构、人均水平及其变化趋势，有助于准确评估综合国力及可持续发展能力。深入考察人力资本省际流动、自然资本跨期转换、资本适宜比率与经济发展关键资本，清晰揭示国民财富的空间分布与动态演进特征，可为促进我国区域协调发展、增强发展可持续性提供重要的数据参考与政策空间。我国正步入经济发展模式转型的关键时期，在可持续发展视野下系统开展国民财富测度研究，具有的重要的学术价值和现实意义。

本书充分借鉴该领域已有的理论与经验研究成果，立足我国经济发展现实，基于“财富—福利等式”视角，对我国国民财富总量构成、地区配置与跨期转换进行专题研究。力图实现如下目标：（1）加强对国际最新研究成果的消化吸收，在统一框架下系统开展国民财富与分类资本测度，据以揭示资本适宜比率、识别经济发展关键资本、测算自然资源租金转换效率，进而评估财富积累路径可持续性。（2）刻画我国国民财富空间分布，厘清省区财富结构主导模式演进路径，澄清人力资本跨区流动方向与强度，并借助人均财富收敛性检验揭示区域发展均衡性。（3）适应我国国情和数据约束，充分利用实际统计资料和专项研究成果校准模型关键参数，兼顾国民财富与分类资本测度方案的理论合理性与可操作性，为推动我国国民财富统计核算体系建立提供参考。

全书共十一章，分为四个板块。第一板块为前两章，提出研究思路与整体框架。第一章是全书总体纲要，简要交代选题背景与意义，说明研究思路与方法，介绍重点难点和结构安排，并阐明本书创新之处。第二章对两大国际机构使用的国民财富测度范式进行梳理与比较，进而确定我国国民财富测度研究的方法与路径。

第二板块为三至六章，具体开展分类资本与国民财富测算工作。第三章利用 PIM 估算全国与各省区 1952—2017 年产出资本 K，从总量、人均与速度等方面做比较分析。第四章分别采用代理指标法、成本法和收入法估算全国和各省区人力资本 H，据其进行总量、增速及地区比较，并选定收入法人力资本数据用于国民财富结构分析。第五章综合利用世界银行 WDI 数据集与我国官方统计数据，利用 NPV 法估算全国和各省区自然资本 N，从总量、人均、增速等方面进行省区比较，并对 6 种细分资本进行深入考察。第六章采用世界银行“自上而下—自下而上”方法，结合我国实际优化消费增长率、资本收益率及最大时间跨度等关键参数，估算全国和各省区国民财富 W，与国内外同类研究结果进行比较，为国民财富结构分析奠定基础。

第三板块为七至十章，利用国民财富测度结果多角度开展专题分析。第七章，综合利用分类资本估算结果，从全国和省区层面计算国民财富结构，对其比重与趋势差异进行省际比较，并梳理国民财富结构各种模式之间的关系。第八章基于国民财富估算结果，在国际比较视野下，对经济实力与人均福利进行专题分析。第九章着力评估我国国民财富积累可持续性。首先，考察国民财富中各类重要资本之间是否存在适宜比率；其次，估算各类资本的要素替代弹性，借助关键资本检验比较各类资本对经济发展的相对重要性；最后，考察我国各省区自然资源租金向其他资本类型的转换能力，据以评估其国民财富积累和经济发展的可持续性。第十章进一步开展我国区域经济发展均衡性分析。一方面，直接考察人均国民财富收敛特征，并比较各省区之间各类资本产出效率的敛散性；另一方面，着眼于人力资本跨区流动的规模与影响，由资本空间流动视角间接评估区域经济发展的均衡性。

第四板块为第十一章，对全书各章国民财富测度结果与专题分析进行梳理与提炼，给出综合结论与整体判断。

本书坚持统计学与经济学交叉研究，以理论演绎与经验归纳并重、实证分析与规范分析兼顾、强调数据处理方法规范性为主要特色。创新性主要表现在三个方面：第一，扩展研究范围，明确将我国国民财富跨区流动（以人力资本为重点）及类型转换（自然资本向其他资本转化）作为研究主题，有力推动该领域研究深化。第二，改进研究方法，利用我国实际统计数据和专项研究成果校准模型关键参数，提高分类资本测度质量，进而提高我国国民财富测度与分析的有效性。第三，强化政策价值，突出本土化导向，深入剖析我国国民财富积累路径、区域配置特征、跨期转换模式及关键资本类型，为促进我国财富积累可持续性和区域发展均衡性提供有益参考。

本研究的主要建树体现在紧密联系的三方面。其一，充分借鉴两大国际研究机构国民财富测度范式，采用“自下而上—自上而下”方法，扩展分类资本直接测度范围，并由余值法测度社会资本，该方案具有较强的可操作性，可为推动国民财富核算纳入我国官方统计体系提供参考。其二，立足国情，紧扣中国经济发展转型特征，对改革开放以来各省区国民财富和分类资本进行系统估算，强调国民财富空间分布及人力资本跨区流动对区域发展均衡性的影响，识别经济发展的关键资本并揭示我国国民财富结构主导模式演进路径，增强该领域研究对我国国民财富内在特征的认识。其三，针对我国国民财富测度遇到的数据瓶颈，在数据搜集、调整、估算、整合与评估方面做了大量细致工作，初步建立起我国改革开放以来省级国民财富与分类资本专题数据库。

本书就我国国民财富统计测度进行专题研究，初步取得若干有参考价值的认识与判断。但在国民财富涵盖范围完整性、分类资本估算方法协调性等方面，仍有诸多不足和较大扩展空间。鉴于国民财富测度与分析工作极端重要且极具挑战，该领域研究的深化与扩展需要在理论、方法、数据等方面做出艰苦努力。愿与学界同仁共同努力，推动我国国民财富核算体系的建立。

郝 枫

2021 年 9 月

目　录
CONTENTS

第一章　导论 ······ **1**
第一节　选题背景与意义 ······ 1
第二节　研究思路与方法 ······ 3
第三节　主要内容与结构 ······ 5
第四节　研究创新与不足 ······ 7

第二章　国民财富测度范式比较 ······ **10**
第一节　历史回顾 ······ 10
第二节　世界银行研究范式 ······ 13
第三节　联合国研究范式 ······ 19
第四节　研究范式比较与选择 ······ 23

第三章　我国产出资本 K 估算 ······ **26**
第一节　文献回顾 ······ 26
第二节　估算方法 ······ 35
第三节　估算结果 ······ 47
第四节　估算结果评估 ······ 57

第四章　我国人力资本 H 估算 ······ **63**
第一节　文献回顾 ······ 63

第二节　代理指标法估算 …… 68
第三节　成本法估算 …… 73
第四节　收入法估算 …… 80
第五节　结果选择与补充讨论 …… 91

第五章　我国自然资本 N 估算 …… 97
第一节　文献回顾 …… 97
第二节　估算方法 …… 99
第三节　估算结果 …… 108
第四节　总结与认识 …… 119

第六章　我国国民财富 W 估算 …… 123
第一节　文献回顾 …… 123
第二节　估算方法 …… 125
第三节　估算结果 …… 133
第四节　估算结果比较 …… 143

第七章　我国国民财富结构与演进模式 …… 152
第一节　我国国民财富结构 …… 152
第二节　各省区国民财富结构 …… 155
第三节　分类资本比率分析 …… 168
第四节　总结与认识 …… 171

第八章　各省经济实力与人均福利比较 …… 174
第一节　经济实力及变化趋势 …… 174
第二节　国民财富产出比分析 …… 176
第三节　人均福利水平分析 …… 181
第四节　结论与认识 …… 187

第九章　我国国民财富积累可持续性评估 …………………………… 191
第一节　资本适宜比率 ………………………………………………… 191
第二节　关键资本检验 ………………………………………………… 197
第三节　资本类型转换分析 …………………………………………… 211
第四节　结论与认识 …………………………………………………… 221

第十章　我国区域经济发展均衡性分析 ……………………………… 227
第一节　引言 …………………………………………………………… 227
第二节　人均财富收敛性检验 ………………………………………… 229
第三节　资本产出效率收敛性 ………………………………………… 235
第四节　人力资本省际流动考察 ……………………………………… 238
第五节　结论、建议与展望 …………………………………………… 246

第十一章　整体结论与认识 ………………………………………… 249
第一节　研究范式比较与选择 ………………………………………… 249
第二节　国民财富与分类资本测算 …………………………………… 249
第三节　各地区经济实力与人均福利 ………………………………… 250
第四节　我国财富积累可持续性 ……………………………………… 250
第五节　我国区域经济发展均衡性分析 ……………………………… 251

参考文献 ……………………………………………………………… 252
后　记 ………………………………………………………………… 267

第一章　导论

本书旨在系统测度中国国民财富总量，进而对其资本构成、地区配置与跨期转换进行分析，并据以评估我国经济发展可持续性。本章为全书的总纲，简要交代选题背景与意义，说明研究思路、研究方法与结构框架。

第一节　选题背景与意义

一、选题背景

2006 年，世界银行发布了题为“国民财富何处觅”（*Where is the Wealth of Nations? Measuring Capital for the 21st Century*）的《国民财富报告》。报告标题令人自然联想到亚当·斯密（Adam Smith）1776 年出版的《国民财富的性质和原因的研究》（*An Inquiry into the Nature and Causes of the Wealth on Nations*）。斯密的划时代巨著，重点从理论上探究国民财富的本质及起源。世界银行 2006 年的报告则利用 2000 年的数据，细致估算 118 个国家和地区的财富构成，并试图借助统计测度与经验分析方法探寻国民财富的源泉。此后，世界银行于 2011 年和 2018 年相继发布新版报告，有力推动了国民财富测度与分析工作的进展。

尽管比世界银行起步稍晚，联合国下属两个研究机构也积极投入国民财富测度研究①，并开启包容性财富（Inclusive Wealth）测度。迄今，先后发布三份《包容性财富报告》（UNU-IHDP &UNEP，2012、2014、2018）。同世界

① 一是联合国大学的国际全球环境变化人文因素计划（UN University-International Human Dimensions Programme，UNU-IHDP），二是联合国环境规划署（UN Environment Programme，UNEP）。

银行系列报告一样，随着理论研究进展和可得数据更新，联合国包容性财富报告的研究方法也在不断改进。

国民财富测度工作之所以迅速兴起并倍受瞩目，主要源于其同经济可持续发展目标和政策调控的高度契合。20 世纪末提出的千年发展目标（Millennium Development Goals）特别强调可持续发展理念，并对提高人类福利、持续减少贫困重新做出承诺。① 经济增长是发展中国家提高福利的根本手段，为实现千年发展目标，发展中国家必须保持一定速度的经济增长。然而，建立在对自然资源破坏性开采和对生态环境过度破坏代价之上的经济增长，终将难以为继。当前全球范围内自然资源的快速损耗与退化，将严重破坏为实现千年发展目标所做的努力，这已引发众多国家和国际机构的深切关注。

为加深对可持续发展、经济增长与国民福利之间内在关系的认识，大量学者和研究机构做出了持续努力并取得重要进展。众多研究发现，国民财富是理解上述问题的关键概念。采用涵盖众多资本类型的广义财富度量，首要动机是研究财富变化与未来福利及可持续发展之间的联系。一方面，财富水平及其构成对一国发展至关重要；另一方面，由储蓄—投资机制引发的财富变动，决定一国的福利前景及发展的可持续性。各类资本作用不同，其相互间的组合、转换与替代，也会深刻影响一国的发展绩效。按照世界银行的观点，不妨将可持续发展看作一种“投资组合管理”（Portfolio Management）。将总财富水平与构成、人均财富变化，尤其是反映财富变化的“真实储蓄”作为指示器，有助于各国决策者对其发展政策与发展路径进行监测。总之，财富分析是协调可持续发展、经济增长、福利变化之间关系的核心所在。对国民财富的有效测度和深入分析，有助于为世界各国可持续发展的前景提供重要洞见。

在两大国际机构系列报告的影响与推动下，10 余年来，美国、英国、加拿大等发达国家进一步强化了国民财富统计测度，而我国官方统计和学术研究在此方面明显滞后。本书力图消化吸收国民财富测度研究的最新国际进展，结合我国实际开展系统性国民财富测度与分析，为我国国民财富核算和可持续发展政策调控提供思路借鉴与数据支持。

① 千年发展目标是联合国千年峰会之后，各国承诺致力于在 2015 年之前达成的 8 项国际发展目标：（1）消除极端贫困和饥饿；（2）实现普及初级教育；（3）促进两性平等；（4）降低儿童死亡率；（5）改善产妇健康；（6）防治艾滋病、疟疾及其他疾病；（7）确保环境可持续性；（8）构建全球发展伙伴关系。

二、研究意义

充分整合分类资本测度成果、设计合理可行的国民财富统计程序与操作方案，有助于搭建经济理论与统计实践间的桥梁。尽管对我国而言，将国民财富纳入官方核算的时机尚不成熟，但充分借鉴国际组织研究范式和发达国家实践经验，从学术研究层面开展国民财富估算专题研究，为我国日后开展国民财富核算提供必要积累已是当务之急。

国民财富核算对评估和促进可持续发展意义重大。在统一框架下系统开展国民财富与分类资本测度，有效反映国民财富总量、结构、人均水平及其变化趋势，有助于准确评估综合国力及可持续发展能力。深入考察人力资本省际流动、自然资本跨期转换、资本适宜比率与经济发展关键资本，能清晰揭示国民财富的空间分布与动态演进特征，为促进我国区域协调发展、增强发展可持续性提供重要的数据参考与政策空间。总之，我国正步入经济发展模式转型的关键时期，在可持续发展视野下系统开展国民财富测度研究，具有的重要的学术价值和现实意义。

第二节 研究思路与方法

一、研究思路

本书的主要研究目标包括四个方面。一是构建国民财富时序数据，分析其变化趋势，据以评估我国发展模式的可持续性。二是测度各省国民财富，通过地域和收入分组考察财富构成与人均财富随发展阶段的变化模式。三是利用我国实际数据校准国外模型的参数设定，改进分类资本测度，有效刻画我国国民财富的空间分布与省际流动。四是识别关键资本，从可持续发展视角审视资本组合及类型转换的合意性。

为实现上述目标，本研究将从三个层面逐步推进。具体研究思路与技术路线如图 1.1 所示。首先，测度国民财富总量、结构、人均水平，并考察其变化趋势。其次，测度国民财富及分类资本的地区分布与省际流动，并考察各类资本之间的跨期转换。最后，评估我国财富积累与可持续发展目标的一致性，并以人均财富收敛性检验区域发展均衡性。

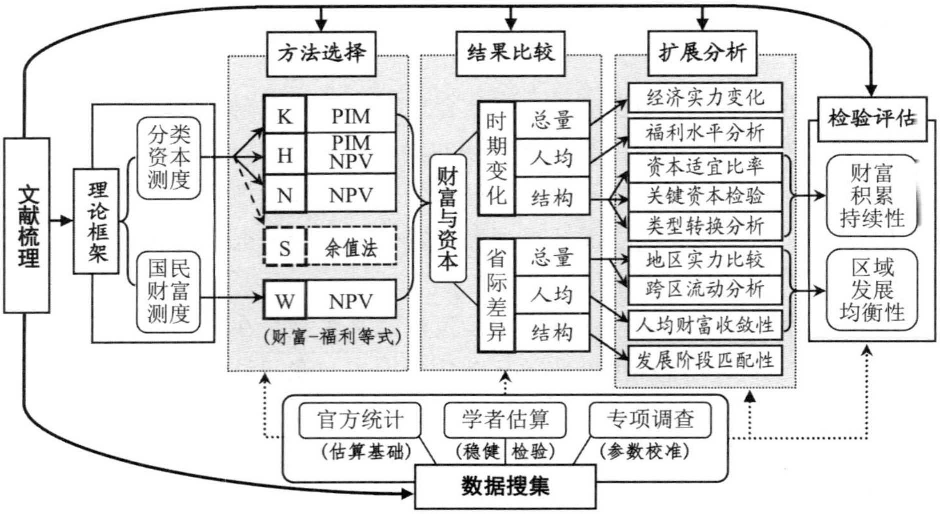

图 1.1　研究思路与技术路线

具体而言，可分解为以下五个方面。

1. 国民财富总量测度及趋势变化：根据“财富-福利等式”（Wealth-Wellbeing Equation），以 NPV 法（净现值法）测度我国国民财富总量及人均水平，并考察其在 1978—2017 年的变化趋势。

2. 国民财富分类测度与结构分析：以 PIM（永续盘存法）测度产出资本并据其推算城市土地价值，以 NPV 法测度自然资本，以成本法与收入法测算人力资本价值量，以余值法推算社会资本，进而考察国民财富结构及其主导模式演化路径。

3. 国民财富空间分布与跨区流动：在省级层面考察国民财富的地区配置，先由静态角度考察总财富及分类资本的空间分布，再从动态角度测度人力资本的省际流动。

4. 国民财富类型转换与跨期更替：探讨可持续发展目标下各类资本的适度比率，估算各类资本间替代弹性以识别关键资本，进而评判国民财富类型转换与跨期更替的合意性。

5. 国民财富积累路径检验与评估：据各省人均财富收敛性检验区域发展均衡性，以反事实（Counterfactual）情境检验法评估我国财富积累路径可持续性。

二、研究方法

采用统计学与经济学交叉研究的基本范式，将经济理论适用性与经济政策有效性作为统计学研究对象。以官方核算数据为基础，辅以专项调查确定关键参数，综合利用统计学和计量经济学方法进行实证测度与分析。

（1）基于“财富-福利等式”测度国民财富，以 PIM 测度物质资本、以 NPV 法测度自然资本、结合 PIM 与 NPV 法测度人力资本，利用余值法推算社会资本，并据以开展国民财富结构分析。（2）国民财富空间分布与跨区流动分析，采用人口流动矩阵分析和计量经济模型方法。（3）利用多层嵌套 CES（常替代弹性）和 Translog 生产函数估计各类资本之间的替代弹性，以实现关键资本检验。（4）采用反事实检验法评估全国及各省财富积累可持续性，借鉴经济增长理论以人均财富收敛性检验区域发展均衡性。

第三节 主要内容与结构

一、主要内容

本书以中国国民财富为研究对象，系统测度其总量与结构、区域分布、人均水平及变化趋势，识别其省际流动及跨期转换特征，检验各类资本关键性及相对比率变化，评估我国国民财富积累模式可持续性及区域发展均衡性。

在国内外研究基础上，从四个方面推进该领域研究。一是加强对国际最新研究成果的消化吸收，密切关注世界银行与联合国研究范式合流动向，据此选择更适宜的理论框架作为我国国民财富测度的基础。二是充分利用国内分类资本测度成果，整合既有研究，开展交互验证，提高国民财富组成部分（尤其是人力资本和自然资本）测度结果的准确性与可靠性。三是针对现有研究局限进行实质性扩展，将人力资本省际流动和自然资本跨期转换作为重要着力点，考察地区发展可持续性的演进特征，检验各类资本关键性并识别其相对比率变化模式。四是针对我国国情和数据约束，增强国民财富及分类资本测度方法的可操作性，设计合理易行的统计程序与操作方案，推动尽早将其纳入官方统计核算体系。

二、章节安排

本书共分十一章。除第一章导论外，其余各章主要内容如下。

第二章，国民财富测度范式比较。对两大国际机构采用的国民财富测度范式进行梳理与比较，进而确定我国国民财富测度研究的方法与路径。

第三章，我国产出资本 K 估算。利用 PIM 估算全国与各省区 1952—2017 年产出资本（含城市土地价值）序列，从总量、人均与速度等方面比较分析，并将 1978—2017 年的数据用于国民财富结构分析。

第四章，我国人力资本 H 估算。分别采用代理指标法、成本法和收入法估算全国和各省区人力资本 H，利用估算结果进行总量、增速及省区分布比较，并选定收入法人力资本数据用于后续国民财富结构分析。

第五章，我国自然资本 N 估算。综合利用世界银行 WDI 数据集与我国官方统计数据，利用 NPV 法估算我国全国和各省区自然资本存量，从总量、人均、增速等方面进行省区比较，并针对自然资本 6 种细分资本进行比较分析。

第六章，我国国民财富 W 估算。采用世界银行“自上而下—自下而上”（Top-down and Bottom-up Approach）方法，结合我国实际优化消费增长率 g、资本收益率 r 及最大时间跨度 T 等关键参数，估算全国和各省区国民财富 W，与国内外同类研究结果进行比较，为国民财富结构分析奠定坚实基础。

第七章，我国国民财富结构与演进模式。综合利用第三章至第六章估算结果，分别从全国和省区层面计算国民财富结构，对其比重高低与趋势差异进行省际比较，并就国民财富结构不同模式之间的关系进行梳理。

第八章，各省经济实力与人均福利比较。对衡量经济实力而言，作为存量指标的国民财富比作为流量指标的 GDP（国内生产总值）更具优势。同时，相较于人均 GNI（国民总收入）等收入指标，人均国民财富能更好地反映消费能力与福利水平。本章利用国民财富估算结果，基于国际比较视角，对经济实力与人均福利进行专题分析。

第九章，我国国民财富积累可持续性评估。首先，考察国民财富中各类重要资本之间是否存在适宜比率。其次，估算各类资本之间的要素替代弹性，借助关键资本检验比较各类资本对经济发展的相对重要性。最后，考察我国各省区自然资源租金向其他资本类型转换的能力，据以评估其国民财富积累和经济发展的可持续性。

第十章，我国区域经济发展均衡性分析。本章进一步开展我国区域经济发展均衡性分析：一方面，直接考察人均国民财富收敛特征，并比较各省区之间各类资本产出效率的敛散性；另一方面，着眼于人力资本跨区流动的规模与影响，由资本空间流动视角间接评估区域经济发展的均衡性。

第十一章，整体结论与认识。对此前各章国民财富测度结果与专题分析进行梳理与提炼，给出综合结论与判断。

三、重点难点

研究重点为：（1）在统一框架内开展全国与各省国民财富及分类资本测度；（2）探讨全国及各省国民财富结构主导模式演进路径；（3）识别关键资本，探讨各类资本的适度比率及跨期转换，检验国民财富积累路径可持续性；（4）考察国民财富及分类资本的地区分布与省际流动，并通过人均财富与资本产出效率收敛性检验评估区域发展均衡性。

研究难点为：（1）理论方面，评估现有两大理论框架的优缺点及其对中国的适用性，在理论严整性与模型操作性之间寻求平衡；（2）方法方面，综合运用三类方法测度人力资本并考察其跨省流动特征，借助我国实际统计数据和专项研究成果优化我国国民财富测度的关键参数设定；（3）数据方面，细致开展数据收集、估算与调整，克服基础数据可得性障碍，确保结果可比性与一致性。

第四节 研究创新与不足

一、创新之处

本书系统测度我国国民财富总量、结构、区域分布、人均水平及变化趋势，识别其省际流动及跨期转换特征，探寻资本比率变化并检验各类资本关键性，最终评估我国国民财富积累模式可持续性及区域发展均衡性。

主要特色为坚持统计学与经济学交叉研究，并强调数据处理方法规范性。一是理论演绎与经验归纳并重，既基于“财富—福利等式”界定财富积累与发展可持续性关联，又借助实际数据识别资本适宜比率与财富结构主导模式演进路径。二是实证分析与规范分析结合，既关注国民财富总量结构及变化趋势客观状态，又关注不同财富积累模式对发展可持续性的影响及其福利效应。三是定性分析与定量分析并重，综合利用统计学与计量经济分析工具，对定性理论假说进行量化检验。

其创新性，主要表现在三个方面。

第一，充分借鉴两大国际研究机构国民财富测度范式，选定“自下而上—自上而下”思路，结合三类方法直接测度人力资本，并由余值法间接测度社会资本。该方案兼具合理性与可操作性，可为推动国民财富核算纳入我国官方统计体系提供参考。

第二，针对我国国民财富测度的数据瓶颈，在数据收集、估算、调整、整合与评估方面扎实细致开展工作，初步构建我国改革开放以来省级国民财富与分类资本专题数据集。一是综合利用政府统计、学者估算、微观调查等多类数据，注重数据质量审核与一致性调整，利用各类数据交互校验与补充。二是注重借助我国实际数据和专项研究成果校准模型关键参数，提高国民财富测度与分析的有效性。

第三，立足国情，紧扣中国经济发展转型特征，突出研究本土化导向与政策价值，为提升我国财富积累可持续性和区域发展均衡性提供有益参考。基于对改革开放以来省级国民财富和分类资本的系统估算，深入剖析我国国民财富区域分布及跨区流动，厘清财富结构主导模式演进路径，挖掘跨国数据，探寻资本适宜比率，借助要素替代弹性识别关键资本，依托自然资源租金转换评估各省财富积累模式可持续性，并借助资本产出效率及人均财富收敛性检验揭示我国区域发展均衡性。

二、不足之处

本书对改革开放以来我国全国与各省区国民财富及分类资本进行测度与分析，虽取得一定进展，但仍有如下不足之处。

一是资本种类涵盖不够全面。社会资本利用余值法间接推断，因无法给出直接估计，其结果可靠性不易保证。本团队虽已就健康资本测度发表多篇论文，但鉴于健康资本测算结果的量级过大，无法与其他资本协调，故暂未纳入国民财富分析。

二是分类资本估算质量有待提升，缺失数据推算与参数设定有待优化。自然资本分类不够细致，资源寿命确定方法有待改进；成本法与收入法人力资本测算结果协调性不足，对如何取舍应做深入分析；城市土地价值估计较为粗糙，未能充分揭示各省区地价差异。

三是分析工具亟待丰富，尤其在资本类型转换分析、财富积累可持续性、区域发展均衡性分析等方面仍有很大扩展空间。

鉴于国民财富测度与分析研究极端重要且极具挑战，本书研究工作还有许多不足之处，权做抛砖引玉。期待更多学者加入国民财富测度问题研究，进而推动我国国民财富核算体系的建立。

第二章　国民财富测度范式比较

古典经济学家对国民财富的性质及成因极为重视，将其置于理论研究的中心。新古典经济学将研究重心转向效用理论与价格理论，国民财富研究遭受冷遇。20 世纪 90 年代中期以来，国民财富与可持续发展之间密切的理论联系重新引发关注，国民财富理论与测度研究再次跻身热点领域。在学术研究的推动下，世界银行最先系统开展国民财富测度与国际比较研究，联合国团队也积极投身同类工作。本章对两大国际机构采用的国民财富测度范式进行梳理与比较，进而明确我国国民财富测度的研究方法与路径。

第一节　历史回顾

自亚当·斯密的《国富论》问世以来，高度重视国民财富一直是古典经济学的重要传统。李嘉图著名的三分法，将劳动（人力资本）、资本（物质资本）、土地（自然资本）并称财富创造的三大源泉。边际革命之后，新古典经济学由强调财富创造的客观价值论转向强调效用产生的主观价值论。尽管各类“资本”在增长理论中仍有重要地位，但国民财富测度则退居经济研究的边缘。

目前，国民财富涵盖各类资本的观念已成共识，但早期研究常将国民财富与物质资本等量齐观。戈德·史密斯（Gold Smith，1951、1955）提出以 PIM 测度物质资本存量，乔根森（Jorgenson，1967、1973）做出重要扩展以兼顾资本存量与服务流量测度。1993 年 SNA（国民经济账户体系）推荐以 PIM 测算固定资本，但仅有部分发达国家有能力将其付诸实践。OECD（经济合作与发展组织）（1993、2001）出版的固定资本测度手册，对资本测度理论进展和发达国家统计实践做了系统总结。这些成果已被 2008SNA 吸纳，预示物质资本统计核算将逐渐进入发展中国家的统计实践。

人力资本理论在经济学发展史上留有浓墨重彩的一笔。明瑟（Mincer，

1974）给出基于微观数据的人力资本测度方法，宏观人力资本测度则由检验内含人力资本的新增长理论所驱动。人力资本测度方法有三大类。第一类为代理指标法，常用平均教育年限等指标刻画人力资本。得益于巴罗和李（Barro & Lee，1993）构建的著名数据集，该方法在经验研究中非常流行。尽管简便易行，但非价值量代理指标并非人力资本存量的充分测度（Kokkinen，2010），且严重限制了与物质资本的有效比较。相比之下，人力资本价值测度方法具有更坚实的理论支撑。第二类成本法仿效物质资本的 PIM 估算技术，将各类人力资本投资累积为人力资本存量（Kendrick，1976；Eisner，1985）。该方法便于评估人力资本投资的收益，但其有效性常因若干理论局限而遭质疑。第三类收入法以现存人口终身预期劳动收入的总现值测度人力资本（Jorgenson & Fraumeni，1989、1992），其本质为净现值法。该方法可避免成本法遭遇的折旧率设定难题，但其所需的细分劳动收入数据常令发展中国家望而却步。两类方法均能提供对人力资本的价值测度，经验研究表明成本法易低估人力资本，而收入法则倾向于高估人力资本（Le et al.，2003）。目前，收入法在 OECD 国家备受青睐（Wei，2004；Liu，2011），而成本法在发展中国家大有市场。由于众多理论难题与数据障碍，2008 年 SNA 尚未引入人力资本核算，但拟待时机成熟时以卫星账户引入。

20 世纪 90 年代以来，随着社会经济发展的资源环境压力加剧，学术界对自然资本的关注日益密切（Jansson，1994），催生出大量理论与经验研究。尽管可持续发展理念下，对开展自然资本核算已有高度共识，但在价值量或实物量测度的选用上分歧严重。为与其他资本核算相协调，经济学家强烈支持价值量测度，生态学家则力图基于生态足迹等实物量构建自然资本账户。两派研究相互竞争，又共同支撑 SEEA（环境与经济综合核算体系）的发展与完善。为有效反映可持续发展，2008 年 SNA 已将 SEEA（经济综合核算体系）作为最重要的卫星账户。

各类资本测度及统计核算的发展，为经济研究与政策评价提供了重要数据支持，但对识别可持续发展路径还远远不够。有鉴于此，一些学者基于“财富—福利等式”深入探讨财富与可持续发展之间的关系。

理论研究表明，财富、福利与可持续发展之间具有密切联系。世界环境与发展委员会（World Commission on Environment and Development，1987）将可持续发展定义为“在无损后代满足其自身需要的能力这一前提下，满足当代需要的发展模式”。派齐（Pezzey，1989）将可持续发展定义为“效用（utility）在任意时点均不会下降的发展路径”。达斯古塔（Dasgupta，2001）将其扩展为“社会福利在任意时点均不会下降的发展路径”，社会福利由整个发展路径上效用的净现值累计而得，故可反映跨期福利。

效用难以直接观测，给社会福利测度带来极大挑战。汉密尔顿和哈特维克（Hamilton & Hartwick，2005）在特定假设条件下证明，总财富等于未来消费流量的现值之和①，故国民财富可反映社会福利。进而，国民财富变化可用于评估可持续发展（Pearce & Atkinson，1993），且人均财富变化较财富总量变化更为有效（Dasgupta，2001）。汉密尔顿和克莱门斯（Hamilton & Clemens，1999）在社会福利最大化框架下证明，国民财富变化即经过资源损耗与环境污染调整的真实储蓄，恰好等于社会福利变化。达斯古塔和马勒（Dasgupta & Mäler，2000）放松最优化假定，证明上述结论仍然成立。综上所述，国民财富已成为反映发展可持续性的最优指标（Stiglitz et al.，2009；Arrow et al.，2012）。

在学术研究的推动下，已有多个重要国际组织转向广义国民财富测度，代表性工作有两类。一是世界银行主导的综合性财富（Comprehensive Wealth）测度：基于汉密尔顿等人的持续研究，世界银行构建了系统的国民财富测度框架，其以 WDI 数据库定期发布各国财富数据，并力图形成国民财富统计的国际规范。二是联合国主导的包容性财富测度，基于阿罗、达斯古塔等人的理论框架，相继发布三份《包容性财富报告》。

两类研究中，国民财富 W 均涵盖物质资本 K、人力资本 H、自然资本 N 及社会资本 S，二者就“国民财富既是经济福利的良好刻画，也是评估可持续发展的有力工具”也有高度共识。但对如何有效测度国民财富，双方在理论框架与操作程序上存在分歧。世界银行采用“自下而上—自上而下”方法：首先，利用 NPV 法将可持续消费贴现累积为总财富；其次，用 PIM 估算物质资本，用 NPV 法估算自然资本；最后，通过余值法推算无形资本（R=W-K-N），并借助回归模型将其分解为人力资本与社会资本。联合国则将总财富定义为所有资本品的影子价值之和，分别估算物质资本、自然资本、人力资本，并将其直接加总为国民财富。两相比较，世界银行的方法更具可操作性，保证其能逐年发布上百个国家的国民财富数据；而联合国方法的理论基础更为扎实，代表了该领域研究的发展方向。

① 实际上，萨缪尔森（Samuelson，1961）早就指出，“相比收入，财富才是对福利的唯一有效刻画”。该思想甚至可追溯到欧文·费希尔（Fisher I，1906），其认为“当前财富等于未来消费的现值”。

值得注意的是，两类研究已出现合流迹象：一方面，世界银行积极探索引入联合国及 OECD 所用的收入法直接测度人力资本，并据以改进其国民财富结构分析（Hamilton &Liu，2013）；另一方面，联合国《包容性财富报告》也大力扩充国民财富测度的国家范围，使其由 2012 年的 20 个增加为 2014 年的 140 个。

作为国民核算的国际规范，SNA 主要强调 GDP 等关键流量指标，物质资本与自然资本核算尚处附属地位，人力资本核算则处于更为边缘的地位。仅有挪威等极少数国家系统开展国民财富统计，将国民财富核算纳入国际统计规范任重道远。学术界的理论积淀、国际机构的强力推动、先行国家的统计实践，构成实现该目标的三大动力。即使国际标准出台，鉴于各国国情及政策关注有别，国民财富核算实施程序也应灵活选择。

对我国而言，将国民财富纳入官方核算还为时尚早。鉴于国民财富核算对评估和促进可持续发展意义重大，“以新发展理念引领高质量发展”对我国开展国民财富核算提出迫切要求。充分借鉴国际组织研究范式和发达国家实践经验，从学术研究层面开展国民财富估算专题研究，为我国日后开展国民财富核算提供必要积累已成为当务之急。

第二节　世界银行研究范式

一、思路与步骤

“财富—福利等式”表明，为加强对可持续发展的刻画与监测，对反映福利状况的“财富水平”与“财富变化”这两类指标必须做估计。世界银行国民财富研究以财富水平与财富变化作为其研究框架的共同支撑。下面简述其基本思路与主要步骤①。

① 世界银行国民财富测度仍处于完善过程中。世界银行 2006 年报告在 1997 年的基础上，给出基于“自上而下—自下而上”方法的国民财富测度分析框架，世界银行 2011 年报告沿用原有范式；但世界银行 2018 年报告则改为纯粹的自下而上方法（Bottom-up Approach）。此处主要总结世界银行 2006 年报告的研究框架，仅在必要时对 2018 年报告的变化做补充说明。

（一）财富水平估计

世界银行2006年和2011年报告对财富水平的估计建立在“自上而下—自下而上”方法之上。简言之，直接估算产出资本与自然资本，对难以直接估算的无形资本则用余值法间接推算。图2.1给出估计步骤与方法：（1）首先，机器设备等固定资本通过对历史投资数据运用PIM估计，城市土地价值则在此基础上乘以特定系数间接推算；（2）各类自然资本均基于NPV法估算，利用各国分类资源实物量以及自然资源租金（由世界价格和当地成本推算）获得；（3）总财富估计同样使用NPV法，根据“财富—福利等式”，其等于未来消费的净现值；（4）无形资本作为总财富与产出资本及自然资本之差求得，整体作为一个余项；而其构成分解最终借助回归方法实现。受数据限制，某些自然资源未能单独估计，最终混入无形资本余项。

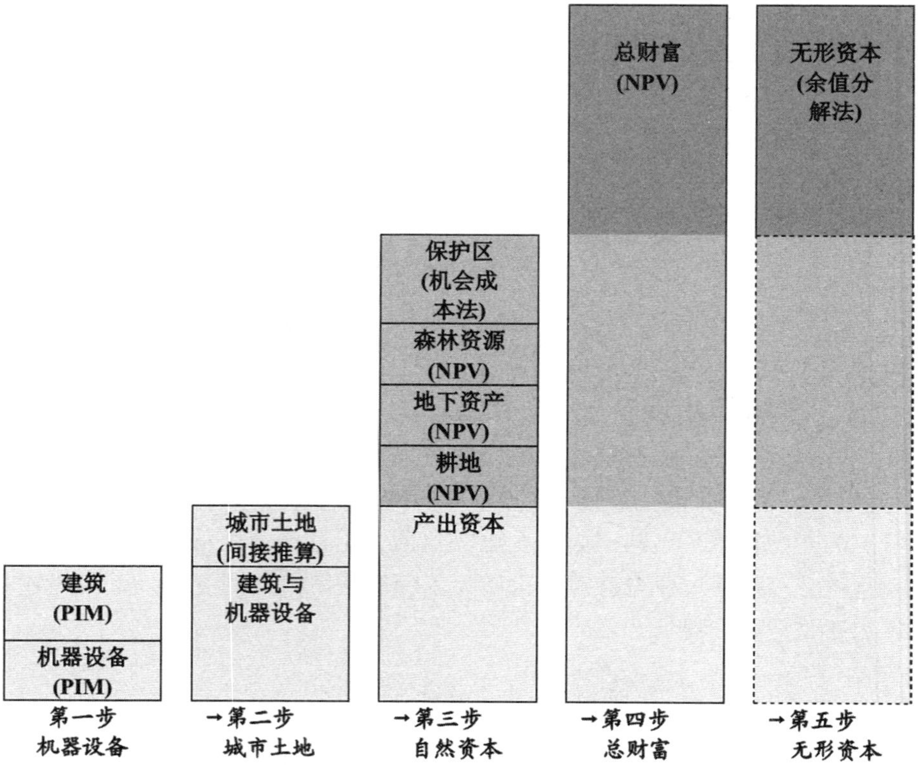

图2.1 世界银行国民财富构成及其估计方法

世界银行2018年报告做出重大调整，放弃了“自上而下—自下而上”方法，改为以收入法直接估算人力资本H，并将其与直接估算的其他各类资本加总得到国民财富。这种改变很大程度上得益于可得数据的改进，同时也与联合国研究范式更为接近。

（二）财富变化估计

世界银行不仅重视财富水平，还对财富变化进行全面度量。国民财富变化，可由真实储蓄（GS）或调整净储蓄（ANS）有效揭示。传统国民账户中，总储蓄与净储蓄指标仅关注产出资本的投资与消耗，对自然资源及其损耗反映不足，难以有效度量一国的真实储蓄。尽管自然资源（特别是能源资源与矿产资源）一般不可再生，但只要将自然资源租金通过投资转换为其他资本形式，就能保证发展的可持续性。实施可持续发展战略，客观要求强化自然资源核算，改进传统投资—储蓄估计方法。

真实储蓄可由对国民总储蓄的一系列调整给出：

$$GS=(GNS-CFC)+CEE-NRD-PD=NNS+CEE-NRD-PD \tag{2.1}$$

首先，在国民总储蓄中扣减固定资本消耗（CFC），得到国民净储蓄（NNS）；其次，加上属于人力资本投资的经常性教育支出（CEE）；最后，扣减各种自然资源损耗（NRD）以及环境污染损害价值（PD），最终得到反映国民财富变化的真实储蓄。世界银行2018年报告中，调整净储蓄的计算方法与式（2.1）并无二致，但其调整项目分类更为细致。①

二、财富水平估计

（一）国民财富W

国民财富估计使用NPV法，其等于未来消费的净现值：

$$W_t=\int_t^{\infty}C(s)\cdot e^{-r(s-t)}ds \tag{2.2}$$

其中，W_t 是 t 年总财富；C（s）是 s 年的消费；社会投资报酬率 $r=\rho+$

① 具体公式为：ANS = GNS - CFC + EDU - NFD - END - MID - CO_2 - POL。其中，EDU为教育支出，NFD为净森林损耗，END为化石能源损耗，MID为金属矿产损耗，CO_2 和POL分别为二氧化碳排放和空气污染带来的损害。

$\eta(\dot{C}/C)$，取决于纯时间偏好率 ρ，效用对消费的弹性 η，以及消费增长率 $(\dot{C}/C)$。在 $\eta = 1$，且消费以固定速度增长的假设之下，总财富可以表示为：

$$W_t = \int_t^{\infty} C(t) \cdot e^{-\rho(s-t)} ds \tag{2.3}$$

显然，W_t 是基年消费 $C(t)$ 与纯时间偏好率 ρ 的函数。

式（2.3）暗含假定经济处于可持续路径上，该路径的储蓄率足以补偿自然资源损耗。简便起见，世界银行（2011）假定纯时间偏好率为 1.5%（Pearce & Ulph，1999），并将时间轴长度 T 设为大致对应一代人的 25 年。

实际计算基年消费水平时，需要考虑两个问题。一是为避免消费不稳定性的影响，使用三年消费平均数代表 $C(t)$。二是恰当处理负的真实储蓄率，这表明对自然资源的过度消耗危及了未来消费前景，必须将负的真实储蓄从消费中扣减，以调整得到可持续消费。

（二）产出资本 K

产出资本由永续盘存法估计。t 年的产出资本存量 K_t 为：

$$K_t = \sum_{i=0}^{T-1} I_{t-i}(1-\alpha)^i \tag{2.4}$$

其中，I 是不变价表示的投资，α 是几何折旧率，具体取 0.05；T 为资产服务寿命，取 20。估计式（2.4）需要获得足够长（至少 20 年）的投资序列，或者某个初始资本存量。

世界银行 2006 年报告使用统一程序估计各国 2000 年的产出资本。有 65 个国家的投资序列完整覆盖了 1960—2000 年。还有 16 个国家虽不具备完整的投资序列，但在投资数据缺失年份具有产出、最终消费以及进口和出口数据。利用上述信息，可根据核算等式 Y=C+I+G+（X−M）推算投资序列。获得上述 81 个国家 1960—2000 年的投资序列后，就能计算 1979 年之后的资本存量估计值。对其他数据缺失严重的国家，使用一种粗略的保守方法：按照拉森等人提出的方法（Larson et al.，2000），通过将对数投资率对时间回归来扩展投资序列。

城市土地价值 U_t 借助 K_t 间接估计。与作为自然资源的农村土地不同，城市土地价值与建筑资本密切联系，且占产出资本的一定比率。鉴于无法获得各国的具体比率，利用昆特等人（Kunte et al.，1998）的研究结果，对所有国家采用统一比率 0.24，即 $U_t = 0.24K_t$。

（三）自然资本 N

自然资本范围广泛，包括能源资源、矿物资源、森林资源、耕地、牧场、保护区等。尽管自然资本估计存在诸多困难①，世界银行仍采用 NPV 法进行估计。

NPV 法的核心是，对资源在其寿命期内的经济利润贴现求和。下面以不可再生资源（能源与矿物）为例，说明其基本估计方法。

$$V_t = \sum_{i=t}^{t+T-1} \pi_i q_i / (1+r)^{(i-t)} \tag{2.5}$$

其中，V_t为某种资源的价值，π_i 代表单位租金，q_i 代表该资源的年开采量，故 $\pi_i q_i$ 为经济利润，r 为社会贴现率，T 为资源寿命。

由于所需的未来利润信息无法得到，式（2.5）很少用于实际估计。解决思路是，在一系列假设之下简化该理论公式。假定租金年增长率为 g，则 $\frac{\dot{\pi}}{\pi} = g = \frac{r}{1+(\varepsilon-1)(1+r)^T}$，其中 $\varepsilon = 1.15$ 是成本函数的曲率。引入有效贴现率为 $r^* = \frac{r-g}{1+g}$，V_t可改写为：

$$V_t = \pi_t q_t \left(1+\frac{1}{r^*}\right)\left(1-\frac{1}{(1+r^*)^T}\right) \tag{2.6}$$

这时，资源价值仅是基年利润 $\pi_t q_t$ 、有效贴现率 $r*$ 以及资源寿命 T 的函数。

对各类资源寿命，采用计算各国各类资源“储量—产量比率”的方法推算。除储量丰富的煤、矾土、铁矿石等少数资源外，该比率一般在 20~30 年之间。简便起见，世界银行 2006 年报告采用较低值 $T=20$。这不仅因为较高的 T 值要求在更长的时间轴上预测资源总租金，还因为距今越远的租金由于贴现而具有越低的权重，不确定性也是选择较短 T 值的重要原因。

（四）无形资本分解

估计出国民财富 W、产出资本 K 和自然资本 N 后，可利用余值法推算无

---

① 例如：国民账户对资源信息反映不足；缺乏资源开采权私人市场以传导资源存量价值信息；广泛采用的经济学意义上的资源存量仅反映当前价格与技术条件下，资源总储量中可以经济性开发的部分。

形资本 R。无形资本实际包含多种资本形式，如简单劳动力（Raw Labor）、人力资本（Human Capital）、社会资本（Social Capital）以及制度质量（Quality of Institutions）。其结构分解由回归分析实现，具体使用如下 C-D 函数形式：

$$R = AS^{\alpha_S}F^{\alpha_F}L^{\alpha_L} \tag{2.7}$$

其中，A 为技术常数；S 为人均教育年限，代表人力资本；F 为来自国外的汇款，代表国外人力资本；L 为法律指数（以 1~100 的尺度度量），代表制度资本。诸 α 系数代表各变量的弹性。实际估计时，加入区分各国收入水平的虚拟变量。借助该函数形式，可以获得边际回报估计值，再根据 $R = \frac{\delta R}{\delta S}S + \frac{\delta R}{\delta F}F + \frac{\delta R}{\delta L}L + Z$，将无形资本进行分解。

鉴于无形资本是国民财富的最大组成部分，利用余值法计算 R 会严重损害其分析价值。世界银行 2018 年报告改用 J-F 收入法直接估计人力资本 H，进而直接由产出资本 K（含城市土地价值 U）、自然资本 N、人力资本 H 与净国外资产 F 相加得到国民财富：W=K+H+N+F。新方法虽然有助于更明确地揭示无形资本的核心部分 H，但忽略社会资本等其他成分。就此而论，两种方法各有利弊，仍有待进一步改进和完善。

（五）关键资本识别

世界银行 2006 年报告使用三种不同的嵌套型 CES 生产函数，利用回归方法估计各类资本之间的替代弹性，以确定各类资本对获得持续收入是否关键。

以最复杂的具有四种投入（产出资本 K，人力资本 H，劳动力 L，能源资源 E）变量的三层嵌套 CES 生产函数为例，其形式为：

$$Y = A\{a[b(cK^{-\alpha} + (1-c)H^{-\alpha})^{\rho/\alpha} + (1-b)L^{-\rho}]^{\beta/\rho} + (1-a)E^{-\beta}\}^{-1/\beta} \tag{2.8}$$

通过回归，可以估计不同嵌套层次中各种变量之间的替代弹性。如果某种资本对其他资本具有充分的替代性（替代弹性大于或等于 1），则表明其是获得持续收入的关键资产。另外，通过将有关制度指标（如法治指数）和经济指标（如贸易开放度）纳入技术参数 A，该模型还可以检验这些重要因素对持续收入的影响强度。

三、财富变化估计

（一）总财富变化

储蓄—投资机制是财富变化的根源，储蓄是否超过资本折旧决定总财富增减趋势。总财富变化由真实储蓄表示，其利用国民账户中的指标关系推算。首先，由国民总收入（GNI）推算国民总储蓄（GNS）。其次，扣减固定资本消耗，得到净国民储蓄（NNS）。最后，在净国民储蓄中加入未形成固定资本的教育支出，并依次扣减能源损耗、矿产损耗、森林损耗、生态环境损害，得到调整后的净储蓄，即真实储蓄（GS）。真实储蓄作为一种更加综合的储蓄度量，为监测可持续发展提供了一个有用指标。

（二）人均财富变化

当人口明显增长时，总财富增加并不能保证福利增加与可持续发展。此时，人均财富变化成为反映未来福利变化的适当指标。世界银行（2006）以一个简单的人口外生增长模型进行说明。将人口记作 P，人口增长率记作 g，人均财富变化可表示为：

$$\Delta\left(\frac{W}{P}\right) = \frac{\Delta W}{P} - g \cdot \frac{W}{P} = \frac{W}{P}\left(\frac{\Delta W}{W} - g\right) \tag{2.9}$$

如果将 ΔW 解释为真实储蓄，则第一个等式说明人均财富变化等于人均真实储蓄减去马尔萨斯项——人口增长率乘以人均财富。第二个等式更为直观，其说明人均财富的增减取决于总财富增长率（$\Delta W/W$）是否高于人口增长率。

第三节 联合国研究范式

尽管起步较晚，联合国下属两个机构共同开启包容性财富测度研究，并相继发布三份《包容性财富报告》。同世界银行一样，随着理论研究进展和可得数据变化，其方法也开始不断改进。

一、思路与步骤

联合国认识国民财富的理论基础也是“财富—福利等式”。国民财富等于未来消费效用的净现值之和：

$$W_t = V_t = \int_t^{\infty} U(C_t) \cdot e^{-\delta(\tau - t)} d\tau \tag{2.10}$$

联合国对国民财富同样采用广义视角，其包容性财富涵盖范围广泛：产出资本、自然资本、人力资本、健康资本、社会资本。尽管受数据制约，其并未将全部资本类型均纳入估算与分析①，但其三份报告仍致力于逐渐扩充可估算的资本类型。

仅考虑产出资本 K、人力资本 H 和自然资本 N 时，包容性财富指数（IWI）② 可写成各类资产以其社会价值为权数的有效加总：

$$W = P_K K + P_H H + P_N N \tag{2.11}$$

其中，P 为各类资产的社会价值；实质计算时采用影子价格（shadow price），即 $P_K \equiv \partial V/\partial K$，$P_H \equiv \partial V/\partial H$，$P_N \equiv \partial V/\partial$，$N$ 作为各类资本的权数。

包容性财富变化，也称为包容性投资（Inclusive Investment），其理论公式为：

$$\frac{dW}{dt} = P_K \frac{dK}{dt} + P_H \frac{dH}{dt} + P_N \frac{dN}{dt} + \frac{\partial V}{\partial t} \tag{2.12}$$

实际估算时，常用如下近似公式：

$$\Delta W = P_K \Delta K + P_H \Delta H + P_N \Delta N \tag{2.13}$$

该式只需测度各类资本的实物量变动，即可加权得到包容性投资。很多情况下，还需考虑人均财富变动，此时应在总量变动测算基础上扣减人口增长率。

与世界银行相比，联合国报告有两大显著不同。一是尽管其承认国民财

① 尽管其探索测算少数国家健康资本，但由于健康资本测算结果的数量级远高于其他各类资本综合，因此联合国报告放弃将其与产出资本、自然资本和人力资本加总得到国民财富，而是对其单独分析。此外，由于理论与数据制约，并未对社会资本进行实际估算。

② 尽管其称作指数，但并非无量纲的相对指标，而是一种价值量测度的绝对指标。这种提法，主要强调其估算结果的核心目标是揭示国民财富的变化趋势，而非国民财富总量的绝对水平。对评估发展可持续性，这种处理并无影响。

富与社会福利之间的等式关系，但并未如世界银行那样直接据其估算国民财富。而是基于自下而上的方法，首先估算各类主要资产类型的价值，随后以影子价格对其加权求和。二是在估算得到国民财富结果后，联合国报告还力图从气候变化、能源价格与技术变化等三方面进行相应调整。

二、分类资本估算

（一）产出资本 K

产出资本由永续盘存法估计。t 年的产出资本存量 K_t 为：

$$K_t = K_0 (1-\delta)^t + \sum_{\tau=0}^{t} I_\tau (1-\delta)^{t-\tau} \tag{2.14}$$

其中，I 为可比价投资，K_0 为初始资本存量，δ 为几何折旧率，联合国2012年报告中取7%，联合国2014年和2018年报告中则参照芬斯特拉等人的研究成果（Feenstra et al.，2013）改用4%。

利用式（2.14）估计产出资本存量，需要首先确定 K_0。为此，施加资本产出比处于稳态的假定，给定经济增长率为 γ，即可采用公式 $K_0 = I/(\delta+\gamma)$ 计算初始资本存量。联合国几册报告中用于分析的资本存量数据始于1990年，但为减弱初始资本存量估计偏差的影响，估计资本存量的初始时期选为1970年。

（二）自然资本 N

联合国报告中，自然资本主要包括：农地（Agricultural Land），进一步分为耕地（Cropland）和牧场（Pastureland）；森林（Forest Resources）；化石能源（Fossil Fuels）；矿物（Minerals）。其2018年报告中，进一步增加了渔业资源（Fishery）。各类自然资源价值的估计，本质上均使用NPV法，但根据资源特征差异其具体估算公式不尽相同。

可再生资源主要包括农地和森林资源。农地价值估算可由耕地说明：首先，设法利用耕地上各类作物（分类多达159种）计算单位面积农地的租金 RPA_{it}；其次，利用NPV法（贴现率取5%）计算未来无限期久的租金净现值 Wha_{it}，并算其在考察期内年均值作为影子价格 $\overline{Wha_i}$；最后，将其乘以各国历年农地面积 CLA_{it}，即 $WCL_{it} = \overline{Wha_i} \cdot CLA_{it}$。鉴于牧草地影子价格不易确定，直接使用耕地影子价格，将其乘以相应牧草地面积。森林资源价值分两类估计：木材价值由蓄积量乘以平均价格，再乘以博尔特等人（Bolt et al.，2002）估计的租金率；非木材价值则着眼于森林对改善社会福利的生态价值，其难点主要在单位面积森林的生态价值不易确定。2018年报告中，进一步增加了渔业资源价值估计。

不可再生资源则包括化石能源和矿物。化石能源具体分为煤炭、石油和天然气三类。其基本估算方法为：首先，确定某一基准年份的储量数据，并根据t期产量及t与t-1期储量之间的关系，推算出历年储量数据；随后，用储量乘以资源价格和租金率即得到资源价值。矿物细分为10类，其基本估算方法与化石能源一致。

（三）人力资本H

人力资本估计，分别考察教育和健康两个维度。但鉴于健康人力资本估算结果数量级过大，将其加入国民财富将导致其他资本变化无法识别。因此对其结果单独列示分析，不纳入整体性分析。下面简述其教育人力资本估算方法，并简称为人力资本。

为估计人力资本，首先估计人均人力资本 $h = e^{\rho A}$ ，其中A为人均教育年限，其增长率 ρ 采用利率，具体取8.5%。进而将其乘以年龄超过接受平均教育年限的人口数，即可得到人力资本实物量 $H = hP_{5+E}$ 。随后，利用公式 $P_H = \int_{t=0}^{T} w \cdot e^{-\delta t}dt$ 计算人力资本的影子价格，其中 w 为工人整个工作期的收入；各类劳动者的工作期限长度 T，需要借助人口分年龄与分性别死亡率及其他参数确定；贴现率 δ 取8.5%。最终，将人力资本实物量与该影子价格相乘，即可得到人力资本价值 $P_H H$ 。

三、几类重要调整

鉴于有一些问题确实影响社会福利（Social Well-being）变化，但并未被各类资本价值直接衡量，为此联合国报告中专门进行调整。

（一）碳排放损害

碳排放损害估计基于阿罗等人（2012）提出的方法。主要包括三大步骤：（1）得到考察期内全球碳排放总量；（2）利用一种损害函数将全球碳排放量导出总损害值；（3）根据各国所受全球变暖的影响，将全球碳排放总损害在各国之间分解。各步骤中关键数据和参数的确定，分别来自多类经验研究的估计结果。

（二）石油资本损益

由于化石能源不可再生，且对其需求持续增长，因此其价格整体呈长期上升趋势。对石油价格，联合国 2014 年报告中取 5%的年均增长率，2018 年报告中则将其下调为 3%。随着石油价格上升，储量丰富的石油出口国的财富将增长；石油价格提高会导致石油消费国的投资机遇减少，石油消费国会承担相应的经济损失。因此，可按照各国石油出口和石油消费占全球比重分别将损失和收益分配到各国，并计算各国的净损益。

（三）全要素生产率

全要素生产率使用马奎斯特（Malmquist）生产率指数（简称 M 指数），该方法是基于数据包络分析（DEA）的非参数分析方法，可以考虑资源使用效率和生产率变化。给定时间 t 的技术集 $T(t) \equiv \{(x_t, y_t)\}$ 定义为各组投入 x 与产出 y 的组合，投入包括产出资本 K、人力资本 H 与自然资本 N，产出 Y 则以 GDP 代理。

然后，定义距离函数 $d(x_t, y_t) = \max\{\delta; (x_t, y_t|\delta) \in T(t)\}$，其为由于生产非效率导致的与生产前沿的几何距离，而生产前沿代表可行的最优技术。最终，以相邻两年生产非效率变化刻画技术变化，则全要素生产率可为如下 M 指数：

$$
\begin{aligned}
& M(Y_t, K_t, H_t, N_t, Y_{t+1}, K_{t+1}, H_{t+1}, N_{t+1}) \\
& = \left[\frac{d^t(Y_{t+1}, K_{t+1}, H_{t+1}, N_{t+1})}{d^t(Y_t, K_t, H_t, N_t)} \times \frac{d^{t+1}(Y_{t+1}, K_{t+1}, H_{t+1}, N_{t+1})}{d^{t+1}(Y_t, K_t, H_t, N_t)}\right]^{1/2}
\end{aligned} \tag{2.15}
$$

显然，M 指数由两年结果几何平均得到，其较单独基于某年的测算结果更为稳健。

第四节　研究范式比较与选择

通过对两类研究范式的简要梳理，得出如下认识。

第一，世界银行和联合国均采用广义的国民财富观，并都以“财富—福利等式”为理论基础，进而据其反映福利变化和经济发展可持续性。可见，二者在整体理论思路上高度一致，两类研究同向而行。

第二，两类研究的主要区别集中体现在国民财富估算方法与分析方式。世界银行最初选用“自下而上—自上而下”方法，先单独估算国民财富，再采用直接估算与间接分解方式确定各类资本价值。而联合国则始终基于“自下而上”方法，利用影子价格将分别估算的产出资本、自然资本和人力资本进行加总。在资本类型及其具体项目上也存在差异：联合国团队估计健康资本，在自然资本中考虑渔业资源价值，并考虑了三类重要调整；世界银行十分关注真实储蓄衡量的国民财富变化，将其作为评估发展可持续的核心手段。

第三，两类研究相互借鉴，出现明显的合流迹象。一方面，世界银行积极探索引入联合国及 OECD 所用的收入法直接测度人力资本，据以改进其国民财富结构分析（Hamilton & Liu，2013），并在 2018 年报告中正式改用“自下而上”方法，直接以产出资本、人力资本和自然资本之和测算国民财富，两类研究的测算范式分歧大为减弱。另一方面，联合国《包容性财富报告》也大力扩充国民财富测度的国家范围，由 2012 年的 20 个增加为 2014 年以后的 140 个，使其在使用价值方面可以与世界银行相媲美。

第四，两类研究均未成熟，都处于不断发展完善过程中。世界银行和联合国均致力于根据最新理论研究进展和可得数据的改善，对原有方法和估算技术进行修正。例如，其国民财富构成范围处于不断扩展之中，其核心参数设定也根据最新经验研究估算结果进行调整和修正，其涵盖国家范围和分析领域也有相应扩展。

鉴于此，本研究将两类研究范式作为共同的参照依据。采用广义国民财富概念，重点考虑产出资本、人力资本和自然资本等重要类型，并借鉴两类研究的分析视角和技术。下面简要说明本研究所用的基本方法及其选择原因。

本研究采用“自下而上—自上而下”方法，但将人力资本明确列入直接估计范围。在世界银行已经放弃该方法并转向单纯的“自下而上”方法之后，这种做法似有倒退之嫌。这一选择主要基于两点考虑：其一，一旦直接估计人力资本，则作为余值的部分占国民财富比重已经不大，该做法不会对后续分析可靠性带来严重影响；其二，即使直接估计三类主要资本类型，仍有社会资本等影响社会福利的重要财富类型被排斥在外，因此余值仍有存在必要。如果仅将直接估计的资本价值相加视为国民财富，将导致对国民财富的广义视角受到人为限制。在本研究方式之下，可以将直接估算的国民财富与各种资本合计得到的国民财富进行对比，并可对不同省区两种测算结果的差异进行比较。

分类资本估算中：产出资本 K 的估算采用 PIM，与两大国际机构相同；人力资本 H 的估算分别采用三大类方法进行估算，然后进行比较选择，并结合多类估算结果考察人力资本流动；自然资本的估算采用 NPV 法，主要类别与两类国际机构一致，但受我国数据制约在估算中做了特定简化处理。

两大国际机构着眼于国民财富测算结果跨国比较，在很多参数设定上对各国采用统一取值。本研究主要对我国各省区国民财富总量及构成进行比较分析，因此其参数设定必须基于我国实际，不应直接照搬两大机构所用参数。同时，本研究尽量在参数设定中考虑省际差异，而非完全采用全国取值。此外，在省区比较中充分借鉴两大机构的分析技术，并尝试针对我国国情进行拓展。

第三章　我国产出资本 K 估算

资本是经济学的核心变量，在理论研究中历来倍受重视。20 世纪中叶以来，受经济增长与技术变化领域经验研究的推动，资本存量估算工作快速推进并取得重要进展。长期以来，产出资本 K 被作为国民财富中最重要乃至唯一的构成部分。本章首先讨论这一重要资本类型，并给出我国全国与各省区的估算结果。

第一节　文献回顾

本节首先对产出资本的概念演变进行剖析，随后回顾产出资本估算的理论与经验研究进展，并就我国资本存量估算研究做简要梳理。

一、产出资本概念辨析

既有文献对该类资本的称谓不尽一致，容易引发混乱。因此，进一步讨论之前，先对其概念演变做一简要梳理。

经济学中，很少有其他概念如资本（Capital）一样“极为重要却名目杂乱”。最早直接使用“资本”一词时，用以指代生产中所用的“机器设备与建筑设施”，没有引起任何争议。自古典经济学时代李嘉图的生产要素三分法（劳动、资本、土地），直至 20 世纪中叶著名的剑桥资本争论，莫不如此。但随着资本涵盖范围的不断扩张，为明确指代“机器设备与建筑设施”这一特定类别，需要不断发展并改用新的术语。

20 世纪中叶，随着人力资本理论的提出与迅速兴起，资本涵盖领域出现第一次重大扩张。作为扩张的结果，Capital 一词不再为其原有者独占，而是一分为二。为此，经济学家将“机器设备与建筑设施”改称物质资本（Physical Capital），以便与人力资本（Human Capital）区分。这种提法旨在凸显两类资本之间“物力”与“人力”的根本区别。其提出后得到广泛使用，至今仍为经济理论研究中的首选术语。

资本范围扩张的步伐，并非就此停止。20世纪中后期，一些学者强调自然资源（Natural Resource）同样具有资本属性，并主张称之为自然资本（Natural Capital）。由于新引入的自然资本也具有物质属性，将其与物质资本并列明显不妥。一些学者主张改由产出资本（Produced Capital）取代物质资本①，以便给同具物质属性的自然资本留出空间。两类资本之间的差异显而易见：自然资本实物形态的形成独立于人类生产活动（当然其价值与损耗依赖于人类生产活动）；而“机器设备与建筑设施”等属于人类生产成果，其通过投资形成具有持续生产能力和长期获益性的资本。简而言之，二者一为天成（Natural），一为人造（Produced）。

尽管仍有分歧和争论，产出资本已成为指代“机器设备与建筑设施”的核心术语②，特别是在资本测度研究文献中最受青睐。产出资本也可称为可再生资本（Reproducible Capital）或人造资本（Human-made Capital；Manufactured Capital），尽管其用词有别，但无一例外地强调“机器设备与建筑设施”由人工制造，且可按原有方式再造的属性。需要强调，人力资本和自然资本概念主要活跃于学术研究领域，仅有极少数国家能够将其作为统计指标正式纳入官方统计。③

经济研究中产出资本指代的对象，国民核算术语中称为产出资产（Pro-

① 即使能够接受自然资本概念，仍有不少经济学者对“物质资本”这一术语墨守成规，特别在理论研究中更为明显。还有一些学者并不承认自然资本概念，对其而言，沿用物质资本的原有提法顺理成章。

② 然而，对Produced Capital（Assets），多数国内文献直译为生产资本（资产）。本研究选用“产出资本”的译法是基于如下考虑：中文语境下，谈及生产资产常令人首先想起生产性资产（Productive Assets）；而Produced Assets力图强调，此类资产源于对人类生产成果（产出）的积累性使用，具有人造性和可再生性。譬如，自然资本同样具有生产性（Productive），但并非人类生产活动的成果（Non-produced），故以生产资产或非生产资产进行界定容易引发混乱。

③ 一般场合下，产出资本往往近乎等价于国民核算中的资本资产（Capital Assets）分类。国民核算账户与各类国际组织提及投资时，通常指对产出资本的积累。

duced Assets)，其核心部分为固定资产（Fixed Assets）①。实际上，既有文献的产出资本估算几乎均局限于固定资产范围内。2008 年 SNA 中将固定资产细分为 7 类②，其前 3 类即可完全涵盖“机器设备与建筑设施”。尽管 SNA 主要使用 Fixed Assets 一词，但固定资本（Fixed Capital）也见于资本存量和投资流量术语之中，如以固定资本消耗（Consumption of Fixed Capital）指代折旧（Depreciation），以固定资本形成总额（CFGF）指代固定资产投资。在资本存量估算的重要文献中，OECD（1993，2001）也使用固定资本存量（Fixed Capital Stock 或 Stock of Fixed Capital）这一表述。自 1993 年 SNA 起，固定资本存量核算就纳入国民核算，成为唯一正式列入国民核算体系的资本类型。目前，OECD 国家已在固定资本存量核算领域积累起丰富经验，并能定期发布固定资本存量官方数据。就此而论，固定资本作为一个广泛采用的术语，也不失为一个恰当选择。

在其国民财富估算研究中，世界银行与联合国无不将“机器设备与建筑设施”作为重要部分，且均首选“Produced Capital”这一术语。这种处理，有利于更有效地与人力资本和自然资本等其他国民财富构成项目相协调。借鉴二者做法，本研究舍弃物质资本、人造资本、固定资本等提法，最终选用产出资本。在确保不引起混淆的情况下，本章随后各节将产出资本存量简写为资本存量。

二、产出资本估算方法

资本存量估算，至少有三种方法。首先，PIM 具有坚实的理论基础，操

① SNA 中，资产（Assets）定义为拥有明确的所有者，且因在一定时期内持有或使用而为其所有者带来经济利益的实体（Entities）。其首先分为非金融资产（Non-financial Assets）与金融资产（Financial Assets）。非金融资产，分为产出资产（Produced Assets）与非产出资产（Non-produced Assets）。产出资产分为固定资产（Fixed Assets）、存货（Inventories）和贵重物品（Valuables），其中固定资产居统治地位，多数国家的固定资产均占产出资产的 90%以上。

② AN111，住宅（Dwellings）；AN112，其他建筑设施（Other buildings and structures）；AN113，机器设备（Machinery and equipment）；AN114，武器系统（Weapons systems）；AN115，培育资产（Cultivated biological resources）；AN116，非产出资产所有权转让费（Costs of ownership transfer on non-produced assets）；AN117，知识产权（Intellectual property products）。

作方便且应用广泛。其次，资产调查或清查方法也有较多应用：在微观层面[①]，借助企业账户提供的资产购置时间及历史价格，统计机构可根据重估价系数调整为现价或可比价表示的资产价值；宏观层面，日本与韩国均借助国民财富调查（National Wealth Surveys）获取资本存量信息，荷兰统计机构也围绕固定资本存量开展多项定期调查。最后，特定类型的资本（如住宅、商业建筑、交通运输工具等）存量总值，也可借助对其数量的行政记录与统计机构提供的价格信息进行估算。

在资本存量核算领域，OECD 国家始终处于国际领先水平。OECD 于 1993 年出版的《OECD 国家固定资本度量方法》报告，对其成员国使用 PIM 度量资本存量的理论和实践进展做了充分总结。报告重点包括两部分：一是固定资产平均服务寿命的确定，二是死亡率函数和生存函数的选择。该报告不但对指导其成员国的资本核算具有重要意义，也有力地推动了该领域的理论研究与发展。

1995 年，联合国统计委员会要求在 1993 年 SNA 框架之下，对经济统计中有关资本度量的许多关键性问题进行研究。在此背景下，启动了堪培拉回合，包括三次年会和多次非正式会议[②]。堪培拉回合不仅获得了欧盟和 OECD 成员国的大力支持，也得到了俄罗斯、新加坡、印尼、墨西哥、马来西亚和南非等国专家的积极响应。同时，Peter Hill，Erwin Diewerts，Jack Triplett，Dale Jorgensen 和 Charles Hulten 等该领域著名学者也应邀参与讨论，并提交了研究成果和会议论文。堪培拉回合的上百篇会议论文，几乎涵盖了资本度量所有重要领域的进展。主要包括：各国资本核算实践，PIM 的实践和问题，测度和使用资本存量数据的新进展，资本测度的概念问题，堪培拉回合未来进展方向，等等。会议研讨以 PIM 研究为核心，在资产服务寿命、死亡率函数与生存函数、年龄效率剖面、折旧剖面、PIM 估计的灵敏性以及利用二手资产数据修正 PIM 参数等方面，都取得重要进展。

作为堪培拉回合的成果，《OECD 资本度量手册——对资本存量、固定资本消耗和资本服务的度量》于 2001 年正式出版。该手册坚持使用 SNA 概念和

---

① 某些曾实行中央计划管理的国家，仍继续令其企业计算固定资产平衡表（Balance of Fixed Assets），该做法如能正确执行，也可视为 PIM 的一个良好近似形式。

② 1997 年 3 月，在堪培拉召开的第一次年会决定起草一份资本存量统计手册，用以澄清国民账户中与固定资本存量和流量相关的概念性问题，并对资本估算提供指导。之后，一系列非正式会议为 1998 年 9 月在巴黎召开的第二次年会起草大纲。巴黎年会上，OECD 为将于 1999 年 11 月召开的华盛顿年会提交了手册草案。手册最终版本于 2000 年完成。

框架，严格界定资本度量概念、资本存量与流量的范围与分类，并详细说明资本存量与流量的定义和运用；同时对资本度量方法进行细致回顾，重点诠释 PIM 的原理与技术，特别强调各种资本度量方法之间的协调一致，并提供了国民账户与生产率研究的有效连接。

国际上通行的资本存量核算方法，本质上都属于 PIM。但由于各国掌握的数据存在很大差异，不可能采用完全相同的处理方法。根据其处理程序不同，基本可以划分为四类版本。第一类版本以新加坡统计局为代表，其程序简单且估计值准确性不高，但鉴于非 OECD 国家数据条件一般较差，新加坡版本对这些国家具有较强适用性。第二类版本是以法国为代表的 PIM 标准做法，其对退役模式和折旧模式的假设更为合理，资本存量估算结果质量较高，已广泛用于多数 OECD 国家的资本核算实践。第三类版本为 BEA（美国经济分析局）发展的一种改进方法。该版本充分利用美国大量经验研究成果，对 PIM 的标准做法进行修正，将退役模式与折旧模式合而为一，操作程序大大简化。然而，受数据限制，多数其他国家无法使用这种版本。第四类版本是仅由澳大利亚等少数国家使用的综合 PIM，其强调资本的财富度量与生产投入度量之间的内在一致性，在方法上具有先进性，代表了该领域研究的未来发展方向。但该版本对数据要求很高，操作程序相当复杂，在多数国家的统计实践中难以采用。

三、国内估算研究比较

OECD 国家普遍采用 PIM 估算并发布官方资本存量数据。相比之下，我国尚未正式开展官方资本统计，对资本存量的估算工作主要在学术界展开①。

20 世纪 90 年代起，资本存量估算逐渐成为我国经济学研究的热点，吸引了大批经济学家与统计学家参与，并迅速积累起大量文献。该领域研究中，学者们遵循的基本思路大体一致，都是 PIM 的某种变通。其中，张军扩（1991）、贺菊煌（1992）、Chow（1993）、李京文等人（1993）、谢千里等人（1995）、任若恩等人（1997）、王小鲁（2000）、张军与施少华（2000）、黄勇峰等人（2002）、李治国等人（2003）、何枫等人（2003）、王益煊等人（2003）、张军与章元（2003）、张军等人（2004）人的估算工作具有代表性。

仅有少数文献对 PIM 的效率模式进行讨论。李京文等人（1989，1993）

① 对国内资本存量估算进展的综述，可见肖红叶和郝枫（2005）、曾五一和任涛（2016）。

率先将乔根森的生产率测算理论与方法引入我国，并据以开展我国资本投入研究。黄勇峰、任若恩等人（2002）在我国制造业资本存量研究中，对 PIM 所要求的资本品寿命和相对效率递减模式做了细致讨论。王益煊等人（2003）依靠国家统计局详细分类资产与投资价格指数数据，借鉴加拿大统计局资本核算技术，对我国 1981—1998 年国有经济固定资产存量进行估算。其他文献则直接利用 PIM 的简化公式，基于我国宏观数据进行估算。已有研究对基准存量估算、投资流量取舍、折旧处理方法和价格调整方法等关键环节的处理各不相同。

（一）基准存量估算

国内研究中基准年份通常选择 1952 年或 1978 年，但也可根据研究需要与数据齐备程度灵活选择①，不必与作为起点的基年强求一致②。基准资本存量估算方法，主要有三类。

第一类方法利用统计调查或行政记录估计基准资本存量。例如，王益煊等人（2003）根据财政部提供的若干年份国有企业单位分行业、分资产种类的固定资本存量调查与汇总数据，选定 1997 年为基准年份，估算我国国有固定资本存量净值为 152864.5 亿元。

第二类方法严格按照 PIM 要求，取得足够长的投资流量数据，利用相对效率加权累加得到基期存量。例如，黄勇峰、任若恩等人（2002）利用 1921—1978 年投资序列估计我国 1978 年制造业资本存量为 5821.66 亿元。但受我国数据约束，这类方法应用较少。

第三类方法是根据经济变量之间的关系间接推算。在我国数据的约束下，这类方法具有较强实用性。代表性研究有：（1）资本产出比法。张军扩（1991）援引珀金斯（Perkins，1989）“中国 1953 年资本产出比为 3”的假设，估计我国 1952 年资本存量为 2000 亿元，该方法为王金营（2001）、何枫等人（2003）沿用。张军与章元（2003）所做的两种推算本质上是资本产出比法的变形。（2）资本增长率法。贺菊煌（1992）假设 1964—1971 年与 1971—1978 年两个时期我国生产性资本平均增长率相等，然后利用迭代方法

---

① 贺菊煌（1992）分别将生产性和非生产性资本存量的基准年份定为 1964 年和 1990 年。王益煊等人（2003）估计国有固定资本存量时基准年份定在 1997 年。

② 基准资本存量即基准年份（Benchmark Year）的资本存量，是构造或检验资本存量序列的基准。基准年份可以是研究范围内的任意一年，但通常选在考察期初的基年（Base Year）。但两个概念区别明显，不应混淆。

推算 1964 年生产性资本存量为 4861.7 亿元。（3）净投资增长率法。该方法由豪尔和琼斯（Hall & Jones，1999）提出，由基准年份投资额除以“平均投资增长率与折旧率之和”估算基准资本存量，杨（Young，2000）用该方法估计 1952 年我国固定资本存量为 815 亿元，张军等人（2004）使用该方法估计我国各省 1952 年的资本存量，单豪杰（2008）本质上采用该方法，但略做改进。（4）折旧率推算法。徐杰等人（2010）利用投入产出表提供的折旧数据，基于自身计算的折旧率推算基准资本存量；沈利生等人（2015）则将其用于多个投入产出表编表年份资本存量估算。（5）郝枫等人（2006、2009）利用阿巴拉－伯特兰（Albala－Bertrand，2003）提出的最优一致性方法（OCM），估算我国全国和各省区 1952 年基准资本存量。

即使对同一年份，不同方法得到的基准资本存量也有明显差异。尽管这种差异对后续年份估算结果的影响会随时间减弱，但提升基准资本存量可靠性仍不容忽视。

（二）投资流量取舍

与基准存量估算相比，投资流量取舍对资本存量估算的影响更为重大且直接。

一些研究直接选用官方统计数据。早期文献主要基于 MPS 体系的积累指标。张军扩（1991）认为，从国民经济看，积累额与净投资接近且较易获得。贺菊煌（1992）分别利用生产性积累和非生产性积累估算我国 1952—1990 年的生产性资本存量和非生产性资本存量。邹至庄（1993）则分别使用总积累与固定资产积累数据，计算 1952—1985 年我国五部门资本存量和固定资本存量。贺菊煌（1992）与邹至庄（1993）表明，总资本存量、固定资本存量、生产性资本存量与非生产性资本存量是不同概念，需要根据具体研究目的进行选择。后期研究中，王小鲁（2000）、黄勇峰与任若恩等人（2002）、王益煊等人（2003）采用固定资产投资这一我国特有的投资指标；王金营（2001）、李治国等人（2003）、何枫等人（2003）使用 SNA 的资本形成总额，张军等人（2004）、郝枫等人（2006，2009）、单豪杰（2008）、沈利生等人（2015）、王海兵（2017）则选用能更好反映资本生产能力变化的固定资本形成总额。

另一些研究则采用进行一定扣除的投资数据。谢千里等人（1992）用样本企业生产性资本代替总固定资本，谢千里等人（1995）在新增固定资产中扣除住房投资和非生产性资产。王小鲁等人（2000）认为我国投资中存在很大浪费，直接采用固定资产投资数据会导致资本存量虚增，故借助固定资产交付使用率对 1980—1998 年全社会固定资产投资进行调减。张军与章元（2003）剔除非生产性积累，计算的固定资本存量相当于贺菊煌（1992）的生产性资本存量。但胡永泰等人（1994）指出，基于资本存量数据的后继实证研究对上述调整较为敏感，剔除时需要谨慎。

（三）折旧处理方法

是否考虑折旧，是总资本存量与净资本存量的根本区别。已有文献多估算净资本存量，其对折旧的处理方式不尽相同，大致可分为如下三类。

绕开折旧或者忽略折旧。基于 MPS 核算体系数据的早期研究，用积累指标表示净投资。根据定义，积累中已剔除资产折旧。因此，张军扩（1991）、贺菊煌（1992）、邹至庄（Chow，1993）等人的早期研究无须考虑折旧问题。但也有研究者认为调查各类资产平均使用年限，进而测算每年资本损耗价值十分复杂，因而忽略折旧，如沈坤荣（1999）、何枫等人（2003）。

根据国民核算数据估算。邹至庄（2000）利用国民收入关系式：折旧=GDP-国民收入+补贴-间接税，近似计算 1978—1993 年的折旧。但该公式忽略两大核算体系对服务业增加值的不同处理，造成折旧虚增。1994 年以后的折旧数据根据统计年鉴分省数据汇总得到。随后将两部分数据拼接，得到考察期内折旧数据。李治国等人（2003）直接借鉴这种方法。

直接设定或者间接推算。一些学者根据经验直接设定折旧率①：王小鲁和樊纲（2000）、Wang 和 Yao（2001）均选择 5%的固定折旧率，刘明兴（2002）则假定折旧率为 10%。王金营（2001）根据不同时期投资品类型差异和技术进步等因素，将 1952—1998 年划分为 3 个阶段，分别设定不同的折旧率。估计分省资本存量时，龚六堂和谢丹阳（2004）统一采用 10%的折旧率，宋海岩等人（2003）在全国折旧率基础上加上各省经济增长率，作为各省实际折旧率。另一些研究则根据有关资料推算折旧率：王益煊和吴优（2003）参照 BEA 做法，推算我国 16 个行业和 7 类固定资产的折旧率；黄勇峰等人（2002）推算我国机器设备与建筑的折旧率分别为 17%和 8%；张军等人（2004）借鉴上述做法，借助分类资产折旧率加权平均得到我国 1952—

① 国外研究中，Hu 和 Khan（1997）在其经验研究中假定折旧率为 3.6%；Hall 和 Jones（1999）估算 127 个国家资本存量时所用折旧率为 6%，Young（2003）估算中国非农资本存量时也采用相同假定。

2000年几何折旧率为9.6%；白重恩等人（2007）则在分类资产折旧率基础上，利用各年分类投资比重推算我国1978—2005年几何折旧率在10.4%～12.1%之间变动；单豪杰（2008）借鉴白重恩等人（2007）的做法推算全国几何折旧率时变序列，估算各省资本存量时则统一采用其时期均值10.96%；王维等人（2017）采用几何折旧法，并拆解为固定折旧率与可变折旧率两部分。还有一些研究基于计量模型估计折旧率：陈昌兵（2014）采用极大似然法估计生产函数，得到我国不变折旧率平均值为5.65%，可变折旧率平均值为5.63%；贾润崧（2014）采用里昂惕夫生产函数估算全国折旧率为7.5%，各省区折旧率在2.45%～11.56%的范围内变动。

（四）价格调整方法

PIM资本存量估算可以使用三种价格：历史价格、现价、不变价格。历史价格情形下，每年都用最初购置价格对现有资产估价，无须使用价格指数，这是商业会计账户的通行做法。其主要优点是，资产历史价格可以通过资产购置发票核实。然而，这种方法存在重大理论缺陷：不同时间购置的资产以不同价格估价，导致资产价格变动时，不同时期购置的同种资产将被赋予不同权重；尤其严重的是，以历史价格表示的资本存量，无法与国民核算或其他经济统计数据进行比较。

理论上，使用现价和不变价格衡量资本存量，均可等价地得到同种结果。但由于不变价格数据能极大简化计算过程，PIM资本存量估算时通常使用不变价格数据，并在需要时再由价格指数转换为现价数据。而且，对经济研究而言，不变价格数据通常更有意义。将历年现价投资数据转换为可比价格，主要有两种方法：一是利用可比价格投资额指数序列，将现价投资转换为可比价；二是利用投资价格指数对现价投资进行缩减。

第一种方法，常用指数为积累指数和资本形成（或固定资本形成）指数。在物质产品平衡表体系之下，张军扩（1991）利用国家统计局提供的初步数据，经适当调整算出积累指数，用以将现价积累转化为不变价积累。贺菊煌（1992）则直接使用国家统计局《国民收入统计资料汇编：1949—1985》提供的历年积累额和积累指数进行推算。在SNA体系之下，何枫等人（2003）在估算1952—1995年可比价资本形成总额时，直接根据《中国国内生产总值核算历史资料：1952—1995》公布的资本形成总额指数和资本形成总额现价数据。

第二种方法，常用指数为积累价格指数或固定资产投资价格指数。鉴于我国从 1992 年才开始公布固定资产投资价格指数官方数据，对早期投资价格指数，已有研究往往根据需要进行各种替代或推算。如能得到第一种方法所需指数，就可推算隐含的积累价格指数或（固定）资本形成价格指数①。即使能根据第一种方法得到投资价格指数，仍有一些学者出于自身研究需要而采用其他方法。

一些研究用其他指数替代投资价格指数。沈坤荣（1999）直接采用 GDP 缩减指数代替投资价格指数。在对集体（乡镇）企业的研究中，谢千里等人（1995）用工业品出厂价格指数缩减投资。宋海岩等人（2003）对 1978 年以前的数据采用邹至庄（1993）的隐含积累价格指数，1978 年以后改用全国建筑材料价格指数。

还有学者设法进行测算与合成。为验证谢千里等人（1989）提出的“1980 年之前投资品价格变化可以忽略”的假设，并证明“自 1984 年以后对投资进行价格调整”的合理性，邹至庄（1993）利用国民经济核算方法估算隐含积累价格指数序列。杰佛森等人（Jefferson，1996）采用建筑安装平减指数和设备购置平减指数加权平均，得到固定资产价格指数。李治国等人（2003）根据《上海统计年鉴 2001》附录计算上海市固定资产投资价格指数，然后估计其在 1991—2000 年与全国固定资产投资价格指数的关系，并据以推算 1990 年以前全国固定资产投资价格指数。张军与章元（2003）则直接使用上海市固定资产投资价格指数代替全国指数。

1991 年以后，存在固定资产投资价格指数的官方数据。多数研究设法将早期推算数据与官方数据进行编接，如李治国等人（2003）、郝枫（2006，2009）、单豪杰（2008）、王海兵（2017）。但也有学者放弃固定资产投资价格指数，而采用其他方法推算近期数据，如何枫等人（2003）通过拟和固定资本形成价格指数与商品零售价格指数的回归模型进行构造。

第二节　估算方法

永续盘存法作为资本存量估算的主流方法，在学术研究和各国统计实践中普遍采用，并成为 SNA 推荐的操作标准。本节概述其基本原理，并说明本

① 据此推算得到的固定资本形成价格指数，与国家统计局公布的固定资产投资价格指数非常接近。

研究对关键环节的设定。

一、永续盘存法原理概述

永续盘存法由戈德史密斯提出，其实质是将不同时期的资本流量逐年调整、折算，以累加成意义一致的资本存量。克里斯滕森和乔根森（Christensen & Jorgenson，1973）将投资品价格和资本服务租赁价格概念引入 PIM，形成资本存量与资本服务价格的对偶体系，大大扩展了 PIM 的功能。克里斯滕森等人（1980）在应用中对扩展后的方法做了检验与完善，使其占据资本核算的主流地位。下面根据该扩展版本做简要说明。①

资本度量的主要困难来自资本品的耐用性。任意时点上，资本都由不同役龄的资本品组成，加总时必须考虑其效率差异。PIM 以耐用品生产模型为理论基础，用相对效率序列 $\{d(\tau)\}$ 反映役龄为 τ 的资本品效率，并以其为权数将历史投资 $I_{t-\tau}$ 加总为资本存量 K_t：

$$K_t = \sum_{\tau=0}^{\infty} d(\tau) I_{t-\tau} \tag{3.1}$$

式（3.1）本质上测度 t 时刻资本存量的生产能力。为保持资本生产能力不变，需要对随着役龄增长出现的效率衰减进行补偿，称为重置需求。同时，随着役龄增长出现的效率衰减也会导致资本品价值损失，对这种价值的损失称为折旧。重置模式与折旧模式，都严格取决于资本品相对效率模式这一核心问题。

资本品相对效率 $d(\tau)$ 由其役龄决定，$\{d(\tau)\}$ 是一个非负序列。新资本品的相对效率 $d(0)$ 定义为1；随役龄增加效率非增，$d(\tau) - d(\tau - 1) \leq 0$；任意资本品终将退役，$\lim_{\tau \to \infty} d(\tau) = 0$。役龄为 τ 的资本品需要重置的比例 $m(\tau)$ 称为死亡率，$m(\tau) = d(\tau - 1) - d(\tau)$ 。死亡率取值非负，且所有役龄死亡率之和 $\sum_{\tau=1}^{\infty} m(\tau) = 1$。

重置率 $\delta(\tau)$ 定义为初始投资购置后 τ 期需要重置的比例，可由死亡率序列递归计算：

$$\delta(\tau) = m(1)\delta(\tau - 1) + m(2)\delta(\tau - 2) + \cdots + m(\tau)\delta(0) \tag{3.2}$$

进而，重置需求 $R(t)$ 定义为保持资本生产能力不变所需的投资。由式（3.1），对相邻两期资本存量做一阶差分，得到：

① 对永续盘存法基本原理与技术细节的系统介绍，可见肖红叶和郝枫（2005）的综述。

$$K_t - K_{t-1} = I_t - R_t \tag{3.3}$$

其中，重置需求 $R_t = \sum_{\tau=1}^{\infty} m(\tau) I_{t-\tau}$，也可写作 $R_t = \sum_{\tau=1}^{\infty} \delta(\tau)[K_{t-\tau} - K_{t-\tau-1}]$。

PIM 研究中，资本相对效率序列通常采用三种模式：（1）“单驾马车”型（One-hoss-shay），资本品相对效率在寿命期 T 内保持不变；（2）线性递减型，资本品相对效率直线衰减；（3）几何递减型，资本品相对效率按固定比例（$1-\delta$）几何衰减。三种模式的主要特征如表 3.1。

表 3.1　三种相对效率模式参数特征

模式	相对效率	死亡率分布	重置分布
（1）	$d(\tau)=\begin{cases}1 & \tau=0,\cdots,(T-1)\\0 & \tau=T,\cdots\end{cases}$	$m(\tau)=\begin{cases}0 & \tau\neq T\\1 & \tau=T\end{cases}$	$\delta(\tau)=\begin{cases}0 & \tau\neq T,2T,\cdots\\1 & \tau=T,2T,\cdots\end{cases}$
（2）	$d(\tau)=\begin{cases}1-\frac{\tau}{T} & \tau=0,\cdots,(T-1)\\0 & \tau=T,\cdots\end{cases}$	$m(\tau)=\begin{cases}1/T & \tau=1,2,\cdots,T\\0 & \tau=(T+1),\cdots\end{cases}$	$\delta(\tau)=\frac{1}{T}\left(1+\frac{1}{T}\right)^{\tau-1}$ $\tau=1,2,\cdots,T$
（3）	$d(\tau)=(1-\delta)^{\tau}$ $\tau=0,1,2,\cdots$	$m(\tau)=\delta(1-\delta)^{\tau-1}$ $\tau=1,2,\cdots$	$\delta(\tau)=\delta$ $\tau=1,2,\cdots$

可以证明：几何递减模式下，平均重置率等于常数重置率 $\hat{\delta}(\tau) = R_t/K_{t-1} = \delta$；进而，重置需求为 $R_t = \delta K_{t-1}$，将其代入式（3.3）整理得到：

$$K_t = (1-\delta)K_{t-1} + I_t \tag{3.4}$$

只要给定重置率，即可由式（3.4）估算反映投入要素生产能力的资本存量，其适用于经济增长和生产率研究等领域。

然而，国民财富测度视角下主要关注资本价值，为此应进一步考察其折旧模式。资本品一旦进入生产过程就会发生价值损耗，乔根森等人基于资本租赁价格推导资本折旧①。基本思路为：投资需要以资本品价格 $P_I(t)$ 加总，资本服务则需以资本租赁价格 $P_K(t)$ 加总，资本品价格是未来所有资本租赁

① 折旧通常由折旧函数表示。折旧函数一般通过假定“资产价值在其寿命期内以某种规则方式系统地下降”而得到。PIM 中，折旧依赖资产初始价值和其预期寿命。常用折旧函数包括直线折旧（Straight-Line Depreciation）、年数总和折旧（Sum-of-the-Digits Depreciation）、几何折旧（Geometric Depreciation）。

价格折现值的加权和；折旧 $P_D(t)$ 是时刻 t 为保持资本品效率所需补偿的价值，可由未来租赁价格与“死亡率” $m(\tau)$ 表示。资本品平均折旧率实质是对重置率的加权平均，其定义为 $\bar{\delta}(t) = P_D(t)/P_I(t)$ ，进而折旧为 $P_D(t) = \bar{\delta}(t)P_I(t)$ 。

尽管针对相对效率模式的选择仍有争论，几何递减模式凭借其出色的理论性质和较强的经验支持成为大多数研究者的首选①。可以证明，当资产重置需求服从几何递减模式时，$\bar{\delta}(t)=\hat{\delta}(t)=\delta$ ，即平均折旧率与平均重置率均等于相对效率损失率②。此时，式（3.4）中 $(1-\delta)K_{t-1}$ 等价于（t-1）期资本存量在 t 期的折旧总值，因此据其测度的资本存量兼具明确的价值含义（K 为扣除折旧后的净资本存量）。得益于此，可合理地将式（3.4）用于资本存量价值测度与国民财富研究③。

为据其估算我国全国与各省区资本存量，下面对四个关键环节逐一详细说明。

二、投资流量与价格调整

（一）投资流量取舍

投资流量取舍对资本存量估算的影响重大且直接。已有文献常用投资指标包括三大类：(1) 积累；(2) 固定资产投资；(3) 资本形成总额。为合理选择投资序列，澄清三类投资指标之间的联系与区别十分重要。

根据《中国统计年鉴》：(1) 积累（Accumulation）是在一年之内，国民收入使用额中用于社会扩大再生产和非生产性建设以及增加社会生产性和非生产性储备的总额。其物质形态为一年内物质生产部门和非物质生产部门新

① 针对资产相对效率模式，经验研究尚未达成普遍共识。Hulten 和 Wykoff（1981）使用役龄价格函数法，发现最优几何平均（BGE）率能准确描述资本品购置价格变化模式。Coen（1980）基于更换性投资法考察机器设备与建筑物的效率递减模式，也明显支持几何（或近似几何）效率递减模式。然而，Malpezzi 等人（1987）和 Taubman 等人（1969）基于租赁价格法，发现住宅的租赁价格随役龄下降，商业建筑的效率递减模式则为“单驾马车”型。

② 在单驾马车和线性递减等其他模式下，平均折旧率与平均重置率并不相等，且难以给出简洁的关系式。

③ 如王海兵（2017）所言，国内文献中较少明确区分生产性资本存量与财富性资本存量。

增加的固定资产（扣除固定资产磨损价值）和流动资产。其按照用途可分为生产性积累和非生产性积累，按照性能可分为固定资产积累和流动资产积累。（2）固定资产投资额（Total Social Fixed Asset Investment）是以货币表现的建造和购置固定资产活动的工作量。按照管理渠道分为基本建设、更新改造、房地产开发投资和其他固定资产投资四个部分。按照工作内容和实现方式分为建筑安装工程，设备、工具、器具购置，其他费用三个部分。（3）资本形成总额（GCF）是指常住单位在一定时期内获得的减去处置的固定资产加存货的变动，包括固定资本形成总额和存货增加。其中，固定资本形成总额（GFCF）指常住单位购置、转入和自产自用的固定资产，扣除固定资产销售和转出后的价值。

根据定义，积累已经扣除资本折旧，是衡量每年净投资的指标。然而，PIM资本存量估算所需数据为历年总投资，随后在特定效率模式与折旧模式之下进行折算累加，因此积累指标并不合适。且随着国民核算体系由MPS向SNA转变，我国从1993年起已不再公布积累数据及其价格指数，故在近期研究中已无法使用。

全社会固定资产投资额是我国特有的投资指标，其主要根据全面统计报表获得，在我国采用MPS与SNA核算体系时进行公布。其主要优点为：数据序列较长；较全面可信；在资产类型、行业分布、资金来源等方面，具有详细分类信息。因此，在行业资本存量估算研究中，几乎全部采用固定资产投资数据。基于以上优点，固定资产投资数据获得任若恩等学者的强烈支持。然而，固定资产投资指标不属于SNA核算体系，与国际上资本存量估算的通用指标不一致。目前，多数学者更倾向使用固定资本形成数据，尤其是在国民经济层面估算全国或地区资本存量时更为明显。

《OECD资本度量手册（2001）》建议使用固定资本形成总额作为投资流量。我国1985年开始公布固定资本形成数据，1993年以后其正式取代积累成为核心的投资数据。固定资本形成的早期数据由国家统计局根据相关历史信息调整得到。许宪春（2000）指出："主要是把固定资产折旧补充到国民收入的固定资本形成净额（固定资产积累）中，使之形成国内生产总值中的固定资本形成总额。"如今，国家统计局公布的固定资本形成总额的数据是以全社会固定资产投资额为基础，通过一定调整计算而得。① 从数量上看，中国固定资本形成总额的主要部分是固定资产投资额，二者在多数年份中差异不大。

本研究最终选用固定资本形成总额作为投资指标。这不仅由于其最具国际可比性，更是考虑可比价 GFCF 指数具有可得性。本研究所用基础数据均来自正式出版的官方统计资料。《中国国内生产总值核算历史资料（1952—1995）》公布了 1952—1995 年全国和分省 GFCF 的现价数据与可比价指数，其续篇《中国国内生产总值核算历史资料（1952—2004）》（以下简称《GDP 历史资料》）提供数据更新并根据首次经济普查对历史数据做了回溯修订，二者构成最主要数据来源。此外，若干历史数据还参照《新中国五十年统计资料汇编》。2005 年以后的数据，主要取自历年《中国统计年鉴》。

（二）价格调整方法

以 PIM 估算资本存量，式（3.4）要求使用不变价表示的投资序列。为将现价投资调整为可比价，有实质等价的两类方法：物量指数法，需要使用可比价投资指数序列；价格缩减法，则需使用特定的价格指数或隐含缩减指数。

1. 物量指数法

价值量 V_t 可分解为物量 Q_t 与价格 P_t 两个因素，$V_t = Q_t \cdot P_t$。对绝大多数省份，《GDP 历史资料》可提供历年 GFCF 现价数据 V_t 和可比价环比指数序列 $\{Q_t/Q_{t-1}\}$。根据链式法则，可将环比指数序列连乘转换为基年 b 的定基指数序列 $\{Q_t/Q_b\}$。将基年价格 P_b 标准化为 1，则有 $V_b = Q_b$。进而，以基年可比价表示的 t 年投资可以写作：$Q_t = (Q_t/Q_b) \cdot Q_b = (Q_t/Q_b) \cdot V_b$，最终得到所需的可比价物量序列 $\{Q_t\}$。利用该方法，可以获得 1952—2004 年（任意年份为基年的）全国和各省可比价 GFCF 数据。

2. 价格缩减法

价值量指数 V_t/V_b 可分解为物量指数 Q_t/Q_b 与价格 P_t/P_b 指数的乘积。因此，价格指数可写作 $P_t/P_b = (V_t/V_b)/(Q_t/Q_b)$，据此可推算我国 1952—2004 年 GFCF 缩减指数序列。又因 $V_b = Q_b$，整理可知 $Q_t = V_t/(P_t/P_b)$。因此，只要具有价格指数序列 $\{P_t/P_b\}$，就可用其将现价数据缩减为可比价数据。

1952—2004 年，使用两种方法都能计算可比价数据。2005 年以后只有

① 固定资本形成总额包括：（1）固定资产投资额；（2）50 万元以下零星固定资产投资额；（3）新产品试制增加的固定资产；（4）商品房销售增值；（5）商品房所有权转移费用；（6）生产性无形固定资产增加；（7）土地改良费用。

GFCF 现价数据，无法获取可比价 GFCF 指数，第一种方法失效，故需借助第二种方法。1992 年以后，能获取官方发布的固定资产投资价格指数，可将其与按第二种方法推算的 GFCF 缩减指数编接①，得到 1952—2017 年完整的价格指数序列。最初计算时，所有价值量数据均以 1952 年价格表示；最终根据分析需要，将资本存量转换为 2000 年价格数据和现价数据。

（三）缺失数据处理

两册《GDP 历史资料》可以提供 GFCF 的详细分省数据，但有少数省区存在历史数据缺失。为得到我国完整的省级资本存量数据，必须采用适当方法推算。主要处理方法如下。

现价 GFCF 缺失的处理。四个省份存在现价 GFCF 数据缺失：江西缺失 1952—1978 年数据，广东缺失 1952—1977 年数据，海南缺失 1952—1977 年数据，西藏缺失 1952—1991 年数据。对这类缺失，龚六堂和谢丹阳（2004）利用 MPS 与 SNA 两个核算体系下投资率之间的经验关系推算（所用折算系数为 1.3），但我国各年投资率波动较大使该方法的合理性难以保证。张军等人（2004）利用数据可得年份 GFCF 与基本建设投资的回归关系，推算数据缺失年份的 GFCF。这种方法依赖于不同时期基本建设投资与 GFCF 比值稳定的假设，然而改革开放前后二者比值发生明显变化。就全国而言，该比值 1952—1977 年为 0.57，1978—2003 年下降为 0.39，这种显著差异必将损害其推算结果的可信度。本研究尝试采用一种新思路：利用位置相邻且发展水平相近省份的数据推算。具体而言，广东数据取广西与福建两省数据之和的 1.5 倍，以 1978—1985 年三省实际数据进行验证，平均偏差率仅有 1.8%。江西虽缺乏现价数据，但有可比价 GFCF 指数，因此借助 CPI（消费者物价指数）反推现价 GFCF。海南取广西和云南数据各自十分之一的简单算术平均，以 1978—1983 年三省实际数据进行验证，平均偏差率为 12%。西藏数据取云南、贵州、陕西、甘肃、宁夏、青海、新疆各省数据中最小值的一半，根据 1992—1995 年各省数据验证，平均偏差率为 24%。尽管海南和西藏估算数据相对偏差较大，但主要是由于这两个省区数据绝对量很小所致。

可比价 GFCF 指数缺失的处理。四个省份缺失部分年份的可比价 GFCF 指

① 关于指数编接的合理性，简要说明如下：固定资产投资价格指数是为反映固定资产投资中的各类资本品的价格变动而编制的，而固定资产投资是固定资本形成总额中最主要的构成部分，其价格变动与固定资本形成的价格变动具有内在一致性。因此，将二者直接编接具有充分合理性。

数：天津缺失 1952—1988 年数据，广东缺失 1952—1977 年数据，海南缺失 1952—1990 年数据，西藏缺失 1952—1992 年，以及 2003、2004 年数据。这些缺失造成无法计算 GFCF 缩减指数，进而导致无法计算可比价 GFCF 数据。可行方法是，使用其他价格指数替代缺失年份的 GFCF 缩减指数。具体做法为：天津和广东，分别用自身同期的商品零售价格指数（RPI）替代；海南和西藏，则使用自身 CPI-U（城市消费者的消费物价指数）或 CPI（利用工资与实际工资指数推算）代替。

此外，有两个特殊情况需要说明。（1）重庆设立直辖市时间较晚，其早期数据只能推算。《GDP 历史资料 1952—1995》提供的"老四川"数据包含重庆数据，《GDP 历史资料 1952—2004》和《新中国 50 年统计资料汇编》则提供"新四川"数据，可据此推算重庆数据。重庆缺乏 1952—1994 年 GFCF，按照投资比率法推算：假定重庆与"老四川"具有相同投资率（GFCF/GDP），进而推算重庆 GFCF 序列。随后，由"老四川"减去重庆数据，得到"新四川"缺乏的 1952—1977 年数据。同时，利用官方数据可以直接计算"老四川" GFCF 缩减指数，假定川渝两地缩减指数相同，则可据此推算 1952—1995 年"新四川"和重庆可比价 GFCF。（2）各省现价 GFCF 直接相加，不等于官方统计公布的全国数据①。1978—2004 年期间，GFCF 具有除西藏之外所有省份数据，但各省相加与全国数据仍有很大缺口，相对差异最大为 31%（1980 年），绝对差异最大为 8574 亿元（2004 年）。在 1952—1977 年期间，相对差异超过 30%的只有 1962 年、1968 年和 1976 年，表明前述四省估算结果并未加重各省加总与全国数据的差异。1952—1996 年，全国数据大于各省加总，主要是部分全国投资不能划归任何省份。1997 年以后，各省加总明显超过全国，可能源于各省追求经济发展速度的内在冲动导致统计数字虚高。

三、折旧与基准存量估算

（一）折旧模式设定

折旧模式选择和折旧率确定是 PIM 资本存量估算的关键环节。我国统计

① 不仅是固定资本形成总额数据，GDP 数据也存在分省加总不等于全国数据的情况。故这里所进行的讨论，原则上也适用于对 GDP 总分差异的解释。

资料中的折旧数据都以历史成本价格记录，其并非经济折旧，不符合 PIM 要求。本研究选择几何效率模式，此时经济折旧率等于资本重置率，是一个待定常数。根据我国实际，在“机器设备平均寿命 20 年，建筑设施平均寿命 40 年”的假定下，基于两种方法估计几何折旧率。

1. 根据美国 BEA 的余额递减法估算资产折旧率。公式为 $\delta = R/T$ ，其中 T 是资产寿命，R 是余额递减率。美国各类资产 R 值，根据二手资产价格经验数据估算：大多数工业机器设备 R = 1.65，建筑设施 R = 0.91。借用上述 R 值，并代入我国两类资产寿命，得到我国两类资产的折旧率分别为 0.083 和 0.023。我国 1952—2004 年两类资产投资比重平均约为 30%与 70%，据其对分类资产折旧率加权平均，得到我国综合折旧率为 0.04。

2. 根据 OECD（2001）的残值折算法确定几何折旧率。公式为 $\delta = (1 - g^{1/T})$ ，其中 g 为资产退役时的残值。我国法定残值率为 3%～5%，将中间值 4%与资产寿命代入，得到两类资产折旧率分别为 0.149 和 0.077。利用投资比重加权平均，得到我国综合折旧率为 0.099。

综合考虑，两种方法都有一定合理性。BEA 根据美国经验数据估算得到的 R 值较准确地反映了两类资产的物理属性，对确定我国分类资产折旧率具有一定参考价值。尽管残值折算法利用了我国残值率信息，但由于我国法定残值率过低，容易造成折旧率高估。有理由认为我国折旧率位于二者之间，分别赋予 2/3 和 1/3 的权重，加权平均得到我国分类资产折旧率为 0.041 与 0.105，综合折旧率为 0.061。参照豪尔和琼斯（1999）以及杨（2000）的研究，最终将综合折旧率定为 0.060。尽管各省区折旧率与全国未必一致，但在缺乏可靠信息时随意调整将导致更大。因此与龚六堂和谢丹阳（2004）、张军等人（2004）一样，直接用全国折旧率代替各省折旧率。

（二）基准存量估算

基准资本存量是构造资本存量序列的基准。国内研究中，基准年份通常选择 1952 年或 1978 年。本书的国民财富研究始于 1978 年，但为提高资本存量估算结果可靠性，本章将基准年份定为 1952 年①。沿用郝枫（2009）的方法，仍采用阿巴拉-伯特兰提出的 OCM，估算我国各省的基准资本存量。

① 在几何效率模式下，早期基准资本存量对后期结果的影响随时间推移而指数衰减。因此，选取 1952 年为基准年份，即使基准资本存量估算结果存在偏差，对该序列中 1978 年结果的影响几乎可忽略。实际上，将 1978 年设为基准年份，直接利用 1952—1977 年 GFCF 数据以 PIM 估算 1978 年资本存量也无不可，这相当于假定 1952 年资本存量为 0。

OCM 本质上基于 PIM，既能作为一种独立的基准资本存量估计方法，也能用于对 PIM 基准资本存量估计进行一致性检验。其基本思路为：利用基准年份之后一段时期内的产出和投资数据，根据潜在最优产出与基准资本存量之间的关系，求解线性规划问题获得基准资本存量估计值。

最优潜在产出与基准资本存量之间的关系通过资本产出比导出。资本产出比有两种形式：平均形式为 $k_0 = K/Y$ ，增量形式为 $k_1 = \Delta K/\Delta Y$ 。利用 OCM 估计的经济最优潜在产出，暗示经济处于最优运行状态，此时资本产出比保持稳定，故有 $k_0 = k_1 = k$ 。

假定资本滞后一期转化为现实生产能力。将实际产出写成一阶差分形式 $Y_t = Y_{t-1} + \Delta Y_t$ ，代入资本产出比，得到最优潜在产出 Y_t^* ：

$$Y_t^* = \frac{1}{k}K_{t-2} + \frac{1}{k}\Delta K_{t-1} = \alpha K_{t-2} + \alpha\Delta K_{t-1} \tag{3.5}$$

其中 $\alpha = 1/k$ 为资本生产率。将式（3.5）展开，整理得到 $Y_t^* = \alpha(1 - \delta)K_{t-2} + \alpha I_{t-1}$ 。记 $\beta = 1 - \delta$ 为折余率，根据 $K_t = \sum_{\tau=0}^{\infty}(1-\delta)^{\tau}I_{t-\tau}$ ，可知 $K_{t-2} = \beta^{t-1}K_{-1} + I_{t-2} + \beta I_{t-3} + \cdots + \beta^{t-2}I_0$。再将其代回式（3.5），并令基准资本存量 $K_b = K_{-1}$ ，最终得到 $Y_t^* = \alpha K_b\beta^t + \alpha\sum_{i=0}^{t}\beta^{t-i}I_{i-1}$ 。利用投资 I 和折旧率 δ（进而折余率），确定最优潜在产出等价于估计资本生产率 α 与基准年份产出 αK_b ，基准资本存量 K_b 可由二者相除得到。

参数估计使用线性规划求解，以有效避免函数形式设定的不确定影响。具体形式为：

$$Min \quad Z = \sum_{t=1}^{n}(Y_t^* - Y_t) = [\alpha K_b \sum_{t=1}^{n}\beta^t + \alpha\sum_{t=1}^{n}\sum_{i=1}^{t}I_{i-1}\beta^{(t-i)}] - \sum_{t=1}^{n}Y_t \tag{3.6}$$

$$s.t. \quad Y_t^* \geq Y_t,\ \alpha K_b \geq 0,\ \alpha \geq 0$$

该规划问题仅要求最优潜在产出不低于实际产出，以及相应系数为正，并未施加苛刻约束。OCM 仅需使用基准年份之后较短时期 n 的产出和投资数据，操作简便有效。式（3.6）中的计算期年数 n，可根据各国数据的稳定性灵活选择，阿巴拉-伯特兰（2001，2003）分别选用 15 年和 11 年。经仔细考虑，将考察期定为 n=10，全国和各省折余率 $\beta = 1 - \delta$ 为 0.94。实际产出 Y 使用各省 GDP，投资 I 使用各省 GFCF，二者均采用 1952 年价格①。为消除短期经济波动影响，实际估计时采用三年移动平均法对 Y 和 I 进行修匀。使用 EXCEL 软件“规划求解”功能，得到我国各省区基准资本存量 K1952 估计结果，见表 3. 2。

表 3. 2　我国各省区基准资本存量 K1952 估计结果

省份	α	αK_b	K_b	省份	α	αK_b	K_b	省份	α	αK_b	K_b
北京	0. 93	17. 34	18. 65	安徽	0. 48	32. 24	67. 73	贵州	0. 95	15. 73	16. 56
天津	1. 25	22. 97	18. 41	福建	0. 56	21. 22	38. 20	云南	1. 11	20. 96	18. 84
河北	0. 66	52. 19	78. 69	江西	1. 03	25. 55	24. 90	西藏	0. 44	1. 43	3. 28
山西	0. 46	27. 83	60. 50	山东	0. 46	61. 86	135. 53	陕西	0. 55	22. 70	41. 04
内蒙古	0. 90	23. 56	26. 12	河南	0. 44	48. 00	108. 63	甘肃	0. 14	21. 26	150. 40
辽宁	1. 19	61. 98	52. 03	湖北	0. 70	41. 54	58. 99	青海	0. 37	2. 72	7. 34
吉林	0. 74	17. 44	23. 61	湖南	1. 08	42. 56	39. 45	宁夏	0. 81	2. 12	2. 62
黑龙江	0. 92	27. 95	30. 46	广东	0. 32	44. 75	138. 78	新疆	0. 63	9. 22	14. 73
上海	2. 54	45. 95	18. 11	广西	0. 38	20. 65	54. 74	全国 1	0. 57	1055. 8	1845. 50
江苏	0. 56	59. 00	104. 65	海南	0. 88	4. 75	5. 42	全国 2	0. 61	991. 00	1617. 50
浙江	0. 74	35. 74	48. 48	四川	0. 45	53. 42	118. 19				

注：全国 1 结果直接以全国 Y 与 I 计算；全国 2 结果基于省区加总 Y 与 I 计算；均为 1952 年价格。

表 3. 2 显示，根据各省数据加总计算的全国基准资本存量，小于直接利用年鉴数据的估计结果。鉴于该时期各省 GFCF 合计小于全国，这一现象在意料之中。各省区资本生产率 α 取值存在明显差异：多数与全国水平 0. 57 接近，但少数省区存在极端值，如上海最高为 2. 54，而甘肃最低为 0. 14。鉴于各省区资本利用效率差异巨大，其倒数资本产出比也存在显著差异。因此，即使利用资本产出比法估计全国基准资本存量的做法并无不妥，也绝不宜将其套用到各省基准资本存量估计。

---

① 基础数据取自《GDP 历史资料（1952—1995）》，其中缺乏海南和西藏 1952—1977 年的 GDP 现价数据和 1952—1978 年的不变价指数数据。本书根据相关信息进行估算，具体做法为：海南的现价数据和可比价指数数据分别为广西与云南同类数据的算术平均；西藏的现价数据取云南、贵州、陕西、甘肃、宁夏、青海、新疆中最小值的一半，可比价指数数据则取上述七个省份数据的几何平均。这种处理难免存在偏差，然而在缺乏更好数据信息的前提下不失为一种有益的尝试。

四、城市土地价值估算

根据 SNA 中的资产分类，土地作为自然资源的重要组成部分，隶属于非产出资产（Non-produced assets）。因此，估计产出资本存量 K 时，不应涵盖土地价值。

实际上，土地价值是自然资本中最重要的组成部分。但与耕地、牧草地、林地等类别相比，城市土地具有显著区别。城市土地价值主要取决于附着其上的建筑设施及其所支撑的经济活动，很大程度上源于人类生产活动的追加价值，而非自然资源价值。有鉴于此，世界银行将城市土地价值类比为产出资本，并将二者估算结果进行加总。尽管这一做法在学理上仍有争议，但不失为现有理论发展与统计数据约束之下简便易行的权宜之策。本研究借鉴这一思路，并结合我国数据略做改进。

世界银行指出，城市土地价值与附着其上的建筑设施密切联系，占产出资本的一定比率。其利用昆特等人（1998）针对加拿大的经验估算结果，对各国采用统一比率 0. 24，即 $U_t = 0.24K_t$。由于缺乏我国的经验估计数据，在全国层面仍采用 0. 24 的设定。

表 3. 3　1978—2017 年各省区人均 GDP 相对全国倍率平均值

省区	$\bar{\alpha}_i$	省区	$\bar{\alpha}_i$	省区	$\bar{\alpha}_i$	省区	$\bar{\alpha}_i$
北京	2. 55	上海	3. 29	湖北	0. 80	云南	0. 54
天津	2. 11	江苏	1. 35	湖南	0. 68	西藏	0. 63
河北	0. 83	浙江	1. 38	广东	1. 31	陕西	0. 68
山西	0. 76	安徽	0. 60	广西	0. 57	甘肃	0. 54
内蒙古	0. 94	福建	1. 07	海南	0. 79	青海	0. 74
辽宁	1. 34	江西	0. 61	重庆	0. 70	宁夏	0. 73
吉林	0. 90	山东	1. 06	四川	0. 61	新疆	0. 82
黑龙江	0. 99	河南	0. 65	贵州	0. 41		

注：表中结果按照简单算数平均计算。

但我国各省区城市化程度与经济发展水平差异很大，北京、上海、广州、深圳等一线城市地价远高于其他二线、三线城市，东部沿海省区也明显高于中西部地区。为此，设法利用各省区发展水平差异对全国系数 0. 24 进行调整，得到各省区系数值。鉴于GDP综合反映各省区经济发展，故计算各省区人均GDP相对于全国水平的倍率作为调整系数 α_i 。表3.3给出各省区1978—2017年调整系数平均值 $\overline{\alpha_i}$ ，据其可知仅有9个省区的系数大于1，其中尤以北京、天津、上海三大直辖市最高，大多数省区的系数均明显小于1。

得到各省区产出资本存量后，即可按照公式 $U_{it} = 0.24\alpha_i K_{it}$ 估算其城市土地价值。结合后续分析需要，仅计算1978—2017年城市土地价值，分别给出2000年价格和现价数据。

第三节 估算结果

利用前述方法与数据，即可估算我国全国与各省区产出资本及城市土地价值。下面首先汇报产出资本总量与其省区分布，随后讨论产出资本增长速度及省际差异，并将其与GDP和消费等关键宏观经济指标的增长速度进行比较。

一、全国资本存量趋势与增速

（一）总量特征

对全国若干代表年份产出资本总量，表3.4分别给出现价与2000年价格估算结果。

表3.4 我国代表年份资本存量估算结果 单位：万亿元

年份	现价K				2000年价K			
	全国	省区合计	差额	差率	全国	省区合计	差额	差率
1960	0.28	0.26	-0.02	-5.8%	0.98	1.11	0.13	13.1%
1970	0.39	0.33	-0.06	-14.3%	1.42	1.34	-0.08	-5.5%
1980	0.95	0.75	-0.20	-20.8%	3.15	2.50	-0.65	-20.6%
1990	3.77	3.42	-0.35	-9.3%	7.47	6.39	-1.08	-14.5%
2000	21.25	20.40	-0.85	-4.0%	21.25	20.40	-0.85	-4.0%
2010	94.18	109.94	15.76	16.7%	71.91	80.99	9.09	12.6%

注：差额由省区合计减去直接计算的全国数据得到，差率为差额除以直接计算的全国数据得到。

表 3. 4 显示，省区合计结果与直接计算的全国资本总量存在较大差异，2000 年差率为 4%，但 1970 年、1980 年和 2010 年差率超过 10%；早期年份，现价数据省区合计低于全国数据，但近期反超；2000 年价格数据，也表现出类似的相对关系。直接计算的全国数据与各省合计数据之间存在较大差异，主要源于 GFCF 的总分差异所致。1980 年，全国 GFCF 相比各省相加超出 31%。此后省区加总数据增速比全国更快，近期二者关系出现反转。

为完整展示改革开放以来我国资本存量变化趋势，图 3. 1 绘制出 2000 年价格估算结果。考察期内，资本存量呈指数增长趋势。同时，全国数据与省区合计的绝对差异逐渐增大，2005 年以前全国数据超过省区合计，2005 年以后省区合计超出全国数据。资本存量的总分差异是我国分级核算体制下的内在结果，无法通过估算方法改进而扭转。我国于 2019 年年底正式施行的统一核算制度，有助于从根本上解决这一问题。

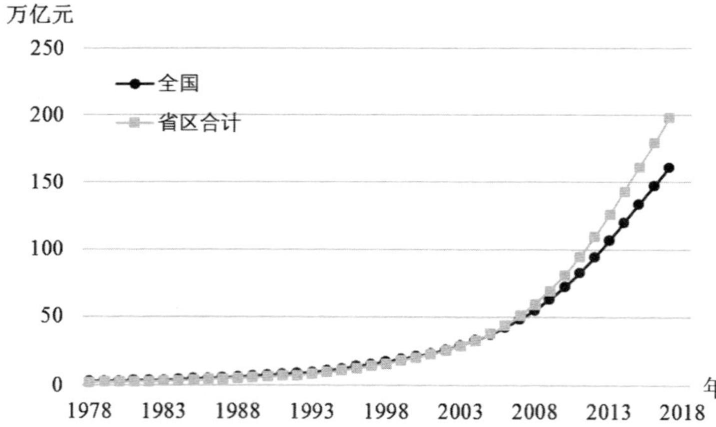

图 3. 1　改革开放以来我国资本存量变化趋势

（二）速度分析

为清晰揭示我国资本存量变化特征，图 3. 2 给出 1978-2017 年的环比增长速度。

结果显示，1978 年以来，我国资本存量快速增长；全国和省区合计年均增速分别为 11. 1%和 12. 2%。直接基于全国数据计算的增速与省区合计数据增速存在一定差异：1982 年以前直接计算的全国增速高于省区合计，此后省

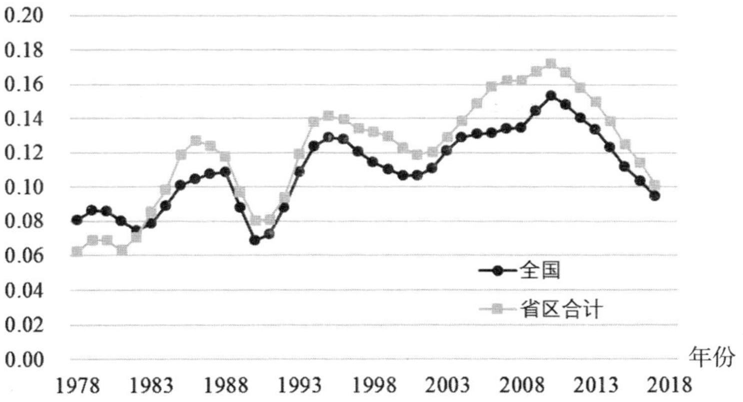

图 3.2　我国产出资本增速变化趋势

区合计数据增速始终高于全国结果。考察期内，各年增速在6%~16%之间大幅震荡并呈现出一定的周期性特征，大致经历了三个完整周期（单个周期10~15年）。资本积累主要由固定资产投资实现，其与经济运行走势密切关联，不仅取决于经济环境变化和经济主体预期，政府宏观经济调控对其同样具有重要影响。

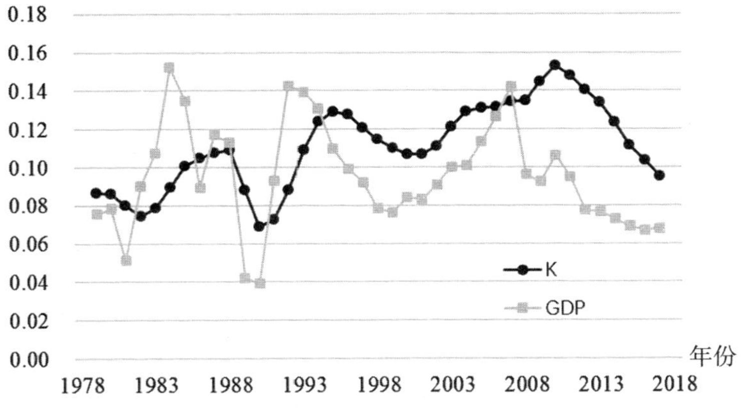

图 3.3　我国资本存量增速与经济增长率比较

图 3.3 表明，资本存量增长率 g_K 与经济增长率 g_Y 数值接近，二者变化趋势也密切相关。g_K 波动幅度小于 g_Y，主要由于作为存量的 K 规模更大，其变化更为迟缓且相邻年份之间波动更为缓和。二者周期波动模式大体一致，g_K

转折点滞后 g_Y 通常为 3 年左右，说明 g_K 是 g_Y 的滞后指标。这一方面源于进行资本积累所需的新增投资源于 GDP，另一方面也与存量指标变动更为缓慢有关。以上结果折射出我国“资本积累—产出增长—资本积累”的增长模式，20 世纪 90 年代中期以来 g_K 几乎始终超过 g_Y，加速资本深化成为中国持续快速增长的重要动力。

二、各省区资本存量特征比较

（一）省区比重

本部分着重分析各省区资本存量占全国的比重，以揭示其空间分布特征。

表 3.5　各省区资本存量占全国比重及排名

省区	比重	排名	省区	比重	排名	省区	比重	排名	省区	比重	排名
北京	3.3%	11	上海	4.5%	9	湖北	3.8%	10	云南	2.7%	15
天津	2.4%	20	江苏	7.4%	2	湖南	3.3%	13	西藏	0.3%	31
河北	4.9%	7	浙江	5.0%	6	广东	7.3%	3	陕西	2.6%	18
山西	2.7%	17	安徽	2.9%	14	广西	2.4%	19	甘肃	1.6%	26
内蒙古	2.0%	23	福建	2.7%	16	海南	0.6%	29	青海	0.6%	30
辽宁	5.5%	4	江西	2.1%	22	重庆	2.0%	24	宁夏	0.6%	28
吉林	2.2%	21	山东	8.1%	1	四川	4.6%	8	新疆	1.8%	25
黑龙江	3.3%	12	河南	5.3%	5	贵州	1.5%	27			

注：考察期内平均比重按照简单算数平均法计算。

表 3.5 给出考察期内各省区资本存量占全国比重及排名信息。结果显示，我国资本存量省际差异很大：山东的资本存量占比最高（8.1%），随后是江苏（7.4%）和广东（7.3%）；排名第四至八位的省区依次为辽宁（5.5%）、河南（5.3%）、浙江（5.0%）、河北（4.9%）和四川（4.6%）；直辖市中上海（4.5%）和北京（3.3%）排名靠前；排名最低的西藏，其资本存量占比仅为 0.3%，青海、海南、宁夏的资本存量占比均只有 0.6%。直观上看，资本存量高低主要由人口数量和经济发展水平共同决定。

图 3.4 给出考察期两端及 2000 年各省区资本存量占比及排名。近三分之二的省区占比及排名较为稳定，但也有一些省区发生显著变化。

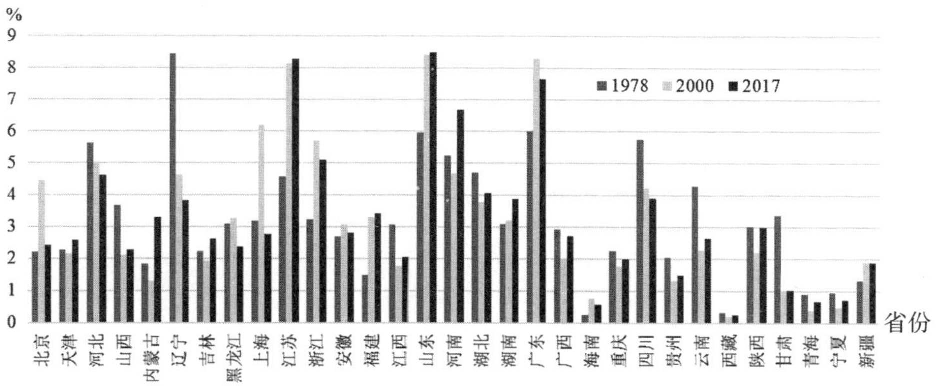

图3.4 各省区资本存量占全国比重及其变化

与1978年相比，2017年福建排名提升最快，由第26位上升到第11位（升15位）；提升较快的还有内蒙古（升13位）、浙江（升7位）、江苏（升6位）、湖南（升5位）和安徽（升5位）。但从占比看，上升最快的省区为江苏（3.7%）、山东（2.5%）、福建（1.9%）、浙江（1.9%）和广东（1.7%）。同期，排名下降较快的省区为甘肃（降16位），随后为山西（降12位）、辽宁（降9位）、云南（降8位）、江西（降7位）和黑龙江（降6位）；占比下降快的省区为辽宁（-4.6%）、甘肃（-2.3%）、四川（-1.9%）和云南（-1.6%）。整体而言，资本存量比重呈东南沿海省区上升、东北和中西部省区下降的格局。

各省区各年比重并非线性变化，最引人注目的是北京、上海两大直辖市，均经历了先升后降的剧烈转折：北京资本存量占比由1978年的2.2%翻番为2000年的4.4%（排名提升14位），随后又降至与初期持平的2.4%（排名下降11位），整个考察期排名上升3位；上海比重由1978年的3.2%提高为2000年的6.2%（排名提升9位），随后又降至低于初期的2.8%（排名下降11位），整个考察期排名下降2位。2000年以后，两大直辖市资本存量占比下降，表明其资本积累速度低于其他省区，经济增长动力逐渐转向人力资本与技术变化等因素。

此外，2000年后资本存量占比明显下降的还有广东、浙江、辽宁、黑龙江。广东、浙江两省变动原因与北京、上海类似，属于主动的增长动力转型；黑龙江则属于被动变化，主要源于人口外流和产业升级受阻；对辽宁变动而言，两方面因素可能兼而有之。

（二）省区增速

考察期内，全国资本存量快速增长但存在明显的周期波动。

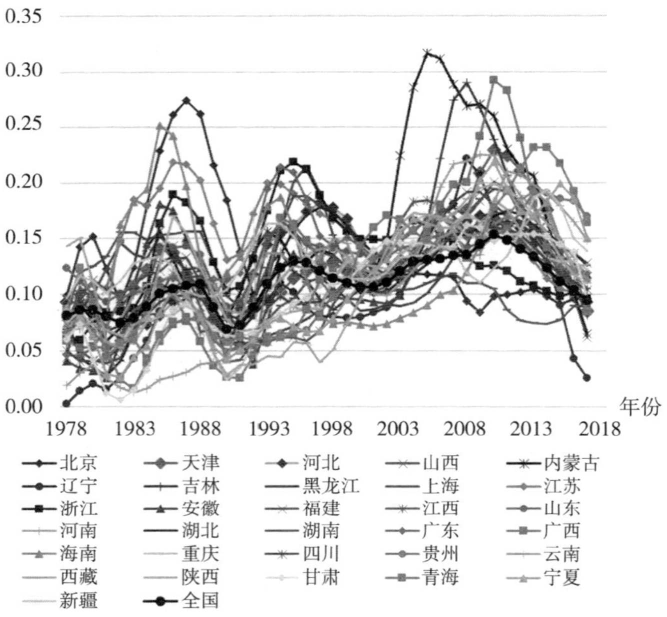

图 3.5　我国各省区产出资本增长速度及变化趋势比较

以全国资本存量增速变化趋势为参照，讨论各省区资本存量增速的主要特征。图 3.5 显示，各省区资本存量增速整体趋势与全国一致，但因其数量级远低于全国导致波动幅度更大，主要处于 5%~25%之间；各省区增速曲线叠加为一条蜿蜒曲折的“河流”，全国增速曲线居于河流中央。

图 3.5 中曲线繁乱，无法清晰识别单个省区的具体特征。为此，表 3.6 给出考察期内各省区资本存量平均增速及其排名。增速最快的省区为内蒙古和江苏，其年均增长速度分别为 15.6%和 15.5%，明显超出全国平均水平。排名第三至第五位的依次为福建（13.7%）、浙江（13.7%）和山东（13.4%），排名第六至第十位的依次为北京、河南、广东、海南和新疆，其年均增速均超过 13%。排名最低的省区为辽宁，其增速为 9.9%，其他排名靠后的八个省区年均增速均在 10%~11%之间。整体而言，改革开放以来各省区资本存量均经历快速增长，且不同省区之间增速差异不大，快速资本深化是各省区经济发展的共有模式。

表 3.6 各省区资本存量平均增长速度比较

省区	增速	排名	省区	增速	排名	省区	增速	排名	省区	增速	排名
北京	13.3%	6	上海	12.2%	15	湖北	12.0%	17	云南	10.7%	26
天津	12.7%	12	江苏	15.5%	2	湖南	11.4%	21	西藏	10.6%	27
河北	12.3%	14	浙江	13.7%	4	广东	13.3%	8	陕西	12.1%	16
山西	10.5%	28	安徽	11.5%	20	广西	11.7%	19	甘肃	10.3%	30
内蒙古	15.6%	1	福建	13.7%	3	海南	13.1%	9	青海	11.9%	18
辽宁	9.9%	31	江西	12.5%	13	重庆	10.9%	24	宁夏	11.2%	22
吉林	13.0%	11	山东	13.4%	5	四川	10.3%	29	新疆	13.1%	10
黑龙江	10.9%	25	河南	13.3%	7	贵州	10.9%	23			

注：考察期内平均增速按照水平法（几何平均）计算。

（三）省区人均

与总量相比，人均资本存量可以更清晰地反映各省区资本投入强度差异。将现价资本存量除以历年年中人口，得到各省区人均资本存量数据。

图 3.6 显示，各省区人均资本存量均持续提高，各省区之间的差异随着时间推移呈扩大趋势。对整个考察期，计算各省区人均资本存量与全国水平倍率的平均值，见表 3.7。

表 3.7 各省区人均资本存量与全国倍率平均值

省区	倍率	排名	省区	倍率	排名	省区	倍率	排名	省区	倍率	排名
北京	3.07	2	上海	3.47	1	湖北	0.83	22	云南	0.82	23
天津	2.85	3	江苏	1.26	9	湖南	0.62	29	西藏	1.32	7
河北	0.92	19	浙江	1.30	8	广东	1.15	11	陕西	0.91	20
山西	1.04	16	安徽	0.60	30	广西	0.66	27	甘肃	0.80	24
内蒙古	1.08	13	福建	1.01	17	海南	0.98	18	青海	1.43	6
辽宁	1.62	4	江西	0.64	28	重庆	0.83	21	宁夏	1.52	5
吉林	1.05	15	山东	1.12	12	四川	0.69	26	新疆	1.24	10
黑龙江	1.08	14	河南	0.72	25	贵州	0.53	31			

结果显示，17 个省区人均资本存量高于全国水平，另外 14 个省区均低于

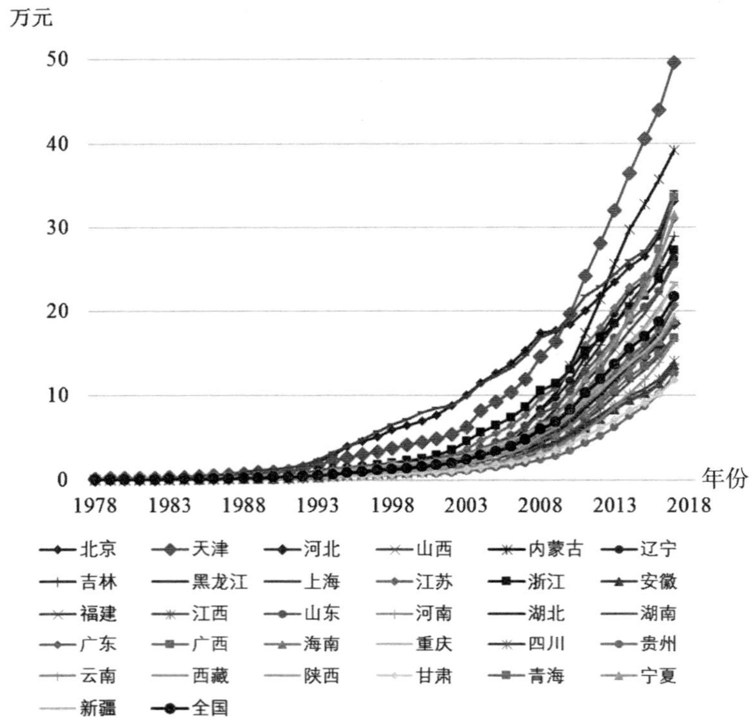

图 3.6 各省区人均资本存量变化趋势

全国水平；上海、北京、天津三大直辖市遥遥领先，分别为全国水平的 3.47 倍、3.07 倍和 2.85 倍；排名第四至十三位的省区明显分为两类，或为辽宁、浙江、江苏、广东和山东等人口众多的经济大省，或为经济欠发达但人口很少的宁夏、青海、西藏、新疆、内蒙古等西部省区。

三、全国各省区城市土地价值

全国城市土地价值，通过资本存量 K 乘以固定系数 0.24 得到，故其变化趋势和增速同 K 完全一致。因此，下面仅就各省区城市土地价值进行讨论。

（一）总量比较

首先考察各省区城市土地价值占全国比重，以揭示其空间分布特征。

表 3.8 显示，当前我国城市土地价值存在巨大省际差距：江苏城市土地

价值占比最高（13.2%），随后是广东（9.2%）和山东（9.2%）；排名第四至十位的省区依次为浙江（7.0%）、上海（5.2%）、河南（4.6%）、北京（4.6%）、天津（4.5%）、福建（4.2%）和湖北（3.6%）；排名靠后的5个省区，占比合计仅为2%，其中西藏城市土地价值仅占全国的0.2%。西部省区城市土地价值比重很低，一是城市化水平不高（建成区面积小），二是经济发展水平相对落后，使其地价处于较低水平。

表3.8 2017年各省区城市土地价值占全国比重及排名

省区	比重	排名	省区	比重	排名	省区	比重	排名	省区	比重	排名
北京	4.6%	7	上海	5.2%	5	湖北	3.6%	10	云南	1.4%	23
天津	4.5%	8	江苏	13.2%	1	湖南	2.9%	14	西藏	0.2%	31
河北	3.1%	12	浙江	7.0%	4	广东	9.2%	2	陕西	2.5%	16
山西	1.4%	22	安徽	1.8%	19	广西	1.5%	20	甘肃	0.4%	29
内蒙古	3.1%	11	福建	4.2%	9	海南	0.4%	30	青海	0.4%	28
辽宁	3.1%	13	江西	1.3%	24	重庆	1.9%	18	宁夏	0.5%	27
吉林	2.1%	17	山东	9.2%	3	四川	2.6%	15	新疆	1.3%	25
黑龙江	1.5%	21	河南	4.6%	6	贵州	0.8%	26			

（二）增速比较

1978年以来，我国各省区城市土地价值都在快速增长，但省区之间存在明显差异。

表3.9 各省区城市土地价值平均增长速度比较

省区	增速	排名	省区	增速	排名	省区	增速	排名	省区	增速	排名
北京	12.6%	14	上海	11.3%	22	湖北	12.9%	13	云南	11.0%	25
天津	12.0%	21	江苏	17.4%	1	湖南	12.2%	20	西藏	9.9%	28
河北	12.2%	19	浙江	15.8%	4	广东	14.7%	6	陕西	13.2%	10
山西	10.1%	27	安徽	12.4%	17	广西	12.4%	16	甘肃	8.9%	30
内蒙古	16.8%	2	福建	16.1%	3	海南	13.6%	8	青海	11.1%	24
辽宁	8.5%	31	江西	13.0%	12	重庆	12.6%	15	宁夏	11.3%	23
吉林	13.2%	11	山东	15.0%	5	四川	11.0%	26	新疆	13.4%	9
黑龙江	9.2%	29	河南	14.5%	7	贵州	12.3%	18			

注：考察期内平均增速按照水平法（几何平均）计算。

表 3.9 显示，城市土地价值增长速度最快的省区为江苏，整个时期年均增速为 17.4%；紧随其后的分别为内蒙古（16.8%）、福建（16.1%）、浙江（15.8%）、山东（15.0%）和广东（14.7%）；增速最慢的省区为辽宁（8.5%）、甘肃（8.9%）、黑龙江（9.2%）和西藏（9.9%）。与表 3.6 结果对比，城市土地价值增速的变异系数（0.172）明显高于资本存量的变异系数（0.116），表明城市土地价值在发达地区具有更高的集中度。

（三）人均比较

与总量相比，人均值可以更直接说明各省区城市土地价值的差异。

表 3.10　各省区人均城市土地价值相对全国倍率平均值

省区	倍率	排名	省区	倍率	排名	省区	倍率	排名	省区	倍率	排名
北京	7.16	2	上海	8.42	1	湖北	0.61	20	云南	0.41	25
天津	5.52	3	江苏	1.56	6	湖南	0.39	26	西藏	0.82	16
河北	0.69	19	浙江	1.65	5	广东	1.35	7	陕西	0.57	21
山西	0.75	17	安徽	0.33	30	广西	0.35	29	甘肃	0.45	23
内蒙古	1.01	11	福建	0.99	13	海南	0.72	18	青海	1.02	10
辽宁	2.04	4	江西	0.36	28	重庆	0.53	22	宁夏	1.06	9
吉林	0.86	15	山东	1.08	8	四川	0.38	27	新疆	0.94	14
黑龙江	1.00	12	河南	0.42	24	贵州	0.20	31			

注：考察期内平均倍率按照简单算数平均法计算。

表 3.10 显示，只有 11 个省区人均城市土地价值超过全国水平，另外 20 个省区均低于全国水平。上海、北京和天津三大直辖市人均城市土地价值最高，分别为全国水平的 8.42 倍、7.16 倍和 5.52 倍。此外，辽宁（2.04 倍）、浙江（1.65 倍）、江苏（1.56 倍）、广东（1.35 倍）和山东（1.08 倍）也具有较高水平。排名最低的 8 个省区，其人均城市土地价值均不足全国水平的一半，最低的贵州仅为全国水平的五分之一。与表 3.7 对比可见，人均城市土地价值的离散程度更大，其变异系数（1.367）明显高于人均资本存量（0.579）。

第四节 估算结果评估

借助资本折旧率、资本产出比和资本收益率，对资本存量估算结果可靠性进行评估。

一、资本折旧率

本研究估算全国和各省区资本存量时，统一采用6%的几何折旧率。利用两册《GDP历史资料》提供的收入法GDP数据，可以获得1978年以来各省区现价固定资产折旧数据，将其加总得到全国折旧。将该折旧数据与现价资本存量对比，最终算出历年折旧率。

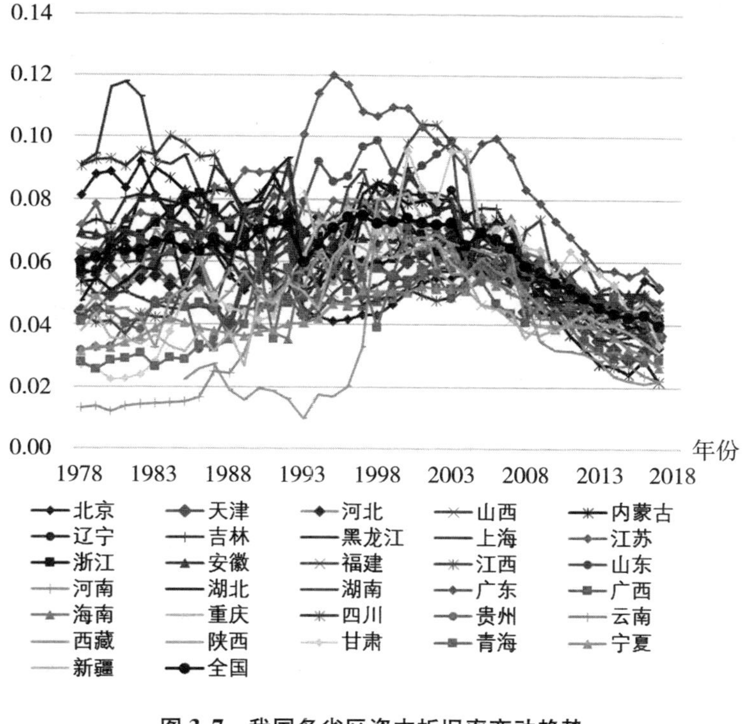

图3.7 我国各省区资本折旧率变动趋势

整个考察期，计算得到全国折旧率平均值为 6.29%，表明本研究所用的 6%具有合理性。但图 3.7 显示，折旧率存在一定的时期变化与省区差异①：1978—2005 年，全国折旧率总体呈上升趋势，由 6%提高到 7%以上，此后持续下降到 4%左右；1995 年以前各省区折旧率之间差异较大，2000 年之后各省区折旧率之间的差异明显减小。

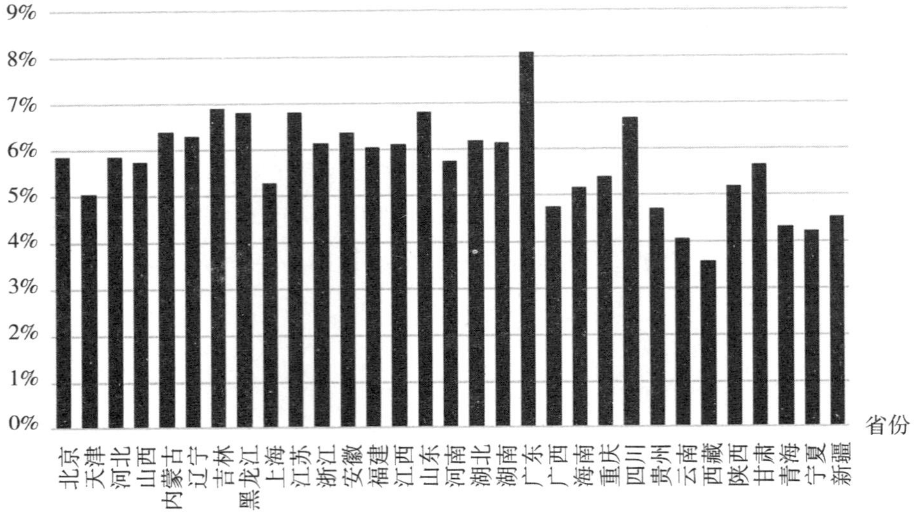

图 3.8　我国各省区资本折旧率平均值比较

图 3.8 显示，各省区考察期内折旧率平均值与 6%接近。其中，最高为广东（8.1%），取值较高的还有吉林（6.9%）、江苏、（6.8%）、黑龙江（6.8%）、山东（6.8%）和四川（6.7%）；折旧率平均值在 4%~5%之间的有广西、贵州、新疆、青海、宁夏、云南 6 个省区，西藏折旧率平均值只有 3.6%。长远而言，为更好地反映地区经济发展差异，可考虑各省设定不同折旧率，但在缺乏充分可靠信息前采用统一折旧率不失为较合理的方式。

总之，从全国和各省区折旧率看，本研究用于估算资本存量的折旧率设定较为合理。资本存量估算结果与官方公布的现价折旧之间基本吻合。最近 10 年折旧率的持续下降，可能主要来源于 2008 年国际金融危机之后我国财政刺激政策导致基础设施投资快速增长，从而折旧率分母 K 的增速快于其分子

① 这与贾润崧等（2014）判断一致：其估算结果也显示 2008 年以后折旧率迅速下降，经济越发达的地区折旧率越高。

折旧 D。这种超高速基础设施投资无可持续，随着我国基础设施趋于完善，其投资将很快回落到较低水平。特别是我国经济发展模式转型，决定资本积累速度逐渐放缓，因而折旧率有望止跌回升。

二、资本产出比

经济理论研究中，经常将资本存量与产出（通常以 GDP 衡量）之比视作常量，或者一个短期内相对稳定的变量。针对发达国家的研究显示，K/Y 取值大体在 2 左右。借助资本产出比，可以对前述资本存量的可靠性做间接考察。

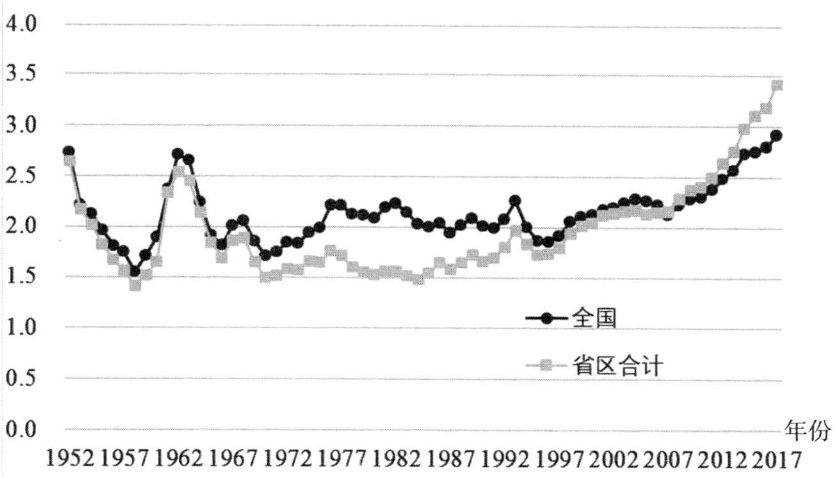

图 3.9 中国资本产出比 K/Y 变动趋势

图 3.9 给出我国全国 1952—2017 年资本产出比序列。结果显示，计划经济时期我国 K/Y 极不稳定，在 1.5~3 之间大幅波动；改革开放以来，K/Y 变动较为平稳，1994 年之前持续下降，1994 年之后迅速提高，尤其是 2008 年以后上升曲线更为陡峭。其主要受财政刺激政策下基础设施资本加速的影响，这与沈利生等人（2015）的认识类似。伴随快速的资本深化，近年来我国经济增长率却逐步下降，由高速增长转入中高速增长的新常态。

图 3.10 显示，各省区考察期内 K/Y 平均值存在明显差异。其中，取值小于 2 的省区共有 5 个，分别是广东（1.72）、江苏（1.84）、湖南（1.86）、浙江（1.86）和福建（1.87）；取值大于 3 的省区有 3 个，分别为西藏

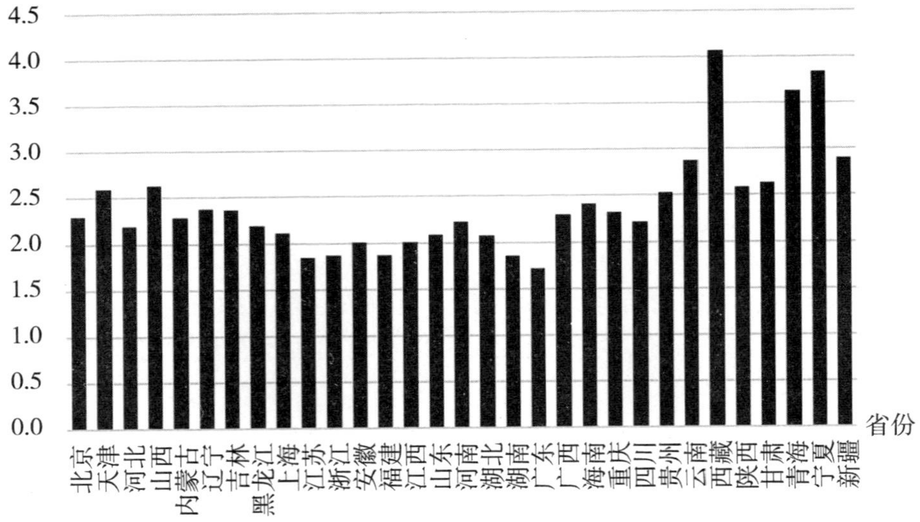

图 3.10　我国各省区资本产出比 K/Y 平均值比较

(4.07)、宁夏（3.84）和青海（3.64）。资本生产率是 K/Y 的倒数，整体而言，西部省区资本生产率低于东部省区，与我国经济现实相吻合。

总之，根据资本存量估算结果计算的我国 K/Y，处于众多经验研究给出的合理范围。近期，随着我国的快速资本积累，对 K/Y 上升基于资本生产率下降的趋势应予以警惕。加快经济结构和发展模式转型，提升技术水平和全要素生产率，是解决上述问题的根本之道。

三、资本收益率

利用《GDP 历史资料》提供的收入法 GDP 数据，可以获得 1978 年以来各省现价营业盈余数据。营业盈余与 K 相除即得到净资本收益率 r，是衡量资本收益率的理想指标。新古典微观经济理论表明，随着资本存量增加，资本收益率逐渐下降。

图 3.11 显示，考察期内我国资本收益率整体呈下降趋势，符合理论预期。

图 3.12 显示，我国各省区资本收益率存在明显差异。资本收益率最高的 5 个省区分别为上海（22.3%）、江苏（17.3%）、浙江（17.1%）、北京（16.7%）和天津（13.9%）；西藏的资本收益率仅为 1.9%，取值低于 8%的

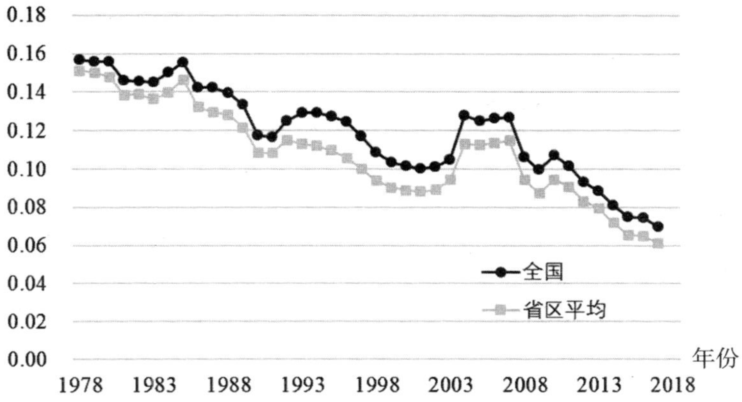

图3.11 我国资本收益率r变动趋势

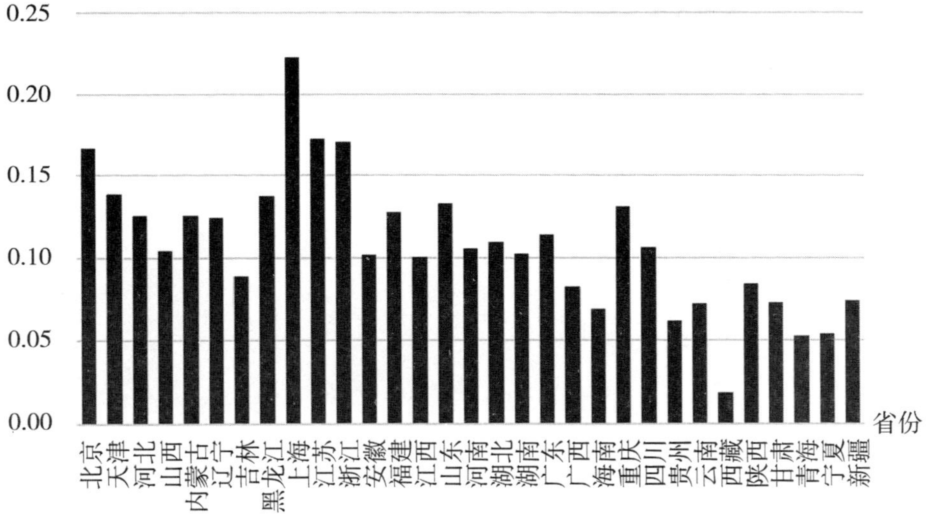

图3.12 我国各省区资本收益率r平均值比较

还有青海（5.3%）、宁夏（5.4%）、贵州（6.2%）、海南（6.9%）、云南（7.2%）、甘肃（7.3%）和新疆（7.4%）。

根据边际收益递减规律，给定其他条件不变，随着人均资本存量增加，资本收益率将逐渐下降。然而，上述预判在我国省区比较中并不成立。尽管东部省区资本存量K在总量和人均水平上更高，其资本收益率反而高于西部省区。其原因为不同省区具备不同的经济环境与发展条件，如东部沿海省区具有更完善的配套设施和便捷的国际经贸联系。尤其人均资本存量最高的北京、天津、上海三个直辖市，其资本收益率处在很高水平，与其更高级的产业结构和更充裕的人力资本密切相关。

综上所述，前述三类分析指标均能较好反映我国经济发展现实，间接表明本研究估算的我国全国和各省区资本存量较为可靠，可以合理地用于我国国民财富比较研究。

第四章　我国人力资本 H 估算

第三章估算了我国各省区产出资本 K，其长期以来被视为国民财富中最重要乃至唯一的构成部分。与 K 相比，人力资本 H 估算工作起步较晚，但迅速受到极大重视，并已发展起三大类估算方法。本章分别采用三类方法估算全国和各省区人力资本 H，并对估算结果进行比较分析。

第一节　文献回顾

一、人力资本概念演进

人力资本的相关概念，最早可追溯至 1690 年威廉·配第（William Petty）的研究工作。其认为劳动的价值是体现在人身上具有创造力的价值，这种创造力需要花费时间、精力、金钱来培养，也可以给其所有者带来预期收益。该论断暗示人力资本包含能力、成本、收益等多方面，构成后期人力资本理论发展的基石，并为从成本和收入两个角度定义人力资本开辟了道路。

人力资本理论体系建立过程中，舒尔茨（Schultz）、贝克尔（Becker）和明瑟做出了重要贡献。1960 年美国经济学年会上，舒尔茨做了题为“论人力资本投资”的报告，标志着人力资本理论体系基本形成。舒尔茨认为人力资本测度与物质资本有相通之处，可以借鉴物质资本的估算方式，用累计投资总额确定人力资本①。舒尔茨的工作，为采用成本法测度人力资本提供了理论基础。贝克尔（1987）则侧重从微观视角研究人力资本投资对劳动收入的影

① 在《人力资本投资》一书中，舒尔茨详细定义了人力资本投资的 5 种形式：（1）维持身体健康的支出，其包括影响人寿命、脑力、体力和精力等全部支出；（2）职业培训；（3）正规的初、中、高等教育；（4）成人教育；（5）个人和家庭因适应新的就业机会带来的迁移支出。

响，将人力资本视为决定劳动收入的重要因素。贝克尔的人力资本投资理论将人力资本与收入分配更紧密地结合起来，为测算人力资本投资（特别是教育和培训）的收入效应提供了依据。明瑟也是人力资本研究的早期代表，1958 年在其博士论文《人力资本投资与个人收入分配》中率先建立了个人收入和其接受培训量之间的计量模型。明瑟还从微观角度研究人力资本对经济增长的贡献，借助劳动者受教育时间及工作年限测算教育回报率，其构建的“收益函数”被称为明瑟方程。

随着人力资本理论演进，其定义也不断发展。人力资本的定义往往因研究目的与用途的不同而变化。其主流定义通常基于能力、成本、收入三类视角。例如，《企鹅经济学词典》将人力资本定义为个人拥有的可以使其获取收入的技能、智力和能力，这种能力包括天生能力和后天获得的能力（王德劲，2007）。舒尔茨（1960）从投资角度定义人力资本，尤其强调通过教育获得的技能和知识：“很大程度上，技能和知识是由投资形成的资本形态，这种资本形态的增长速度远高于传统资本……我们称之为消费的大部分内容构成了人力资本投资。”乔根森和佛美尼（1989）从劳动收益角度，把人力资本定义为所有人口终生劳动收入的折现值。OECD（2001）采用一个广义概念：人力资本指体现在个人身上，能够有利于个人、社会和经济福祉创造的知识、技巧、能力和素质，这些能力是天生的或后天通过一定方式进行投资而得到的。

借鉴以上研究，本研究将人力资本界定为：体现在个人身上的知识、技巧、能力和素质，它主要通过人力资本投资形成，有助于其所有者获得未来收入。

二、人力资本估算方法

鉴于人力资本是经济研究中的重要变量，在实证研究对数据需求的强烈刺激下，人力资本测度研究取得快速发展。人力资本估算方法主要包括代理指标法、成本法、收入法三大类，下面分别简要讨论。

（一）代理指标法

代理指标法，通常针对能力维度，选取单一指标或综合指标对人力资本进行粗略刻画①。其中应用最广泛的是基于受教育年限，使用文盲率、入学率、升学率、成人识字率等教育指标间接测度人力资本。其基本思想为：教育是形成人力资本的核心因素，一个人受教育程度越高则能力越强，进而其人力资本越高。

巴罗（1991）使用入学率和识字率估算人力资本。但入学率受人口流动影响较大，难以形成与人力资本之间的稳定关系，且人力资本的形成远远滞后于入学率。随后，巴罗改用平均受教育年限来估计人力资本，但这种方法只是计算受教育年数，忽视了教育质量对教育的影响差异。巴罗和李（1996）增加了对教育质量的考虑，将学生教师比率、教师薪水和学校教育时间长度引入度量教育质量的指标。

与上述直接利用教育指标替代相比，借助教育指标构建计量模型测度人力资本的方法也得到采用。拜耳和克勒诺（Bile & Klenow，2000）在明瑟方程基础上考虑教育质量，提出人力资本估算方法：$H = e^{\varphi(s)}L$。其中，s 为受教育年限，$\varphi(s)$ 表示受教育人口人力资本对未受教育人口人力资本的相对效率，L 为总人口数。

代理指标法在我国人力资本测度研究中有广泛应用。蔡昉（2000）用 16 岁以上的成人识字率度量人力资本，胡鞍钢（2002）、胡永远（2003）用 15~64 岁劳动力受教育年限总数估算人力资本，赖明勇（2005）用就业人员的平均受教育年限表示人力资本。近期，基于明瑟方程的教育指标法也渐受重视。周国富（2016）考虑教育质量和人口流动因素对人力资本的影响，对拜耳和克勒诺的方法做了进一步改进。

（二）成本法

成本法基于人力资本投资支出测度人力资本存量。配第（1690）有关人力资本价值的概念及舒尔茨的人力资本理论，为基于成本法测度人力资本提供了理论基础。该方法的基本思想为：人力资本价值等于投资在人身上各种相关支出的总和。

恩格尔（Engel，1883）开辟了成本法的先河，但其并没有区分教育、健康、卫生设施等成本的差异，也没有区分消费和投资的差异。舒尔茨（1960）

① 一些研究机构力图通过问卷直接测度能力。例如，OECD 构建了便于国际比较的能力测量数据集 CCCP、IALS。但此类测量缺乏统一标准，被测者测量结果不稳定，且容易受长期训练的影响而出现“高分低能”现象。

区分了人力资本投资的类型，给出成本法教育人力资本测度范例，并为其他类型人力资本估算提供了借鉴。肯德里克（kendrick，1976）结合了恩格尔和舒尔茨的思想，将人力资本投资分为有形和无形两种，并考虑了人力资本的折旧。目前，肯德里克的方法已成为成本法的基本范式。

成本法在我国人力资本测度研究中长期占据主导地位，已有研究之间的差异主要源于对人力资本的分类不同。沈利生、朱运法（1999）将劳动力市场分为农业、轻工业、重工业等 8 个行业，随后基于分行业教育支出和劳动力数据估算行业人力资本，最终进行加总。张帆（2000）将人力资本分为广义人力资本和狭义人力资本，使用每年净投资累加方法估算了我国 1953—1995 年人力资本存量。侯风云等人（2005）把人力资本投入分为教育、文化、科研、健康、“干中学”和就业迁移投入，分别给出考虑折旧和不考虑折旧的 1978—2001 年人力资本存量。钱雪亚（2008）将教育和医疗保健计入人力资本投资，构建人力资本投资价格指数，确定人力资本折旧率水平，给出较为完整的成本法人力资本估算方案。焦斌龙（2010）区分了各类人力资本折旧率，并用永续盘存法测度了 1978—2007 年涵盖教育、科研、卫生、在职培训和迁移的人力资本存量。乔红芳（2015）沿用沈利生的成本加权法，并考虑教育投资时滞问题，重新估算了 1978—2011 年的人力资本。

（三）收入法

收入法着眼于未来收益，借助人力资本能为其所有者带来的收入估算其人力资本存量。其本质为净现值法，认为人力资本价值等于预期收益的贴现值总和。

收入法很早就得到应用。配第（1690）最先基于收入法估算人力资本，将英国的国民收入剔除财产收入（土地租金、利润）得到个人劳动收入进行贴现累加，据以估算英国的人力资本总量和人均人力资本。法尔（Farr，1853）沿袭了将人力资本视为毕生预期收入贴现值的做法，但在收入中剔除了生活费用，并依据生命表调整死亡率。都柏林和洛特卡（Dublin & Lotka，1930）在法尔的基础上进一步考虑就业率影响，用其调整总收入。维斯布劳德（Weisbrod，1961）同样考虑就业率因素，并对都柏林和洛特卡的公式做了修正。格雷厄姆和韦伯（Graham & Webb，1979）进一步考虑经济增长率和其他影响收入的因素，并对教育因素给予最大重视。

乔根森和佛美尼（1992）扩展了格雷厄姆和韦伯（1979）的方法，形成了迄今最系统的人力资本测度方法——J-F 收入法。J-F 收入法和前两种方法拥有共同的隐含假设：某一时刻，x岁的人在第n年后能够获得的实际收入与该时刻x+n岁的人的收入相等。J-F收入法仍用人力资本产生的终生收入的现值来度量人力资本，但其对基础数据要求更高，计算过程复杂。目前，J-F收入法已经成为联合国团队和OECD测算人力资本的主要方法。

由于发展中国家基础数据较差，收入法的严格应用遭遇严重困难。国内收入法人力资本测度研究较少，且往往需要在数据制约之下对J-F收入法进行相应简化。王德劲（2007）对收入法调整，不考虑维持成本和就业率，将全国人口分为未成年组、劳动组和退休组，并将一国国民视为一个特定平均年龄的整体，计算该整体的人力资本存量。向钧（2009）力图在J-F收入法的理论框架下给出一种变形，但由于我国统计数据限制而不得不施加较多假设。李海峥（2010，2013）运用J-F收入法，参照国际研究成果确定关键参数，构建了全国人力资本指数和省级人力资本的面板数据集，并连续发布中国人力资本报告。

三、各类方法特点比较

（一）基础数据可得性

相比成本法和收入法，代理指标法优势明显。即使在发展中国家，受教育年限、入学率、识字率等代理指标均易于获取，便于据此进行大规模跨国比较。成本法基于各项人力资本投资数据来测度人力资本存量，但相比公共教育支出，家庭与个人投资数据难以获取，导致成本法考察范围存在明显遗漏。收入法所需的基础数据复杂、变量繁多，尤其是分年龄人口死亡率、失业率、受教育程度等详细分类数据难以获取，导致收入法在实际应用中受到严重限制。

（二）估算方法准确性

代理指标法计算范围狭窄，且指标选择主观性较强，难以全面揭示人力资本及其变化特征。成本法可以涵盖教育、健康、科技、人口迁移等各类人力资本投资，但投资多少和能力高低之间并无严格线性关系，将各类支出有效划分为投资或消费也非易事，折旧率模式设定对测度结果有重要影响，该方法往往明显低估人力资本。收入法将全部影响未来收入的因素全部归于人力资本，这种处理方法导致其倾向于高估人力资本。

（三）估算原理合意性

代理指标法仅用特定指标代理人力资本，缺乏坚实的理论基础。相比之下，成本法和收入法具有更好的理论支撑。成本法借鉴测算物质资本的永续盘存法，并与一般资产的会计核算原理一致。收入法从未来收益反推人力资本存量，则符合保险精算原理。

总之，三种方法各有利弊，应根据研究目标和约束条件进行选择。下面分别利用三种方法估算我国人力资本序列并进行比较，并在此基础上确定最终选用结果。

第二节　代理指标法估算

一、方法与数据

估算人力资本时，最常用的代理指标为人均教育年限和教育年限总量。教育年限总量为辖区内全部人口受教育年数之和，将其除以人口数即得到相应的人均教育年限。

在人口普查年份，容易获取全国和各省区全部人口的教育年限数据，可以直接计算教育年限总量和人均教育年限。但在人口普查之外的年份，人口数据主要基于1%（两次人口普查之间，尾数为5的年份）或1‰（其他年份）抽样调查获取，此时只能获取入样人口的受教育信息。因此，应该首先按照加权平均方法得到样本的人均教育年限，随后将其乘以对应的人口总量得到对全国和各省区教育年限总量的估计。由于常规年度基于样本数据推断总体时伴随抽样误差，会导致不同年份估算结果之间衔接不畅等问题①。

为获取对人均教育年限的估计，查阅历年《中国统计年鉴》公布的“分地区按性别、受教育程度分的6岁及以上人口数量”，并根据各阶段累计受教育年限（小学6年，初中9年，高中12年，大专15年，本科16年，研究生

① 根据常识，随着我国教育事业发展和人口新陈更替，人均教育年限应持续提高。然而，根据抽样调查估计的各省区人均教育年限在某些年份出现下降，全国数据也存在调查年份与普查年份（如1990年）数据不衔接问题。

19年)，以各组别人口数量为权数进行加权平均。鉴于《中国统计年鉴》仅提供各省区1987年以后的数据，将代理指标法人力资本的估算范围定为1987—2017年。对全国而言，既可直接计算其人均教育年限，也可使用各省区人均教育年限的平均值。为便于全国与各省区比较，实际采用第二种方式。

获取人均教育年限数据后，将其乘以对应人口数据，即可得到教育年限总量，作为全国和各省区人力资本H的代理。全国和各省区历年年末人口数据取自《中国统计年鉴》，为与后续章节经济发展影响分析中所用的GDP等流量指标协调，相乘之前首先利用简单平均将年末人口数据转换为年中人口。

二、估算结果

图4.1给出1987—2017年全国和各省区人均教育年限数据。各省区人均教育年限存在明显差距：北京人均教育年限最高，北京、天津、上海三大直辖市始终位居前列，西藏人均教育年限显著落后于其他省区。各省区人均教

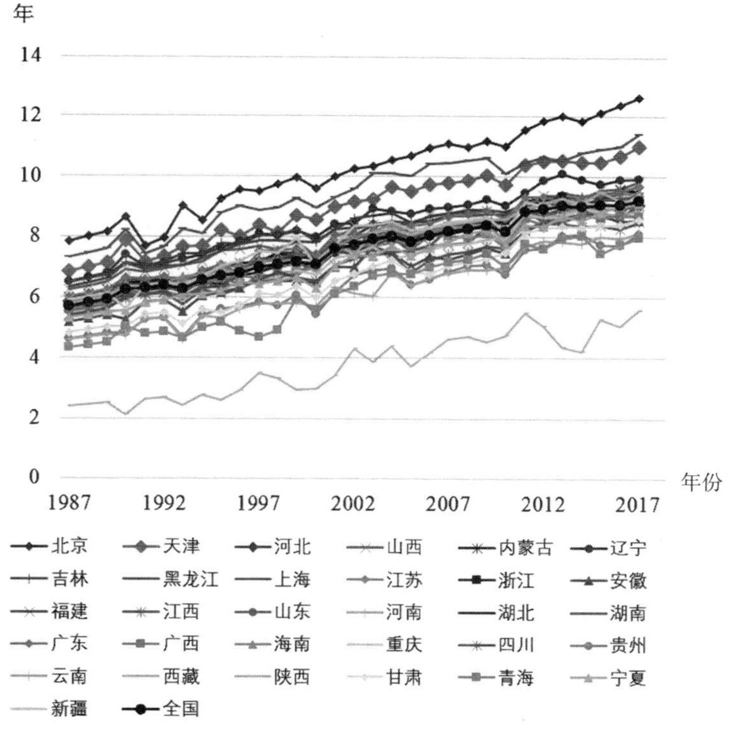

图4.1 我国各省区人均教育年限变化趋势

育年限均呈上升趋势，但某些年份存在明显跳跃，主要是抽样调查推算结果不可比导致的。尤其是人口总量少进而样本量小的省区（如西藏、青海、北京、天津、上海等），结果波动幅度更大。相比之下，全国数据的波动幅度较为温和。

将人均教育年限乘以年中人口数，即可估算全国和各省区人力资本 H。图 4.2 显示，以教育年限总量衡量的我国人力资本 H 呈线性上升趋势。

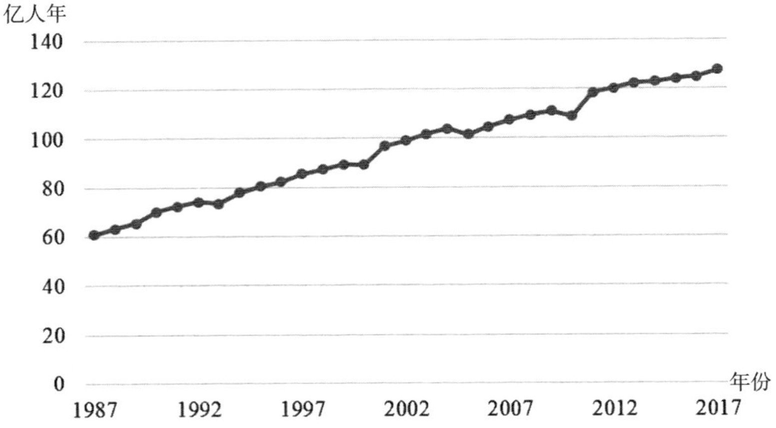

图 4.2　以教育年限总量衡量的全国人力资本 H 变化趋势

图 4.3 显示，整个考察期内全国人力资本 H 增速有所下降。鉴于人口普查年份前后增速变化过大，为减弱普查年份与调查年份间的数据衔接问题，以 1997 年和 2007 年为分隔点将考察期划分为三个子时期，并分段计算平均

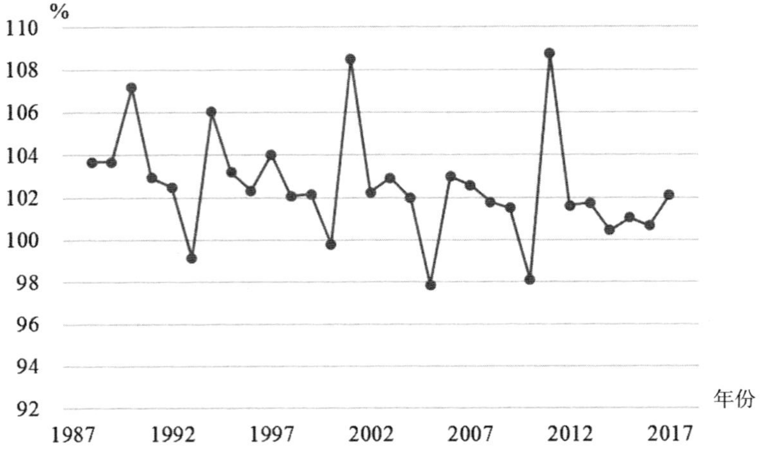

图 4.3　以教育年限总量衡量的全国人力资本 H 发展速度

增长速度。

表 4. 1 显示，大多数省区人力资本增速与全国一样呈下降趋势，仅有少数省区（如北京、天津）有所不同。表 4. 1 还给出 1987—2017 年各省区人力资本 H 平均增速与全国的比较：共有 15 个省人力资本 H 年均增速超过全国，排名领先的省区为西藏、北京、广东、天津、上海；另外 16 个省区人力资本 H 年均增速低于全国，排在最后的省区为黑龙江、四川、吉林、辽宁。与人均教育年限相比，人口增长是决定人力资本 H 变化的主导力量。

表 4. 1 各省区分阶段人力资本增长速度比较

省区	1987—1997 年	1998—2007 年	2008—2017 年	较全国	省区	1987—1997 年	1998—2007 年	2008—2017 年	较全国
北京	3. 86%	4. 14%	4. 44%	1. 66%	湖北	3. 59%	1. 91%	0. 76%	-0. 41%
天津	3. 51%	3. 04%	4. 80%	1. 30%	湖南	3. 27%	2. 07%	1. 18%	-0. 32%
河北	3. 48%	1. 93%	1. 88%	-0. 06%	广东	5. 04%	3. 52%	2. 82%	1. 30%
山西	3. 47%	2. 15%	2. 06%	0. 07%	广西	3. 20%	2. 25%	1. 07%	-0. 32%
内蒙古	3. 07%	1. 89%	1. 83%	-0. 23%	海南	4. 12%	2. 76%	2. 18%	0. 53%
辽宁	3. 11%	1. 49%	1. 21%	-0. 55%	重庆	2. 22%	1. 36%	2. 56%	-0. 44%
吉林	3. 32%	1. 36%	0. 80%	-0. 66%	四川	2. 88%	1. 13%	1. 51%	-0. 65%
黑龙江	3. 12%	1. 25%	0. 66%	-0. 82%	贵州	4. 03%	2. 08%	1. 16%	-0. 07%
上海	3. 59%	4. 89%	2. 74%	1. 25%	云南	3. 87%	2. 63%	2. 45%	0. 50%
江苏	3. 17%	2. 65%	1. 69%	0. 01%	西藏	5. 65%	4. 25%	3. 63%	2. 02%
浙江	2. 76%	3. 04%	2. 35%	0. 23%	陕西	3. 58%	2. 26%	1. 18%	-0. 15%
安徽	3. 90%	1. 04%	1. 86%	-0. 23%	甘肃	4. 11%	1. 96%	2. 01%	0. 20%
福建	3. 63%	2. 30%	2. 49%	0. 32%	青海	2. 29%	5. 51%	1. 85%	0. 72%
江西	3. 70%	2. 13%	1. 13%	-0. 17%	宁夏	4. 03%	3. 43%	2. 69%	0. 90%
山东	2. 73%	3. 03%	1. 64%	-0. 02%	新疆	4. 54%	3. 26%	2. 65%	0. 99%
河南	3. 47%	2. 11%	0. 53%	-0. 46%	全国	3. 45%	2. 28%	1. 74%	

注："较全国" 列所给数据，为 1987—2017 年各省区增速与全国增速的差值。

最后看各省区人力资本占全国比重。表 4. 2 显示，各省区人力资本 H 占全国比重相当稳定，整个时期内各省排名最大变动仅为 4 位；占比最高的 9

个省区始终为广东、山东、河南、江苏、四川、河北、湖南、湖北、安徽等人口大省，其排序略有变化；占比最低的天津、海南、宁夏、青海、西藏等省区人口数量少，其在2017年与1987年排序完全未变。

表4.2 代理指标法下各省区人力资本占全国比重及变化

省区	1987年比重	1987年排名	2017年比重	2017年排名	省区	1987年比重	1987年排名	2017年比重	2017年排名
北京	1.33%	26	2.16%	22	湖北	4.87%	8	4.32%	8
天津	0.92%	27	1.35%	27	湖南	5.53%	6	5.04%	7
河北	5.43%	7	5.34%	6	广东	5.78%	5	8.43%	1
山西	2.80%	16	2.86%	15	广西	3.65%	12	3.32%	12
内蒙古	2.02%	22	1.89%	24	海南	0.58%	28	0.68%	28
辽宁	4.01%	10	3.41%	11	重庆	2.50%	19	2.20%	20
吉林	2.47%	20	2.03%	23	四川	6.68%	3	5.52%	5
黑龙江	3.54%	13	2.79%	16	贵州	2.31%	21	2.27%	19
上海	1.51%	24	2.17%	21	云南	2.64%	17	3.05%	14
江苏	5.91%	4	5.94%	4	西藏	0.08%	31	0.15%	31
浙江	3.76%	11	4.03%	10	陕西	2.90%	15	2.77%	18
安徽	4.47%	9	4.18%	9	甘肃	1.67%	23	1.77%	26
福建	2.53%	18	2.77%	17	青海	0.30%	30	0.37%	30
江西	3.32%	14	3.15%	13	宁夏	0.37%	29	0.49%	29
山东	7.14%	2	7.09%	2	新疆	1.35%	25	1.80%	25
河南	7.63%	1	6.66%	3					

总之，单纯以教育年限无法刻画教育经费投入强度的时期变动，更无法反映教育以外的其他因素变动。因此，以教育年限总量为测度指标对人力资本变化的反映很不敏感。

第三节　成本法估算

一、方法简介

（一）基本公式

成本法人力资本估算借用产出资本估算常用的永续盘存法，将此前发生的人力资本投资净值累计为当前人力资本。该方法在我国人力资本估算中有广泛应用。

成本法估算人力资本的基本公式为：

$$H_t = (1 - \delta)H_{t-1} + I_t \tag{4.1}$$

其中，H_t 表示 t 期期末人力资本存量，I_t 表示 t 期人力资本投资流量，δ 表示折旧率，反映已有人力资本投资价值随着时间推移而衰减（如体力、精力下降或者知识陈旧）。

式（4.1）给出一种迭代表达，为构造人力资本序列，需要确定一个初始的基准人力资本存量 H_0。同时，为确保不同时间的数据相加有意义，式中价值量均应采用相同的价格水平，因此必须使用价格指数对现价数据进行调整。最后，投资流量涵盖多方面，鉴于不同类别下对应的折旧率与价格指数不尽一致，因此应分类计算资本存量后再进行加总。

$$H_t = \sum_{i=1}^{m} H_{it} \tag{4.2}$$

（二）核心环节

1. 投资流量分类与取舍

受数据可得性制约，国内学者很少严格采用舒尔茨的 5 项分类，且具体处理方式各有差异①。鉴于省级数据存在严重缺失，以教育支出为核心并兼顾培训支出，对医疗保健、科研支出等其他投资不予考虑。

① 例如，侯风云（2005）将人力资本分为教育、文化、科研、健康、“干中学”和就业迁移 6 类；钱雪亚（2008）将人力资本存量分为教育培训投资和卫生保健投资。

2. 价格指数选取

对于各类投资，如何选用价格指数是一个关键问题。常用价格指数包括消费价格指数、投资价格指数、GDP 缩减指数，需要根据分类投资特点进行选择。

3. 折旧率确定

学术界对物质资本应予折旧早有共识，但对人力资本是否需要折旧及其强度高低仍存在争议①。现有文献中，普遍重点关注死亡率和预期寿命等因素，对知识陈旧和技能失效的影响以及经验技能的溢价问题少有涉及。

4. 基准资本存量确定

确定基准资本存量，可用直接调查（如资产清查）和间接推算两类方式。但对人力资本而言，只能进行间接推算。已有文献中，所用推算方法多种多样，如资本产出比稳定法、投资几何变动法等。本章沿用第三章估算 K 时的 OCM。

四大关键环节对人力资本估算结果的影响力度存在差异。通常而言，其影响程度由小到大依次为 $H_0 < \{Pt\} < \delta < \{It\}$，即基准资本存量影响最小，投资流量选择影响最大。

二、数据说明

（一）投资流量

仅考虑教育投入和培训投入两方面人力资本投资。

1. 教育投入

采用教育总经费数据，其包括国家财政性教育经费、社会团体和个人办学经费、社会捐赠、事业收入及其他经费，是可得数据中口径最宽、内容最全的指标。

全国教育总经费取自历年《中国教育经费统计年鉴》，其可提供 1990—2017 年数据。对于各省区教育总经费，综合利用《中国教育经费统计年鉴》与《中国统计年鉴》，最终可获取 1995—2017 年数据。1989 年之前的全国数

---

① 有些情况下，甚至观察到人力资本升值。例如，艺术家或医生随着年龄与经验增进，其早期投资和资本存量的生产能力往往不降反升。但也有一些情况下，人力资本会剧烈折旧，如新技术革命会导致既有知识和技能大幅折旧甚至全面失效，此时折旧率接近于 1。

据与1994年之前的省区数据，需要设法推算。基本思路为，借助财政教育支出等相关指标之间的稳定关系进行推算。

对全国数据，《新中国50年统计资料汇编》（以下简称《50年》）和《新中国55年统计资料汇编》（以下简称《55年》）分别提供国家财政用于教育支出的总额与分项信息，据此可以得到1952—2003年“预算内财政教育经费”。《中国教育经费统计年鉴》则可提供1991年以后的全国教育总经费及分项信息，其中“公共财政教育经费”与《55年》提供的“预算内财政教育经费”一致。由此，可计算1991—2015年公共教育经费占教育总经费的比重，进而设法推算其1952—1990年取值，并结合“预算内财政教育经费”补齐全国教育总经费序列。

各省区数据缺口更大，推算难度也高于全国。《55年》和《50年》均未提供财政教育经费分项表格，仅可在财政支出中查得1950—2003年“文教科卫总支出”数据。随后，设法根据近期“教育事业费/文教科卫总支出”比重，推算早期教育事业费①。进而，将各省区“文教科卫总支出”乘以其比重序列，推算1952—1994年教育事业费。最后，根据教育事业费进一步推算预算内财政教育支出，再借助全国“预算内教育支出/教育总经费”比重推算各省区1952—1994年教育总经费。

2. 培训投入

官方统计未正式提供相应数据。而且，培训费用包括国家、社会、企业、团体和个人支出，很难全部计量。根据有关法律规定：一般企业按照职工工资总额的1.5%足额提取教育培训经费；从业人员技术要求高、培训任务重、经济效益好的，可按2.5%提取，列入成本开支。稳妥起见，选择按职工工资总额的1.5%计算培训支出。

为此，首先需要获取全国和各省区工资总额现价数据。1952—1989年数据，取自《全国各省、自治区、直辖市历史统计资料汇编：1949—1989》；1990年以后的数据，取自历年《中国统计年鉴》，但不同时期其指标名称存

① 首先，计算全国“教育事业费/文教科卫总支出”比重序列（1952—2017年）；其次，计算各省区1998年以后该比重，在1998—2017年期间确立各省比重与全国比重的相对倍数；最后，由各省区相对倍数1998—2017年平均值，乘以全国1952—1994年全国比重，推算出各省区早期年份“教育事业费/文教科卫总支出”比重。

在变化①。

（二）价格指数

1. 教育投入价格调整

已有研究中价格指数的选择各不相同。一些研究采用 CPI（沈利生，1999），但人力资本价格变动既不同于消费品价格指数，也不同于投资价格指数（焦斌龙，2012）。考虑教育投入兼具消费与投资的特征，GDP 缩减指数因其能涵盖消费与投资价格变动而成为合理选择。因此，最终选用 GDP 缩减指数。

2. 培训投入价格调整

由于培训投入是基于职工工资总额数据推算的，因此对其进行价格调整时采用城镇居民消费价格指数 CPI-U。

（三）折旧率

确定折旧率时，主要有直线折旧与几何折旧两类模式，经验研究中均较常用。

直线折旧率等于折旧总年数 T 的倒数，$d=1/T$。T 可根据劳动者处于劳动力市场的时间确定，其范围为 35~45 年，据此线性折旧率为2%~3%。

为与产出资本 K 估算一致，本章仍使用几何折旧率。其公式为 $\delta=1-\sqrt[T]{S}$，需要折旧年数 T 与残值率 S 两个参数。结合《中国劳动统计年鉴》提供的 65 岁以上劳动力（L_0）与《中国人口统计年鉴》提供的 65 岁以上人口（N_0）数据，推算 $S=L_0/N_0$。参照我国统计数据，计算教育资本存量时，取 T=40 年，S=0.2，几何折旧率 $\delta=0.04$；计算培训资本存量时，取 T=30 年②，S=0.2，几何折旧率 $\delta=0.05$。

（四）基准存量

仍以 OCM，估算 1952 年人力资本 H 作为基准存量。对后续分析关注的 1978 年以后的数据，即使 1952 年基准存量估算结果不够准确，其不利影响也

① 1990—2005 年数据口径为职工工资总额（1998 年以后为在岗职工工资总额）；2006—2008 年指标名为城镇单位就业人员劳动报酬；2009 年之后再次更名为城镇单位就业人员工资总额，但其本质仍为原有指标。

② 企业对员工的培训主要是在 20~40 岁年龄段的中青年中进行，参照平均退休年龄，可知 T 约为 30 年。

会随着时间推移而迅速衰减。

三、估算结果

利用前述方法与数据，可以估算 1952—2017 年教育资本和培训资本，进而加总为人力资本。为确保各年投资相加的合理性，估算时均采用 2000 年价格数据。鉴于课题研究专注于 1978 年以后的国民财富测度与分析，以下仅简要汇报 1978 年以后的结果。

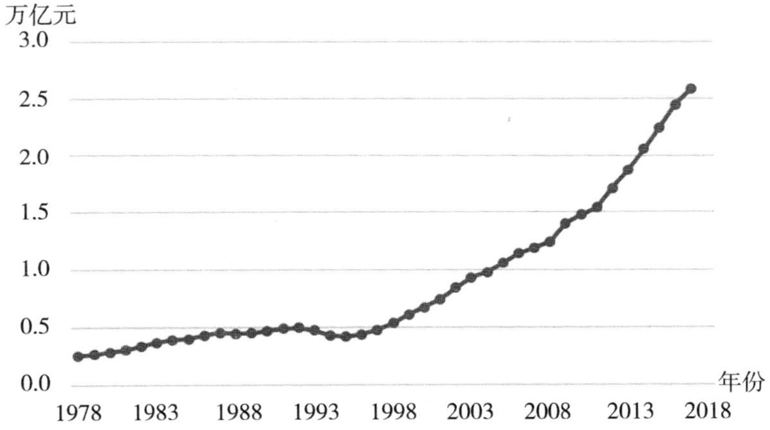

图 4.4　成本法下的全国人力资本 H 变化趋势：2000 年价格

图 4.4 给出 2000 年价格表示的我国成本法下的人力资本变化趋势。与图 4.2 对比发现，成本法下的我国人力资本并非线性增长，而是表现出明显的阶段差异：20 世纪 90 年代初以前增速较慢，1993—1995 年出现轻微负增长，1996 年之后呈加速增长态势。显然，以教育经费累积衡量人力资本变动，比用教育年限总量更为灵敏。

参照图 4.4 给出的趋势，为便于与代理指标法结果比较，仍以 1997 年和 2007 年为分隔点将考察期划分为三个子时期，分段计算各省区人力资本 H 平均增长速度并进行比较。

表 4.3 显示，各省区人力资本增速与全国一样，均呈前低后高的上升趋势。表中同时给出 1978—2017 年各省区的人力资本 H 平均增速与全国的比较：共有 14 个省区的人力资本 H 年均增速超过全国，排名领先的省区为西藏、上海、甘肃、天津、浙江、江苏；另外 17 个省区的人力资本 H 年均增速低于全国，排在最后的省区为湖南、广西、河南、安徽、青海、宁夏。与表 4.1 相比，增速最高的省区中有部分重叠，而增速最低的省区则全然不同。

表 4.3　成本法下的各省区分阶段人力资本增长速度比较

省区	1978—1997 年	1998—2007 年	2008—2017 年	较全国	省区	1978—1997 年	1998—2007 年	2008—2017 年	较全国
北京	5.56%	11.31%	9.28%	0.32%	湖北	4.16%	10.08%	8.27%	-0.94%
天津	5.37%	11.47%	13.09%	1.19%	湖南	2.91%	8.65%	8.88%	-1.78%
河北	4.18%	9.84%	11.88%	-0.12%	广东	4.31%	12.07%	10.84%	0.24%
山西	4.16%	8.69%	10.38%	-0.77%	广西	1.95%	9.41%	11.58%	-1.45%
内蒙古	4.23%	7.44%	15.90%	0.27%	海南	4.76%	10.80%	11.09%	0.23%
辽宁	3.53%	11.31%	12.06%	-0.05%	重庆	3.63%	11.17%	12.21%	0.00%
吉林	3.72%	8.55%	10.98%	-0.89%	四川	4.37%	11.38%	11.75%	0.33%
黑龙江	1.63%	11.58%	12.78%	-0.81%	贵州	3.69%	11.68%	10.59%	-0.23%
上海	7.88%	14.48%	10.54%	2.58%	云南	4.87%	10.44%	11.96%	0.41%
江苏	4.47%	13.53%	9.82%	0.43%	西藏	7.13%	12.63%	13.95%	2.58%
浙江	4.95%	14.32%	10.02%	0.91%	陕西	4.12%	10.20%	10.30%	-0.44%
安徽	1.98%	11.47%	10.99%	-1.07%	甘肃	6.44%	10.62%	13.41%	1.61%
福建	3.31%	12.30%	10.49%	-0.30%	青海	2.37%	8.02%	13.95%	-1.01%
江西	3.30%	10.07%	11.96%	-0.49%	宁夏	5.09%	7.71%	8.70%	-0.95%
山东	4.19%	10.91%	12.04%	0.19%	新疆	3.65%	8.51%	11.45%	-0.81%
河南	2.84%	8.06%	11.97%	-1.22%	全国	4.14%	11.17%	11.10%	

注：“较全国”列所给数据，为 1978—2017 年各省区增速与全国增速的差值。

表 4.4 成本法下的各省区人力资本占全国比重及变化

省区	1978 年比重	1978 年排名	2017 年比重	2017 年排名	省区	1978 年比重	1978 年排名	2017 年比重	2017 年排名
北京	3.03%	15	6.37%	3	湖北	5.41%	5	4.04%	8
天津	1.63%	25	1.73%	25	湖南	4.77%	8	3.79%	10
河北	4.59%	9	3.50%	11	广东	6.82%	2	9.18%	1
山西	2.66%	18	2.28%	21	广西	2.87%	17	2.52%	18
内蒙古	2.22%	21	1.52%	27	海南	0.60%	28	0.76%	28
辽宁	5.26%	6	2.67%	16	重庆	1.90%	22	2.32%	20
吉林	2.98%	16	1.84%	24	四川	4.90%	7	4.99%	6
黑龙江	4.23%	11	2.12%	22	贵州	1.30%	27	2.46%	19
上海	3.10%	14	4.03%	9	云南	1.59%	26	2.84%	15
江苏	7.56%	1	7.45%	2	西藏	0.18%	31	0.43%	31
浙江	3.41%	12	5.54%	5	陕西	3.13%	13	3.20%	13
安徽	4.52%	10	3.38%	12	甘肃	1.66%	23	1.59%	26
福建	2.50%	19	3.01%	14	青海	0.44%	29	0.50%	30
江西	2.40%	20	2.56%	17	宁夏	0.40%	30	0.55%	29
山东	5.63%	4	5.82%	4	新疆	1.64%	24	2.12%	23
河南	6.66%	3	4.90%	7					

表4.4给出各省区人力资本占全国比重及其时期变化。1978年，比重最高的省区为江苏（7.56%），随后依次为广东、河南、山东、湖北、辽宁、四川、湖南、河北，均为人口大省，表明此时各省人均教育投资水平差异不大，人口数量对人力资本起主导作用。2017年，比重最高的省区为广东（9.18%），随后依次为江苏、北京、山东、浙江、四川、河南、湖北、上海，北京、上海排名上升主要源于其教育投资水平迅速超越其他省区。

2017年较1978年，排名提升最快的省区主要有北京（升12位）、云南（升11位）、贵州（升8位）、浙江（升7位）和上海（升5位），排名下降最多的主要是东北地区的黑龙江（降11位）、辽宁（降10位）、吉林（降8位）和华北地区的内蒙古（降6位）。考察期内，海南、青海、宁夏与西藏始终排名最低。与表4.2对比可见，成本法下的各省人力资本比重变化非常明显，可以更有效地揭示教育投资差异对人力资本的影响。

第四节 收入法估算

一、方法简介

收入法认为，人力资本决定其所有者的终生劳动收入。相比前述两种方法，收入法可以更加清晰地揭示人力资本的资本性质。微观层面上，可用个体未来可以获取的全部劳动收入现金流贴现求和的方式，估算其在某一时刻的人力资本水平。宏观层面上，也可类比上述做法，将各年龄人口看作一个整体，以该整体在全部“工作期间”的终生收入现值之和测算一个国家或地区的人力资本存量。

由于收入法对基础数据要求较高，受统计数据可得性制约，收入法在我国的应用不如成本法和代理指标法广泛。李海峥（2010、2013）较严格地采用 J-F 收入法，大量收集各类宏观与微观数据，用于估算我国全国和特定省区的历年人力资本存量。然而，用 J-F 收入法估算人力资本存量，必须使用每年分年龄、分性别、分受教育程度的人口数，每年各个群体的收入以及升学率、收入增长率和贴现率等参数，不仅需要估算存在严重缺失的宏观数据，还要借助有关微观调查数据估计所需参数。相比之下，王德劲（2006）基于 J-F收入法思想，通过简化对人口的划分，给出一种更易操作的人力资本存量估算方法。

此处借鉴王德劲（2006）的做法，但在指标选择和参数设定上进行改进。（1）将全部人口分为 3 个组别：0~14 岁，未成年无收入组；15~64 岁男性和 15~59 岁女性，成年有收入组；65 岁及以上男性和 60 岁及以上女性，老年无收入组。（2）对于贴现年数：全部人口贴现年数 T，取男性与女性退休退出劳动市场的年龄中值 62 减去劳动人口平均年龄，并允许该数值在不同省区和不同年份变化。

按照以上设定，并引入收入增长率和分年龄段人口生存概率，得到全国或某地区人力资本存量的收入法估算公式：

$$H_t = PV_t = \sum_{i=0}^{62-\bar{a}t} \frac{Y_t(1 - P_{t,\ \bar{a}t+i})\ (1 + \bar{g})^i}{(1 + r)^i} \tag{4.3}$$

其中，PV_t 为第 t 年人力资本存量 H_t，$\overline{at}$ 为第 t 年的劳动者平均年龄，Y_t 为可比价表示的第 t 年的人口整体的劳动收入，$P_{t,\ \overline{at}+i}$ 表示第 t 年 $\overline{at}+i$ 岁人口的死亡率，$\overline{g}$ 为退出劳动力市场前未来实际收入的平均增长率，r 为有效贴现率。

二、数据与参数

为利用式（4.3）估算人力资本，首先对所需数据和参数进行说明。

（一）实际劳动收入 Y_t

王德劲（2006）分别推算城乡人口收入，然后将其加总得到人口整体收入 Y_t。该做法的最大问题在于，其所推算的收入不仅包括人力资本引致的劳动收入，还包括其他资本引致的财产收入，因而据其估算人力资本存在逻辑偏误。同时，推算过程需要施加一系列假定。在其所讨论的全国层面尚可操作，细化到省区层面则很难实行。本研究直接采用官方统计数据刻画居民劳动收入，可以有效避免上述问题。

具体而言，人口整体劳动收入以收入法 GDP 中的劳动者报酬指标 COMP 反映。该指标明确对应劳动收入，从而与人力资本严格对应。我国官方统计可以直接提供各省区 1978 年以来的收入法 GDP 数据，并可据此加总得到全国结果。因其无须做额外处理，减少了推算过程中由研究者主观设定带来的结果偏差。

我国各省区劳动者报酬的 1978—2017 年的现价数据，取自《中国国内生产总值核算历史资料（1952—1995）》《中国国内生产总值核算历史资料（1952—2004）》以及近年的《中国统计年鉴》。式（4.3）中计算 Y_t 需要使用可比价数据，为此利用居民消费价格指数 CPI，将其调整为 2000 年价格来表示。

（二）历年劳动人口平均年龄 $\overline{at}$

首先，估算全国历年劳动人口平均年龄。在人口普查年份，普查年鉴直接提供分性别的 1 岁一段的详细人口分布数据，据此可以用加权平均公式直接计算劳动人口（女性 15~60 岁和男性 15~65 岁人口）的平均年龄。据此可以得到 1982 年、1990 年、2000 年、2010 年的 $\overline{at}$，作为整个序列的数据基准。非普查年度数据基于抽样调查得到，但据其推算的平均劳动年龄与普查年份结果无法衔接。

为此，李海峥在其《人力资本报告（2018）》中放弃质量较差的调查年份结果，完全基于普查年份数据设法构造1986—2016年的$\overline{at}$序列。本书借鉴这一方法，推算得到我国1978—2017年$\overline{at}$序列。

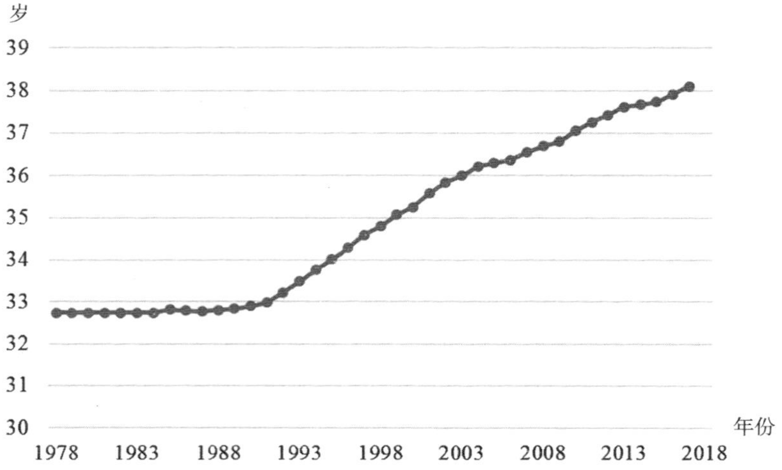

图4.5 我国劳动人口平均年龄变化趋势

图4.5显示，我国劳动人口平均年龄呈上升趋势，如果忽略该趋势而简单采用时期平均值，必然给人力资本估算带来严重偏差。

同时，各省区劳动人口平均年龄也存在差异，不能直接采用全国结果。利用1990年、2000年、2010年三个人口普查年份提供的省级5岁一段的人口分布数据，可以计算各省区劳动人口平均年龄。进而，计算上述三个人口普查年份中各省区劳动人口平均年龄与全国劳动人口平均年龄的比率。

表4.5 人口普查年份各省区劳动人口平均年龄与全国水平对比

省区	1990年	2000年	2010年	省区	1990年	2000年	2010年
北京	1.056	1.002	0.978	湖北	0.997	0.995	1.008
天津	1.055	1.029	0.997	湖南	0.998	1.007	1.015
河北	1.021	1.005	1.003	广东	0.996	0.925	0.929
山西	0.998	0.997	0.988	广西	0.992	0.976	0.986
内蒙古	0.982	0.989	1.019	海南	0.991	0.950	0.959
辽宁	1.022	1.039	1.060	重庆	——	1.047	1.037

续表

省区	1990年	2000年	2010年	省区	1990年	2000年	2010年
吉林	0.990	1.012	1.040	四川	0.995	1.032	1.025
黑龙江	0.982	1.008	1.041	贵州	0.976	0.987	0.994
上海	1.099	1.041	1.013	云南	0.977	0.961	0.970
江苏	1.029	1.035	1.017	西藏	0.994	0.932	0.913
浙江	1.024	1.015	1.013	陕西	0.999	1.008	0.988
安徽	0.989	1.007	1.007	甘肃	0.978	0.997	0.983
福建	0.981	0.958	0.975	青海	0.959	0.958	0.962
江西	0.969	0.980	0.985	宁夏	0.959	0.956	0.963
山东	1.012	1.020	1.028	新疆	0.974	0.954	0.958
河南	0.990	1.001	0.990				

表4.5显示，各省区劳动人口平均年龄与全国之间的差距最大约10%（如上海1990年劳动人口平均年龄为全国的1.099倍；西藏2010年劳动人口平均年龄为全国的0.913倍），折合年龄绝对量约为3岁。因此不能忽略省际差异，否则必然给各省区人力资本估计结果带来明显偏差。

鉴于各省区劳动人口平均年龄与全国比率在考察期内相对稳定，本研究利用线性插补法推算1991—1999年和2001—2009年比率，对1978—1989年数据直接采用1990年比率，2011—2017年数据采用2010年比率。随后，将省区倍率序列乘以此前获得的全国$\overline{at}$序列，即可得到各省区1978—2017年劳动人口平均年龄序列。简化起见，最终结果均按舍尾法取整数。

最后，利用$T = 62 - \overline{at}$，即可计算全国和各省区每年对应的最大贴现年数。

（三）分年龄人口死亡率$P_{t,\overline{at}+i}$

历次人口普查均可提供详细的分年龄死亡人数，据此可以计算普查年份的分年龄死亡率数据。对非普查年份，可由《中国人口统计年鉴（1988—2006）》和《中国人口和就业统计年鉴》，查到全国“分年龄、性别的死亡人口状况”。结合以上两方面数据来源，可以计算得到1981年、1986年、1989年、1995年、1997—2017年各年龄人口死亡率。

由于分年龄死亡率数据在短期内非常稳定，因此1978—1980年采用1981年数据，1982—1985年采用1981年和1986年平均值，1987年和1988年采用1986—1989年平均值，1990—1994年采用1989年和1995年平均值，1996年采用1995年和1997年平均值。

（四）实际收入年均增长率$\bar{g}$

鉴于未来每年实际收入的增长率无法获知，只能根据历史信息对其进行假定。与同类研究一致，此处采用考察期内实际收入年均增长率代替。利用前述2000年价格表示的劳动者报酬数据，使用几何平均法计算全国与各省区年均增长率$\bar{g}$。

表4.6　1979—2017年全国和各省区实际收入年均增长率$\bar{g}$

省区	$\bar{g}$	省区	$\bar{g}$	省区	$\bar{g}$	省区	$\bar{g}$
北京	11.08%	上海	8.91%	湖北	8.91%	云南	9.03%
天津	10.23%	江苏	10.51%	湖南	8.26%	西藏	7.56%
河北	9.35%	浙江	10.49%	广东	10.85%	陕西	9.17%
山西	8.80%	安徽	8.88%	广西	9.08%	甘肃	7.45%
内蒙古	9.74%	福建	10.59%	海南	8.71%	青海	7.52%
辽宁	8.12%	江西	8.32%	重庆	9.48%	宁夏	9.69%
吉林	8.17%	山东	10.67%	四川	7.44%	新疆	9.96%
黑龙江	7.00%	河南	10.29%	贵州	10.18%	全国	9.59%

注：表中结果，按照水平法（几何平均）计算得到。

表4.6显示，各省区$\bar{g}$取值差异明显，北京最高达11.08%，黑龙江最低仅为7%。

（五）有效贴现率r

贴现率r对收入法人力资本H估算结果影响很大，已有研究的设定存在明显差异。李海峥（2018）分别讨论四种贴现率设定方式：（1）根据1996—2007年个人可购买的我国10年期国债平均利率减去同期通胀率，得到实际贴现率3.14%；（2）考虑风险因素，采用1996—2010年的平均基准贷款利率扣除同期通胀率，得出实际贴现率5.51%；（3）世界银行以1985—2008年人均消费水平增长率加上 1.5%时间偏好率，估算中国的社会折现率为 8.14%；(4) OECD 根据乔根森和佛美尼（1992）对美国私人部门长期投资回报率的估算，对各国统一采用贴现率 4.58%，这也是李海峥（2018）报告最终采用的数值。

本研究认为，尽管改革开放以来我国资本市场的完善程度持续提升，但与美国等发达国家相比仍然有明显差距，因此直接套用国外经验估算结果并不妥当。一方面，我国长期以来存在较大资金缺口，因此所需的收益率或者贴现率应明显高于发达国家水平。即使随着我国经济发展，资金短缺问题已经得到很大缓解，但 OECD 所用的 4.58%仍将严重低估我国的贴现率。使用过低的贴现率，将导致对人力资本 H 的严重高估。另一方面，发达国家经济运行体制变化不大，其贴现率在不同时期相对稳定，采用一个固定值并无不妥，但我国改革开放以来经济体制和经济环境变化较大，整个考察期内采用固定贴现率数值在理论上和经验上都不合理，必须设法揭示其时间差异。

有鉴于此，本研究力图利用国民核算数据估计国民净资本收益率 r，其可更有效地反映社会贴现率。我国收入法 GDP 核算公式为 GDP = COMP + DEP + NTP+NOS，其中 COMP 为劳动者报酬，DEP 为固定资产折旧，NTP 为生产税净额，NOS 为净营业盈余。1978—2017 年 NOS 数据，可由《中国国内生产总值核算历史资料（1952—1995）》《中国国内生产总值核算历史资料（1952—2004）》以及近年的《中国统计年鉴》获取[①]。

第三章已估算全国和各省区产出资本存量 K，利用公式 r = NOS/K，即可得到净资本收益率。对存在数据缺失的三个省区，采用特定方式进行插补。(1) 重庆 1978—1992 年 r 数据，借助四川数据推算：根据 1993—1997 年川渝资本收益率平均相差 0.04，用四川数据减去 0.04 作为重庆相应年份结果。(2) 西藏 1978—1984 年 r 数据，统一取西藏 1985—1990 年平均值。(3) 海南 1978—1989 年 r 数据利用广东数据推算，根据 1991—1997 年两省数据关系变化趋势，由广东数据减去 0.06～0.08 推测海南相应年份结果。尽管以上推算结果的可靠性难以确保，但其涉及省区和年数均较少，对整体分析的不利影响十分有限[②]。

---

① 少数省区特定年份要素报酬数据存在缺失，如西藏（1978—1984 年）、重庆（1978—1992 年）、海南（1978—1989 年）。

② 由后文讨论可知，估算各省区人力资本时，r 统一采用全国净资本收益率。因此此处推算并不影响人力资本结果。

表 4.7 1978—2017 年全国与各省区净资本收益率平均值 $\bar{r}$

省区	$\bar{r}$	省区	$\bar{r}$	省区	$\bar{r}$	省区	$\bar{r}$
北京	0.167	上海	0.223	湖北	0.110	云南	0.072
天津	0.139	江苏	0.173	湖南	0.102	西藏	0.019
河北	0.126	浙江	0.171	广东	0.121	陕西	0.085
山西	0.105	安徽	0.102	广西	0.083	甘肃	0.073
内蒙古	0.126	福建	0.127	海南	0.069	青海	0.053
辽宁	0.125	江西	0.100	重庆	0.131	宁夏	0.054
吉林	0.089	山东	0.133	四川	0.107	新疆	0.074
黑龙江	0.137	河南	0.105	贵州	0.062	全国	0.119

注：表中结果，按照简单算数平均计算得到。

表 4.7 给出考察期内我国净资本收益率的平均值。结果显示，全国净资本收益率平均值为 0.119，明显高于李海峥（2018）讨论的各种设定。各省区均值存在显著差异，东中西部大致呈递减趋势。这种差异，主要由于产出资本 K 难以跨区移动，且东部地区资源配置效率更高。但从投资流量角度，社会平均投资回报率在一国内部应相差不大，否则投资（特别是资金）将会迅速涌入回报率高的地区以削弱地区差异。据此而论，基于存量 K 的净资本收益率与基于流量 I 的平均投资回报率之间的等价关系，只在全国范围内适用，而不应扩大到省区层面①。因此，用式（4.3）估算各省区人力资本 H 时统一采用全国 r 序列。

与理论预期一致，净资本收益率 r 取值存在时期变化。图 4.6 给出全国净资本收益率 r 变化趋势，其显示：净资本收益率整体呈下降趋势，表明随着资本深化，资本要素由非常短缺转向相对充裕，给资本收益率下降带来有力压力。进一步核验发现，各省区净资本收益率均呈不同强度的下降趋势，但变化幅度参差不齐。

① 理论上，在资源配置由市场决定的条件下，经过足够长时期的调整，各省区净资本收益率与社会平均投资回报率将趋于一致；但短期内，二者之间通常存在较明显差异。在全国层面，这种差异的根源并不存在，因而可以等价换用。

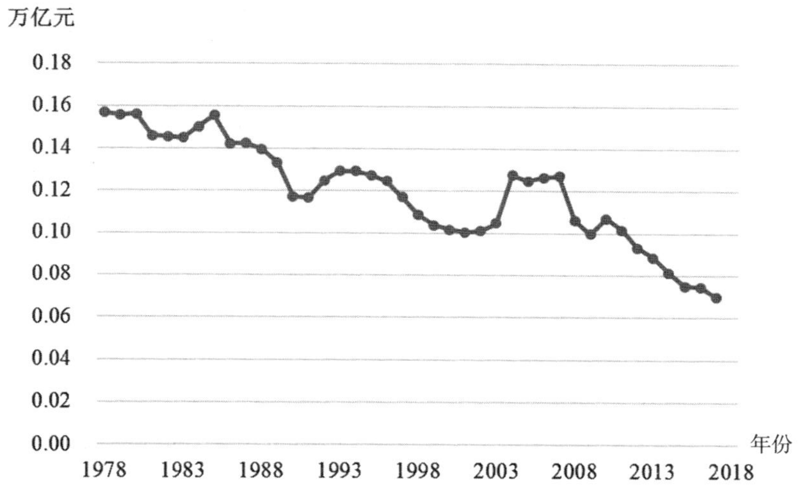

图 4.6　改革开放以来我国净资本收益率 r 变化趋势

三、估算结果

利用前述数据与参数，即可按照收入法估算全国与各省区人力资本时间序列。下面简要说明人力资本总量变化趋势、人力资本增长速度与省际差异，以及人力资本的省际分布。

（一）全国人力资本总量

对全国若干代表年份人力资本总量，表 4.8 分别给出现价与 2000 年价格估算结果。

表 4.8 显示，省区合计结果与直接计算的全国人力资本总量差异很小，2000 年差率仅为 0.6%，现价数据差率最大为 2.2%，2000 年价格数据差率最大为 4.4%。2000 年价格数据，省区合计结果均大于直接估算的全国结果。现价数据之下，20 世纪 90 年代以前全国直接估算结果大于省区合计。

表 4.8　我国代表年份人力资本估算结果　（单位：万亿元）

年份	现价 H				2000 年价 H			
	全国	省区合计	差额	差率	全国	省区合计	差额	差率
1980	2.38	2.32	-0.05	-2.2%	9.42	9.77	0.35	3.7%
1985	4.95	4.86	-0.08	-1.7%	16.39	17.10	0.72	4.4%
1990	10.88	10.73	-0.15	-1.4%	21.81	22.42	0.60	2.8%
1995	33.35	33.43	0.08	0.2%	36.46	36.61	0.15	0.4%
2000	56.79	57.12	0.33	0.6%	56.79	57.12	0.33	0.6%
2005	105.60	106.92	1.32	1.2%	98.76	100.18	1.42	1.4%
2010	253.24	255.20	1.96	0.8%	204.91	207.49	2.59	1.3%
2015	483.03	482.01	-1.03	-0.2%	340.24	341.20	0.97	0.3%

注：差额由省区合计减去直接计算的全国数据得到，差率为差额除以直接计算的全国数据得到。

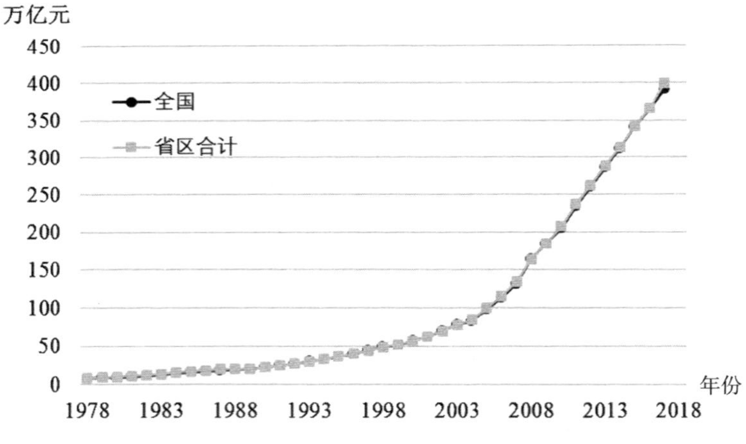

图 4.7　收入法下的我国人力资本总量变化趋势

为完整展示整个考察期内我国人力资本总量变化趋势，图 4.7 绘制出 2000 年价格估算结果。考察期内，我国人力资本总量呈指数增长趋势，全国数据与省区合计差异微弱。

（二）人力资本增速及省区比较

为清晰揭示我国人力资本总量变化特征，利用 2000 年价格数据计算环比增长速度。图4.8报告了整个考察期内的全国结果。

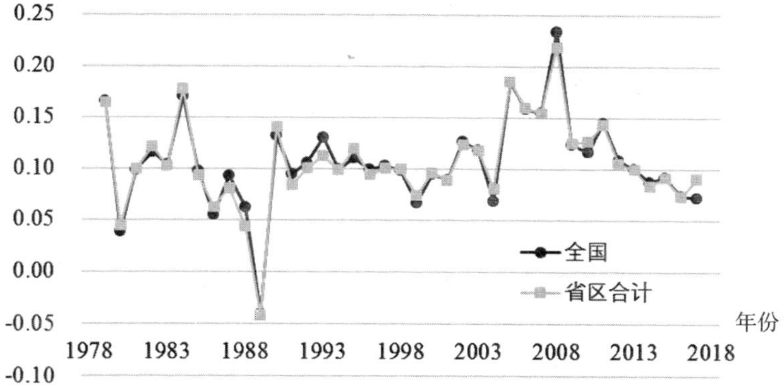

图4.8 收入法下的我国人力资本增速变化趋势

结果显示，1978年以来，我国人力资本快速增长，年均增速高达10.6%；直接基于全国数据计算的增速与基于省区合计数据的增速十分接近；20世纪90年代以前增速变动幅度较大，大体在5%~15%的范围内震荡，1989年全国居民收入剧烈下降，导致人力资本陷入负增长（两种方式下，均约为-4%）。1999—2008年人力资本增速持续提高，此后则持续下降，目前回落到考察期内平均值附近水平。与代理指标法和成本法估算结果相比，收入法人力资本涵盖范围最广，其增长率变化模式可对实际情况给出更好的刻画。下面以全国人力资本增速变化趋势为参照，讨论各省区人力资本增速的主要特征。

为便于与代理指标法和成本法估算结果比较，仍以1997年和2007年为分隔点将考察期划分为三个子时期，分段计算各省区H平均增长速度并进行比较。

表4.9给出整个考察期及三个子时期内各省区人力资本增速数据，并报告整个考察期增速与全国增速相减的结果。结果显示，人力资本平均增速最快的省区为北京、广东、福建、山东、江苏和浙江，平均增速高于全国的共有12个省区；其余19个省区人力资本平均增速低于全国，增速最慢的省区为黑龙江、四川、甘肃、青海和西藏。各子时期比较，绝大多数省区与全国一样，后期人力资本增速高于前期，表明“人力资本加速积累”对所有省区来说是一种普遍现象。

表 4.9 收入法下的各省区分阶段人力资本增长速度比较

省区	1978—1997 年	1998—2007 年	2008—2017 年	较全国	省区	1978—1997 年	1998—2007 年	2008—2017 年	较全国
北京	9.83%	17.30%	11.79%	1.63%	湖北	8.75%	7.55%	14.31%	-0.68%
天津	9.84%	10.38%	15.11%	0.75%	湖南	7.62%	9.41%	11.92%	-1.33%
河北	10.20%	12.07%	8.81%	-0.21%	广东	11.63%	14.09%	10.81%	1.47%
山西	7.12%	12.17%	12.54%	-0.74%	广西	9.32%	11.70%	9.89%	-0.45%
内蒙古	9.27%	12.28%	11.88%	0.16%	海南	6.90%	10.59%	14.40%	-0.79%
辽宁	9.77%	9.56%	6.73%	-1.56%	重庆	9.23%	11.66%	11.29%	-0.15%
吉林	8.59%	9.11%	9.76%	-1.47%	四川	5.73%	9.42%	12.08%	-2.20%
黑龙江	6.93%	7.48%	9.87%	-2.64%	贵州	8.85%	11.08%	15.95%	0.65%
上海	7.69%	13.99%	10.08%	-0.63%	云南	8.28%	10.86%	12.66%	-0.47%
江苏	10.60%	11.76%	13.06%	0.96%	西藏	3.86%	11.63%	14.91%	-1.90%
浙江	10.23%	14.10%	11.39%	0.94%	陕西	7.53%	11.32%	14.12%	-0.37%
安徽	8.54%	9.04%	13.04%	-0.71%	甘肃	5.95%	10.57%	10.82%	-2.12%
福建	12.20%	10.25%	12.01%	1.08%	青海	5.95%	12.03%	9.78%	-2.02%
江西	8.29%	9.22%	11.16%	-1.24%	宁夏	7.70%	14.70%	12.72%	0.20%
山东	11.17%	13.71%	10.42%	1.06%	新疆	10.42%	10.51%	12.71%	0.48%
河南	11.24%	10.64%	12.24%	0.78%	全国	9.58%	11.57%	11.48%	

注："较全国"列所给数据，为 1978—2017 年各省区增速与全国增速的差值。

（三）人力资本省区比重及变化

最后看各省区人力资本占全国比重及其时期变化，见表 4.10。1978 年，占比重最高的省区为四川（7.3%），随后依次为江苏、广东、山东、河南、河北、湖南、湖北等人口大省，表明人口数量对人力资本起主导作用。2017 年，占比重最高的省区为广东（12.7%），随后依次为江苏、山东、河南、北京、河北等。其中北京人口规模不大，其排名跻身前列主要源于其劳动力收入处于很高水平。

2017 年与 1978 年相比，排名提升最快的省区主要有北京（升 17 位）、贵州（升 7 位）、天津（升 7 位）、福建（升 6 位）、浙江（升 5 位）；排名下降最多的主要有黑龙江（降13位）、四川（降10位）、江西（降8位）、吉林（降7位）和辽宁（降6位）。上述排名变化，由人口数量变动与收入水平变化两种力量共同决定。考察期内，海南、青海、宁夏与西藏始终排名最低，该结果与成本法人力资本估算结果完全一致。与表4.2和表4.4对比可知，与成本法估算结果类似，收入法下的各省人力资本比重变化同样明显，故可有效揭示人力资本的时期变化。

表4.10 收入法下的各省区人力资本占全国比重及变化

省区	1978比重	1978排名	2017比重	2017排名	省区	1978比重	1978排名	2017比重	2017排名
北京	1.85%	23	4.22%	6	湖北	4.80%	8	3.92%	8
天津	1.59%	25	2.01%	18	湖南	4.82%	7	3.71%	10
河北	5.36%	6	4.17%	7	广东	6.89%	3	12.70%	1
山西	2.36%	20	1.73%	23	广西	2.60%	16	2.40%	14
内蒙古	1.89%	21	1.92%	21	海南	0.62%	28	0.57%	28
辽宁	3.96%	10	2.09%	16	重庆	1.88%	22	1.92%	20
吉林	2.40%	19	1.36%	26	四川	7.30%	1	3.58%	11
黑龙江	3.89%	12	1.51%	25	贵州	1.54%	26	1.95%	19
上海	3.38%	13	3.15%	12	云南	2.42%	18	2.06%	17
江苏	7.26%	2	9.92%	2	西藏	0.31%	31	0.18%	31
浙江	4.22%	9	6.42%	4	陕西	2.59%	17	2.24%	15
安徽	3.94%	11	2.88%	13	甘肃	1.78%	24	0.82%	27
福建	2.65%	15	3.72%	9	青海	0.48%	29	0.28%	30
江西	3.06%	14	1.88%	22	宁夏	0.40%	30	0.46%	29
山东	6.80%	4	8.72%	3	新疆	1.34%	27	1.64%	24
河南	5.62%	5	5.88%	5					

第五节 结果选择与补充讨论

以上分别对三种估算方法下的人力资本总量、增速及省区分布做了分析说明。本节进一步对比各类估算结果，并对三者进行取舍。随后，将选定人力资本估算结果与其他经济变量对比，以间接评估选定方法与结果的可靠性。

一、结果选择

对人力资本三大类估算方法进行理论分析和文献梳理，其结果表明：代理指标法的优势在于数据易得且计算简便，但其涵盖范围狭窄、指标选择缺乏共识，结果准确性和理论合理性较弱，特别是其并非采用价值量衡量，不利于与其他主要宏观经济变量做整合分析；成本法和收入法均可提供价值量测度，涵盖范围更广，并具有较坚实的理论支撑，但二者对基础数据要求很高，且估算结果可靠性严重依赖细分数据质量与参数选择。在理论性质比较的基础上，下面结合对各类估算结果的比较做出选择。

（一）变化趋势比较

首先，就三类方法下的全国人力资本变化趋势进行对比。为排除量纲不同的影响，各类数据均转换为2000年为100的定基指数（成本法与收入法数据，均基于可比价数据计算）。

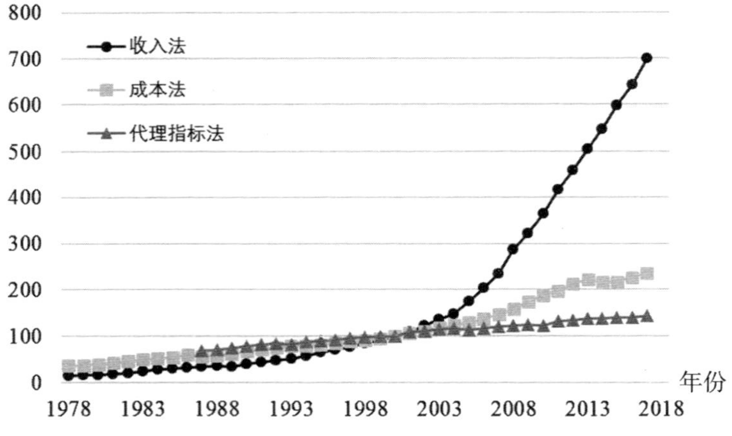

图4.9　三种方法下的人力资本变化趋势比较

图4.9显示，代理指标法下，以教育年限总量测度的人力资本变化最为缓慢；收入法测度的人力资本变化幅度最大；成本法估算结果介于二者中间。经验上，改革开放以来我国经历了快速的人力资本积累，教育年限对此反映

很不灵敏，收入法对这一趋势的捕捉最为充分。进一步检查确认，以上关系对各省区人力资本估算结果同样成立。

（二）省区比重比较

接下来，比较三种方法下，2000 年各省区人力资本与全国比重之间的关系。

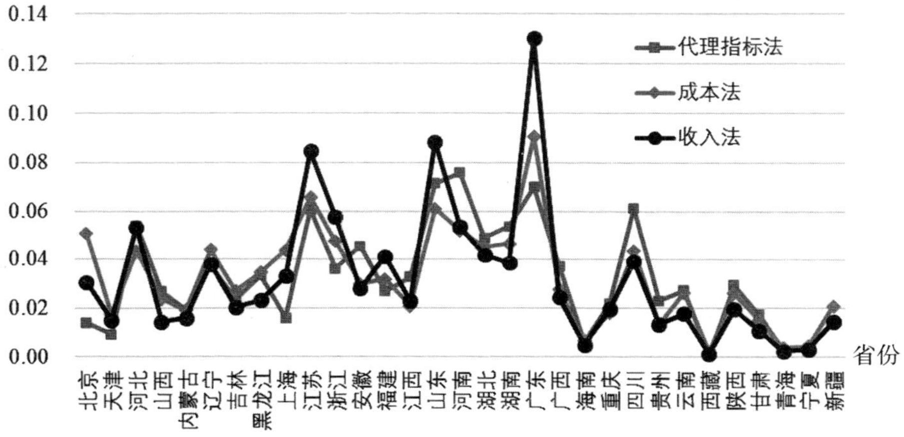

图 4.10　三种方法下的 2000 年各省区人力资本比重比较

图 4.10 显示，对多数省区而言，根据三种方法估算结果得到的人力资本占全国比重大体一致①。但对某些省区，结果存在显著差异：对兼为经济大省和人口大省的广东、山东和江苏而言，收入法下的人力资本比重明显高于其他方法；对经济发展水平较低的中西部和东北部省区，收入法下的人力资本比重则普遍低于其他方法；北京和上海在成本法下的人力资本明显高于收入法，源于两大直辖市在财政教育支出中具有很大优势（尤其是高等教育发展远超其他省区）。鉴于教育投资形成的人力资本未必留在本地发挥作用，而收入法测算的人力资本与本地经济发展具有更好的直接对应关系，因此收入法优于成本法。

---

① 2000 年三个序列之间具有很强的正相关性：收入法与成本法结果相关系数高达 0.936，收入法与代理指标法结果相关系数为 0.811，成本法与代理指标法结果相关系数为 0.820。

（三）最终选择

总之，本研究旨在考察国民财富各组成部分之间的关系，故需要以价值量测度人力资本。以此而论，成本法和收入法均可胜任。但鉴于国民财富和自然资本测度均基于净现值法，人力资本测度也宜选择收入法测算结果为基准。同时，由于数据制约，第四章第三节所用成本法中涵盖的人力资本投资种类偏少，不仅对人力资本明显低估，且倾向于低估人力资本增长速度，对各省区人力资本占全国比重的刻画也存在潜在问题。收入法有利于充分包含所有与劳动收入对应的价值，因而可以更好地刻画人力资本。尽管从理论上看，收入法容易存在一定程度的高估，但由于第四章第四节采用的劳动者报酬数据可有效避免其他财产性收入的干扰，本研究估算的收入法人力资本数据具有较强可靠性。因此，最终选定收入法人力资本估算结果用于后续分析。

此外，第十章将考察人力资本省际流动及其影响，鉴于人力资本流动依托人口流动，而基于教育年限的代理指标法对流动人口人力资本测度而言最为可行，因此在相应分析中借助代理指标法人力资本估算结果对各省区收入法人力资本估算结果进行调整。当然，此时代理指标法人力资本估算结果只是作为中间手段，而非最终目标。

二、补充讨论

经审慎权衡，本研究选定收入法估算结果反映人力资本。在理论支撑强度和指标参数选择合理性之外，对估算结果的可靠性还可以通过与其他经济变量之间的关系间接检视。实际上，相比追求总量准确这一难及的目标，有效刻画人力资本的变化趋势、变化速度以及地区分布显得更为重要且可行，而与其他经济变量是否相互协调是评价估算结果可用性的重要底线。下面分别将其与产出资本 K 和 GDP 进行对比，对收入法人力资本估算数据进行间接评估。

众多经验研究表明，人力资本在数量上通常大于产出资本。图 4.11 表明，收入法下的我国数据符合这一共识。就全国而言，H/K（人力资本与产生资本之比）在考察期内变化不大，基本在 2~3 的范围内波动；其升降变化取决于 H 与 K 各自的年度增长率对比。2008 年以后全国 H/K 逐渐下降，其源于国际金融危机下我国出台了财政刺激政策，有大量资金进入基础设施建设，从而使 K 快速增长。

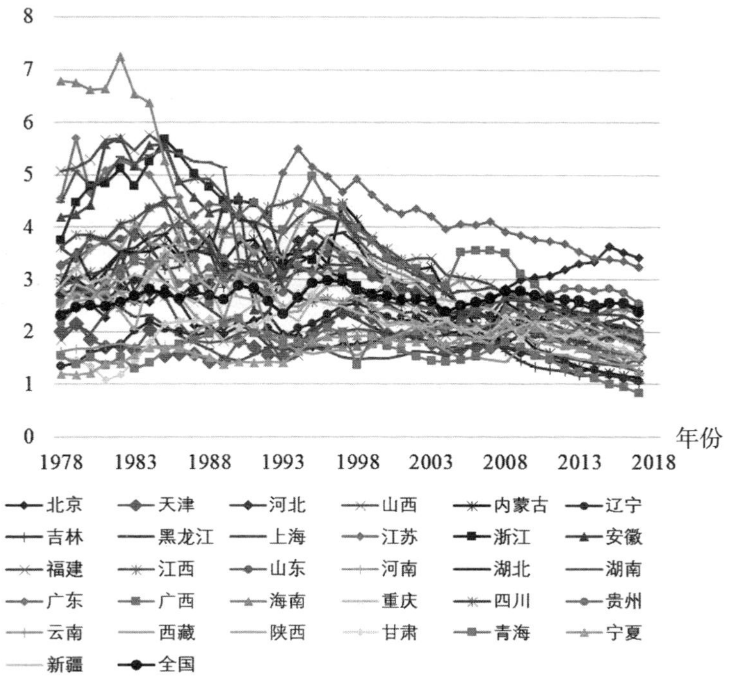

图 4.11 各省区人力资本与产出资本比率变化趋势

长远而言，随着一国或地区基础设施逐渐完善，产出资本增长速度将逐渐下降并趋稳，人力资本投资则相对稳定甚至有所上升，从而促使 H/K 相应提高。我国绝大多数省区尚未进入这一阶段，但北京和上海两大直辖市的这一比率在 1998 年之后均明显上升，二者作为经济最发达的省区，代表了 H/K 的远期方向。

经济研究中，资本产出比是一个重要的比率，但其通常由 K/Y（产出资本与 GDP 之比）衡量。一些理论研究预期 K/Y 相对稳定，基于若干发达国家的经验研究显示其取值常在 2~3 之间。对于人力资本与 GDP 之间的比率 H/Y，并无明确的理论预期。

图 4.12 显示，2007 年之前，我国全国的 H/Y 较为稳定，在 5~6 之间；2008 年之后，该比率明显上升并处于 6~7 之间。从省区差异看，20 世纪 90 年代之前各省区比率之间分散程度很大，此后差异明显减小，其与 20 世纪 90 年代以后我国人口流动加速从而使人力资本在各省区之间的配置效率提升密切相关。近期 H/Y 上升不仅表现在全国数据，各省区数据也普遍呈

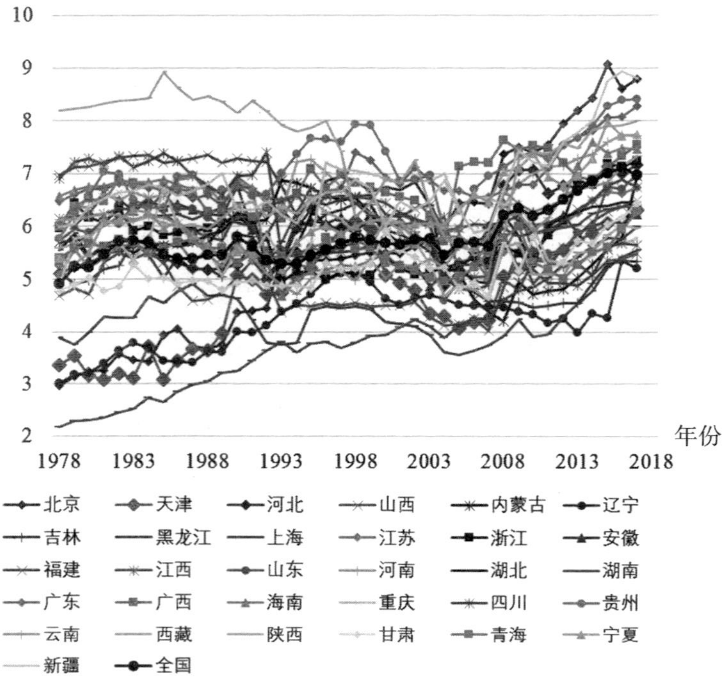

图 4.12 各省区人力资本与 GDP 比率变化趋势

现这一趋势。可以推测，这主要体现了随着人力资本积累其边际产出相应下降，同时也与我国经济增长模式转变和经济结构调整过程中 GDP 增速下降密切相关。

总而言之，收入法具有坚实的理论支撑，本研究所用的处理方法保证了收入指标选择和关键参数设定合理性，其作为价值量测度便于进行国民财富结构分析，从方法角度看无疑是人力资本测度的合理选择。同时，从 H/K 与 H/Y 看，收入法人力资本估算结果与重要经济变量之间具有较好的一致性，从结果看其可胜任对我国人力资本的测度任务。综上，选定收入法估算结果衡量我国人力资本，并将其用于国民财富结构比较与专题分析。

第五章　我国自然资本N估算

前两章分别估算了我国各省区产出资本K和人力资本H。自然资本N同为国民财富的重要构成部分，与K和H相比，其涵盖范围广且估算难度大，本章对其进行专门探讨。

第一节　文献回顾

自然资源指存在于自然界，能为人类利用的自然条件。其不仅为人类提供生存、发展和享受的物质与空间，也为经济社会可持续发展奠定了物质基础。随着经济的快速发展，过度开采造成的资源短缺和环境污染问题日益突出，不仅制约经济发展和社会进步，甚至威胁人类的生存。当前我国经济正从高速增长转向高质量增长的新常态，自然资源和生态环境可持续发展的重要性日渐深入人心。

将自然资源视为资本由来已久，但“由隐喻到测度之路”则漫长而艰难（Fnichel，2014）。对资源环境的计量与核算，始于20世纪50年代末。在自然资源资产核算工作中，联合国起到举足轻重的核心作用。20世纪70年代，联合国首次尝试对自然资源进行核算，以此来分析经济发展水平。1993年，联合国统计署颁布综合环境与经济核算体系，以资源和环境因素为重点讨论对象，以资源存量、耗用支出和产生效益为主要内容，将自然资源账户、环境污染账户和经过调整的国民经济核算账户纳入同一个框架，集中反映自然资源、生态环境与国民经济之间的内在联系。

世界银行和联合国等国际组织，在国民财富测算中纳入自然资本估算，两类报告均估算并公布了中国的自然资本数据。然而，为涵盖尽可能多的参比国家，其只能在若干关键参数上采用相同设定，因而无法有效揭示各国之间的具体差异。为更好地揭示我国自然资本特征，需要采用更符合我国实际的参数设定。由此可见，要更准确地认识我国自然资本特征及其在国民财富中的作用，必须有针对性地开展专门研究。

国内研究中，多数文献基于生态足迹研究自然资本。方恺和李焕承（2012）基于生态足迹深度分析 2008 年我国自然资本利用的省际格局，利用聚类分析揭示其空间特征，并就其成因进行剖析。陈秀芝和庞英（2014）根据能值理论计算了山东省黄河流域各地市的产量因子、生态足迹的深度与广度及结构份额，以此研究黄河流域产粮区自然资本存量和流量及其结构的时空特征。高子轶和李晶（2014）运用新型三维生态足迹模型对陕西省 1978—2011 年的自然资本利用状况进行分析并做了地市比较。

同时，也有若干文献从国民财富视角估算我国自然资本。罗乐勤和颜云儿（2014）按照世界银行的思路与方法，在国民财富估算整体任务中对 1995—2009 年我国全国自然资本进行估算，但其资源寿命和贴现率等关键参数完全采用世界银行取值。黄亮雄等人（2013）同样参照世界银行做法，估算我国 28 个省区国民财富总量及构成，其自然资本估算同样完全采用世界银行的参数设定。以上文献忽略了我国自然资源寿命和社会贴现率与世界各国平均水平的差异，对其估算结果可靠性产生不利影响。李钢和刘吉超（2014）则按照联合国包容性财富指数方法估算我国省际数据，其中报告了 1990 年与 2010 年省级自然资本估算结果，但其时间跨度较短，不利于揭示长期趋势变动。

通过以上讨论，得出如下判断：（1）自然资本估算研究工作分为两大类，一是基于生态足迹的实物量研究，二是在国民财富测算视角下的价值量估算研究，二者分头前进，并行不悖；（2）国际上，国民财富框架内的自然资本价值量测度研究，主要由世界银行和联合国两大国际组织研究团队主导，其核心目标是进行大型跨国比较，因而其核心参数设定都是在全球平均意义上获得的，难以反映任何特定国家（包括中国）的实际情况；（3）国内研究中，往往直接依据国际组织跨国比较所用的平均参数，因而缺乏对我国的针对性；（4）国内估算研究的时期跨度较短，不利于进行长期趋势分析与省区比较。为此，一方面，应立足中国数据确定关键参数，以更有效地估算我国自然资本；另一方面，尽量建立 1978—2017 年的分省长期数据，以更好地分析自然资本趋势变化及其省际差异。

第二节　估算方法

一、方法选择

自然资源价值估算存在诸多困难：一则，直至近期自然资源价值才渐受重视，有关研究主要局限在世界银行和联合国等国际组织，绝大多数国家尚未将其纳入国民核算；二则，自然资源的市场交易信息较为欠缺，制约了自然资源价值量估算；三则，自然资源存量价值基于经济储量而非物理储量，只有现行技术条件下具有获利性的资源才纳入考虑，因而价值量大小取决于特定的技术与经济条件（如价格）。

参照世界银行做法，基于净现值法估算我国各类自然资本。同时，力求针对中国实际设定更适宜的参数取值，并结合世界银行提供的资源租金数据与我国官方统计数据，在全国和省级层面构造我国自然资本的时序估算结果。

- 自然资源
  - A 可再生资源 Renewable resources
    - A1 农地 Agricultural land
      - A1. 1 耕地 Cropland
      - A1. 2 牧草地 Pastureland
    - A2 森林 Forest resources
      - A2. 1 木材 Timber
      - A2. 2 非木材 Non-timber
    - A3 保护区 Protected areas
  - B 不可再生资源 Non-renewable resources
    - B1 化石能源 Fossil fuels
      - B1. 1 煤炭 Coal
      - B1. 2 石油 Oil
      - B1. 3 天然气 Natural gas
    - B2 矿产资源 Mineral
      - B2. 1 金属 Metal
      - B2. 2 非金属 Non-metal

图 5.1　自然资源分类

自然资源种类繁多且具有不同特征。综合世界银行与联合国两类报告的做法，图 5.1 对自然资源进行简要分类。为得到自然资本估算结果，需要分别估算各类自然资源的价值量，然后进行加总。兼顾重要性和可行性，本研究未对矿产资源和森林资源做详细分类，仅对其整体价值量进行估算，同时放弃估算保护区价值。

下面讨论自然资源价值的基本理论公式与估算公式。某一时刻自然资源存量的价值，等于从当前至该资源耗尽可获取的预期资源租金流的现值之和。对缺乏充足市场交易信息的矿产资源而言，其资产价值应以资源寿命内经济利润的折现值衡量。参照世界银行和SEEA的方法，自然资源净现值 V_t 理论公式为：

$$V_t = \sum_{i=t}^{t+T-1} \frac{\pi_i q_i}{(1+r)^{(i-t)}} \tag{5.1}$$

其中，$R_i = \pi_i q_i$ 表示在时间i的经济利润或租金，其为单位租金 π_i 与产量 q_i 的乘积。r代表社会贴现率，T表示资源寿命（预计剩余可开采年限）。鉴于未来资源租金序列难以获取，式（5.1）虽易于理解但难以操作。为此，必须在特定假设之下（例如，可假定资源开采在可持续路径上，故各年租金保持不变）改写出可实际应用的简化估算公式。

参照世界银行做法，假定自然资源租金以固定速度g增长：

$$\frac{\dot{\pi}}{\pi} = g = \frac{r}{1+(\varepsilon-1)(1+r)^T} \tag{5.2}$$

其中，ε 为成本曲线的曲率，在等弹性假定下，有效贴现率为 $r^* = (r-g)/(1+g)$。推导可得①，自然资源的净现值 V_t 可重写为：

$$V_t = \pi_t q_t \left[1 + \frac{1}{r^*}\right]\left[1 - \frac{1}{(1+r^*)^T}\right] \tag{5.3}$$

式（5.3）表明，t年自然资源的价值量取决于三大因素：一是自然资源寿命T，可由当前资源剩余可采储量除以当年产量之比确定；二是当年资源租金 $\pi_t q_t$，此时无须使用未来租金序列数据；三是有效贴现率，其取决于社会贴现率r和租金增长率g，用以刻画资源未来租金的折现强度。对不同类型的资源，以上三方面信息应分别设定。

对能源、矿产等不可再生资源以及森林资源的价值估算，式（5.3）具有很好的适用性。但对可再生资源中的农地，由于其寿命趋于无穷，该式并不妥当。为此世界银行2018年报告中改用如下公式：

$$V_t = R_t + \frac{R_t}{(r-g)} \tag{5.4}$$

其中，R_t 为t年土地租金（计算中，为减弱结果波动性，可以采用此前几年租金的平均值代替）；r与g的含义同前。可以证明，式（5.4）是式（5.3）在T趋于无穷大时的近似。

---

① 主要公式的具体推导过程，详见本章最后附录。

二、指标与数据

如前所述，为估算各类自然资源价值量，关键是设法获得其租金数据。在给定租金增长模式的情况下，利用式（5.3）或者式（5.4），只要掌握t期租金数据 $R_t = \pi_t q_t$，就可在给定参数设定值之下估算该年的自然资源价值量 V_t。

我国能源和矿产资源总量巨大，矿种齐全。现查明的资源储量种类共有173种，其中13种能源矿产，59种金属矿产，95种非金属矿产，6种水气矿产。由于数据可得性制约，对各类矿产均单独估算，即使在全国层面都困难重重；至于本研究重点考察的省区层面，即使在最粗略的层面上也遭遇极大挑战。

世界银行WDI数据库给出各国主要类别自然资源租金与GDP比率数据，具体包括煤炭、石油、天然气、矿产以及森林5类，时间跨度为1979—2017年。利用该比率数据，乘以中国历年GDP现价数据，可以得到现价表示的5类自然资源租金 R_t 序列。随后，可以直接据以估算此5类自然资源的全国总价值量。进而，借助我国各省区5类自然资源的产量数据，设法将全国租金分解到各省区，最终估算各省对应自然资源的价值量。下面对具体分解方法逐一说明。

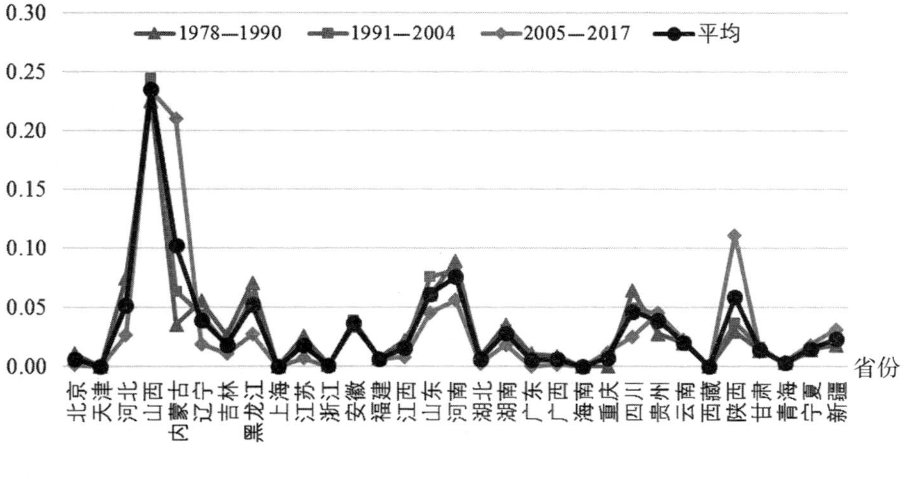

图5.2　各省区煤炭资源租金比重及其时期变化

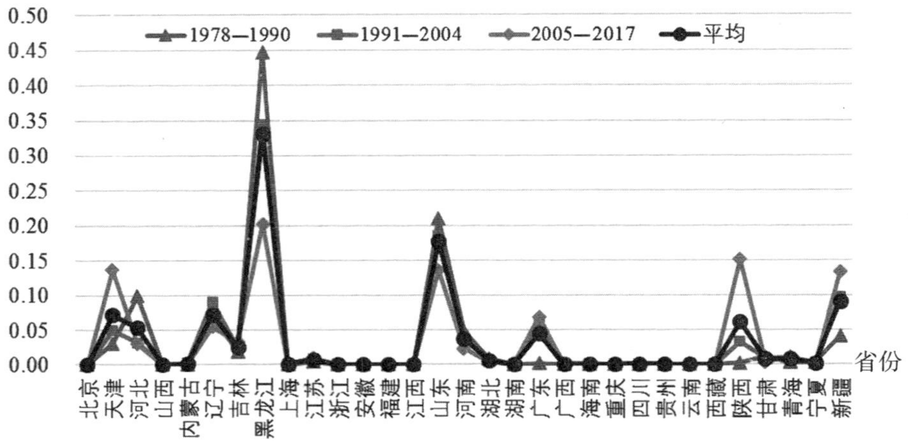

图 5.3　各省区石油资源租金比重及其时期变化

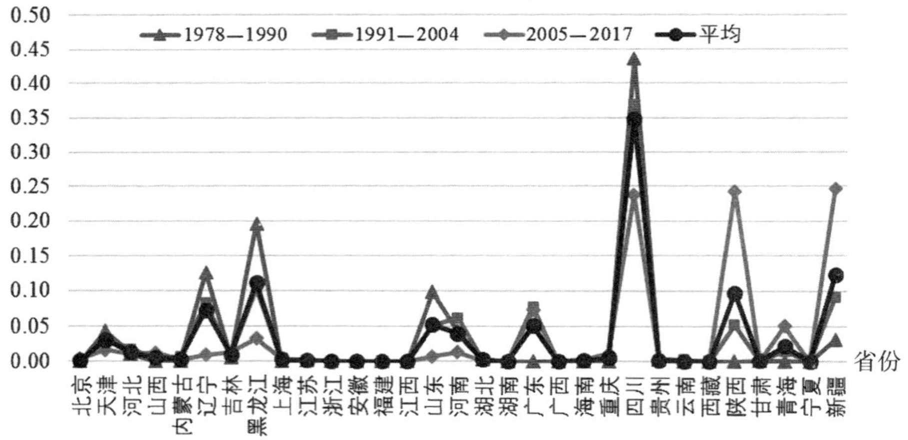

图 5.4　各省区天然气资源租金比重及其时期变化

各省区历年煤炭产量（单位：万吨）、石油产量（单位：万吨）和天然气产量（单位：亿立方米），均取自历年的《中国能源统计年鉴》。其中，1979 年和 1981—1984 年数据缺失，采用线性趋势法进行插补。随后，对每一类资源，将各省每年产量除以同年全国总产量得到相对比重，即可据此将该年全国该类资源租金分解为各省区租金。

结果显示，各省区三类能源租金占比差异很大，多数省区所占比重在不同时期相对稳定，但少数省区则存在明显的时期变化①。由于可以获取各省区历年的产量比重，因此可以对全国各类能源资源租金进行有效分解。

对矿产资源，由于其涵盖种类繁多，缺乏省级乃至全国层面的历年产量数据，因此无法按照以上方式将矿产资源租金进行分解。经权衡，采用投入产出表对数据进行分解。具体思路如下：首先，查阅 2002 年、2007 年、2012 年《中国地区投入产出表》，其可提供编表年份各省区“金属矿采选产品”和“非金属矿和其他矿采选产品”两个行业的产值数据，据此可以计算各省矿产采选产品占全国比重，并以此分解全国矿产资源租金总量。

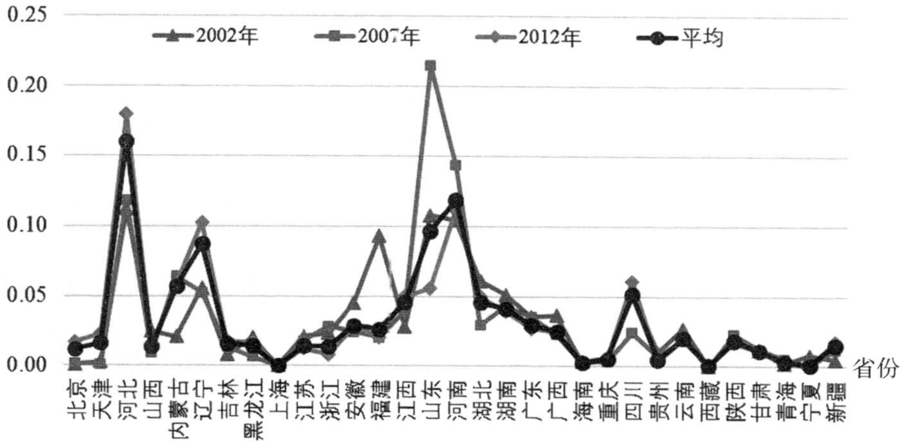

图 5.5　基于地区投入产出表数据的各省区矿产资源租金占全国比重

图 5.5 显示，不同省区所占比重差异很大，且不同年份占比相对稳定；简化起见，计算三个编表年份的比重平均值，作为全国租金在各省区之间分解的比例。

对森林资源，无法获取各省区历年采伐量数据，因此无法据以将全国森林租金分解到各省区。为此采用以下做法：首先，基于全国森林租金数据，在给定参数之下估算全国历年森林资源价值量；随后，借助各省区森林面积或森林蓄积量占全国比重数据，将全国森林资源价值量分解到各省区。《中国统计年鉴》可以提供 2003—2018 年各省森林面积（万公顷）和森林蓄积量（万立方米）的数据，早期年份无法获取相应数据。简化起见，分别计算

① 如内蒙古、陕西的煤炭产量比重变化明显；黑龙江、陕西的石油产量比重变化明显；四川、陕西、新疆的天然气产量比重变化明显。

2003—2018 年各省森林面积比重的平均值和森林蓄积量比重的平均值。

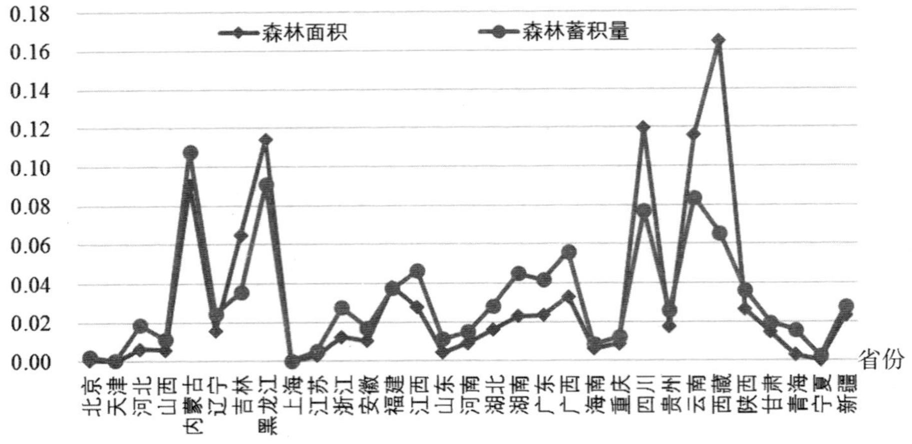

图 5.6　各省区森林面积和森林蓄积量占全国比重

图 5.6 显示，二者具有较强相关性（相关系数为 0.852）。鉴于森林蓄积量较森林面积能更有效地揭示林木产量，因而对森林价值量的省区分解更为适宜。最终选择森林蓄积量比重平均值，统一用于估算 1978—2017 年各省区森林价值。

对耕地资源，世界银行 WDI 数据集并未提供其租金的相关信息。为此，借助我国官方统计数据进行推算。我国官方统计可以提供农林牧渔业总产值数据，其中的农业总产值为基于耕地获取的种植业产值。参照世界银行 2006 年报告的做法，将农业总产值乘以 0.3 估计耕地资源租金①。据此获取全国耕地资源租金数据，进而计算耕地资源价值量。然后，设法借助各省区播种面积与农业总产值占全国比重数据，将全国耕地资源价值量分解到各省区。

图 5.7 显示，两个比重具有较强相关性（相关系数为 0.887）。鉴于农业总产值较农作物播种面积可更有效反映耕地对生产的贡献，因而据其对耕地价值量进行省区分解更适宜。最终选择农业总产值比重平均值，统一用于估算 1978—2017 年各省区耕地价值。

---

① 其 152 页显示，中国玉米租金率为 0.3，大豆租金率为 0.27；别国小麦租金率约 0.34，水稻租金率在 0.3~0.6 之间。

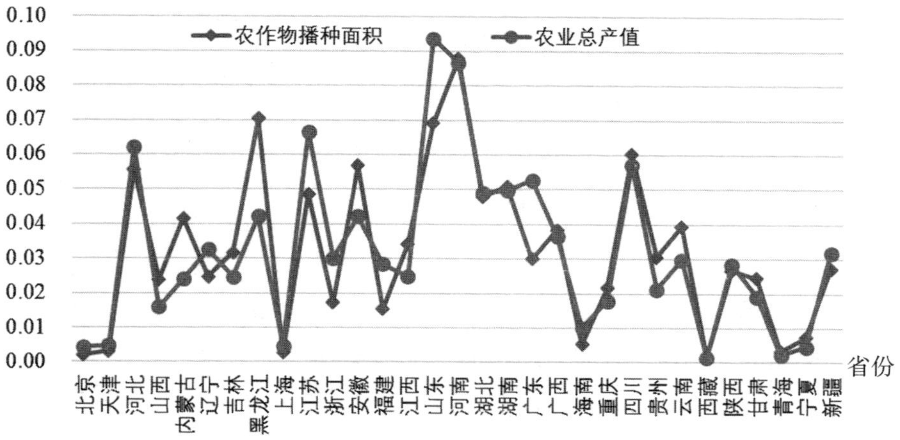

图 5.7 各省区农作物播种面积和农业总产值占全国比重的各时期平均值

对牧草地资源，其租金无法直接获取①。为此，借助耕地租金价值进行间接推算。基本思路为：首先，计算全国牧草地与耕地的面积比重，特定年份的基础数据可由《中国统计年鉴》得到，该比率在不同时期相当稳定，因而线性插补得到缺失年份比率；其次，计算牧草地与耕地的单位租金比率，根据世界银行对 2000 年、2005 年和 2014 年的估计结果，该比率在 0.05~0.11 之间；最后，结合以上两方面信息，可以由耕地租金推算全国牧草地租金数据。在此基础上，可以进一步计算牧草地资源价值量，并设法利用各省区牧草地面积比重信息将全国价值量进行分解。

为确定各省区牧草地占全国的比重，查询得到三项调查数据。调查 1 结果来自《国土与自然资源研究》（1986 年第 2 期）的“各省市土地、耕地、林地、草地面积表”，其草地面积为 1979 年数据，不含草山和草坡面积。调查 2 结果来自 20 世纪 80 年代进行的首次全国统一草地资源调查资料，具体使用“天然草地面积”数据。调查 3 结果基于《全国土地利用总体规划纲要（2006—2020 年）》中公布的 2005 年各省区牧草地数据，具体包括天然草地、改良草地和人工草地数据。

① 与耕地租金不同，无法基于畜牧业总产值估算牧草地租金。其主要原因在于，狭义农业（种植业）产值与耕地严格对应；而畜牧业产值与牧草地之间关联不强，由于计入畜牧业产值的养殖活动往往不直接依赖牧草地（可以从外地购置饲料），很多缺乏牧草地的省区可以有很高的畜牧业总产值。

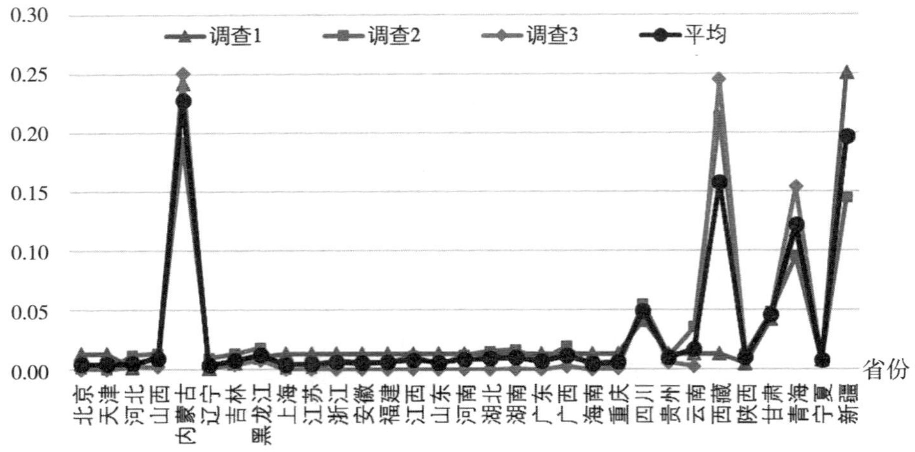

图 5.8　各省区牧草地占全国比重的调查结果

图 5.8 显示，牧草地在各省区之间的分布非常不均匀，内蒙古、新疆、西藏、青海等所占比重很高，大多数省区比重很低；几项调查结果之下，各省区牧草地比重较为接近，稳妥起见，计算三项调查的平均值，用于将全国牧草地价值分解到各省区。

三、关键参数确定

基于式（5.3）估算各类自然资源价值量，需要确定 r＊与 T，确定 r＊还需设定 g，r 与 ε 等关键参数。下面对其逐一讨论。

（一）社会贴现率 r

社会贴现率 r 取净资本收益率，其由国民核算视角推算，详细讨论见第四章。如果各省之间投资收益率存在显著差异，将刺激投资（资金）跨省流动并削弱这一差异。因此，对各省区统一采用全国的净资本收益率数据。由于 r 在考察期内存在下降趋势（见图 4.6），因此计算各年自然资源价值时均应使用本年的 r 值。

（二）自然资源寿命 T

世界银行报告中，对各国各类自然资源寿命 T 统一采用 25 年。这一设定较为主观，但为完成其大型跨国研究，这一粗略做法也无可厚非。针对我国全国和各省区进行专门研究，需要结合我国实际数据进行设定。根据《中国统计年鉴》给出的基础储量与产量数据，可以计算少数年份的矿产和能源资源寿命T。参照此类信息，对中国各类自然资源寿命做出如下设定：煤炭45年、天然气30年、石油15年，各类矿产平均25年。对森林资源，缺乏必要参考信息，故参照世界银行做法直接设定为25年。

以上设定针对全国，但各省区各类资源寿命存在显著差异。为此，设法对其进行反映。以煤炭为例，在《中国统计年鉴》可以获取若干年份各省区基础储量数据，结合相应年份产量数据，可以计算各省区的煤炭采储比，然后进一步计算各省煤炭采储比相对于全国煤炭采储比的比率。最终，将该比率乘以全国煤炭资源寿命45年，可以得到各省煤炭资源寿命。对于石油和天然气，利用相同方法可以得到各省区资源寿命。对矿产而言，可从《中国统计年鉴》获取各省区2002—2016年矿产基础储量（万吨）数据；另可获取2001年以及2005—2015年非油气矿产量数据，从中减去煤炭产量后即为矿产产量；结合两方面信息可以计算相应年份各省区矿产采储比，进而与全国对比得到比率，乘以25年得到各省矿产资源寿命。各省区四类自然资源寿命见图5.9。

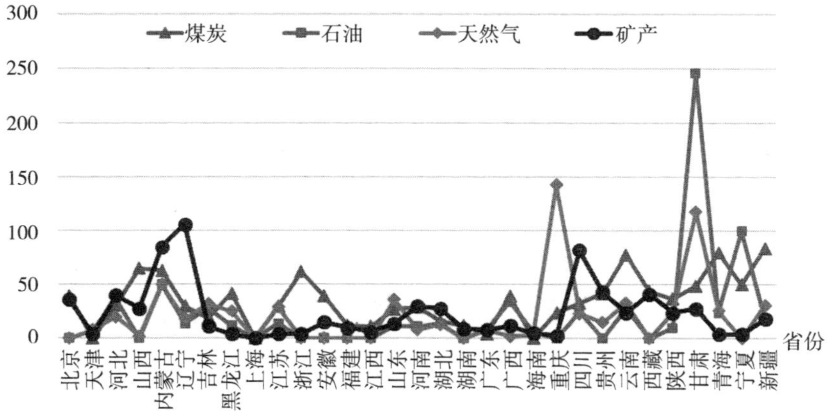

图5.9 各省区四类自然资源寿命比较

（三）租金增长率g

社会贴现率r时间序列和自然资源寿命T确定后，即可利用式（5.2）计算租金增长率的时间序列。此时，参照世界银行的做法，假设成本曲线的曲率 $\varepsilon = 1.15$。

（四）有效社会贴现率 r＊

结合以上结果，可以计算得到全国的有效贴现率为 $r^* = (r - g)/(1 + g)$ 的时间序列。如前讨论，对各省区有效贴现率，可以统一采用全国的估算结果。图 5.10 给出能源和矿产有效贴现率的时间序列数据。

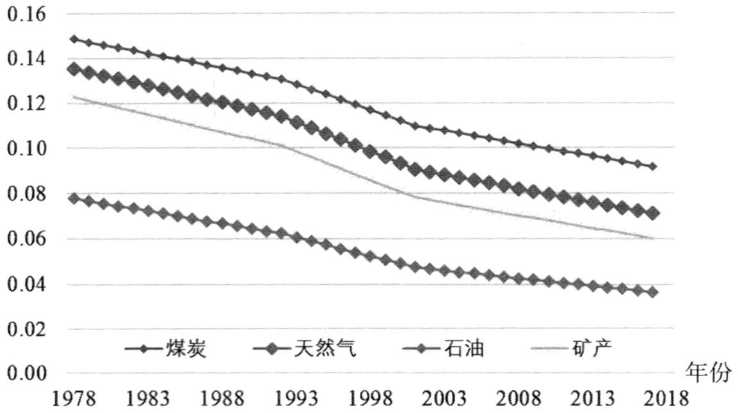

图 5.10　能源与矿产资源有效贴现率 r＊序列

利用全国有效社会贴现率 r＊数据，以及各省自身的资源寿命，带入式（5.3）即可计算 t 年各类能源和矿产资源的价值。

（五）森林和农地价值

对森林资源，首先利用式（5.3）计算全国森林资源价值，然后根据森林蓄积量比重将其分解为各省森林资源价值。

对耕地和牧草地，采用式（5.4）进行估算。首先估算全国的价值量，随后借助各省区比重信息，将全国数据进行分解。

第三节　估算结果

利用前述方法与数据，即可估算我国全国与各省区各类自然资源价值的时间序列，最终加总为自然资本的时间序列。下面首先汇报自然资本总量及其省区分布，进而讨论自然资本人均值与密度值的省际差异，随后讨论自然资本增长速度的省际差异，最后分析自然资本构成特征的省际差异。

一、自然资本总量及省区分布

（一）自然资本总量

利用前述方法，首先估算得到现价分类自然资源价值量，并加总得到现价自然资本。现价数据可以进行省区比较与自然资本的结构分析，但要进行趋势与增长速度比较则应将其转换为可比价序列（具体选用2000年价格），本研究具体采用GDP隐含缩减指数。全国自然资本总量有两种估算方法，一是直接利用全国自然资源租金估算，二是将各省自然资本估算结果进行加总。

对若干代表年份我国自然资本总量，表5.1分别给出现价与2000年价格估算结果。

表5.1显示，省区合计结果与直接计算的全国国民财富总量存在差异，现价结果差异较小，可比价结果差异较大。随着距离价格基期增大，直接计算的全国数据与省区加总之间的差异逐渐扩大，这主要是各省区价格变化趋势差异所致。为此，除计算增长速度外，后续分析均使用现价数据。

表5.1　代表年份我国自然资本估算结果（单位：万亿元）

年份	现价N				2000年价N			
	全国	省区合计	差额	差率	全国	省区合计	差额	差率
1980	1.31	1.27	-0.03	-2.5%	4.35	3.88	-0.48	-10.9%
1985	1.74	1.69	-0.05	-2.7%	4.85	4.35	-0.50	-10.3%
1990	3.48	3.37	-0.11	-3.2%	6.85	5.88	-0.97	-14.2%
1995	7.12	6.95	-0.17	-2.4%	7.69	7.31	-0.38	-4.9%
2000	9.70	9.41	-0.28	-2.9%	9.70	9.41	-0.28	-2.9%
2005	21.64	20.75	-0.90	-4.1%	18.51	18.02	-0.49	-2.6%
2010	52.69	50.28	-2.41	-4.6%	34.92	35.83	0.91	2.6%
2015	47.46	46.18	-1.28	-2.7%	27.19	31.81	4.61	17.0%

注：差额由省区合计减去直接计算的全国数据得到，差率为差额除以直接计算的全国数据得到。

（二）各省区自然资本比重

本部分着重分析各省区自然资本占全国比重，以揭示我国自然资本的空间分布特征。

表 5.2 代表年份各省区自然资本占全国比重及排名

年份/省区	1980		1990		2000		2010	
	比重	排名	比重	排名	比重	排名	比重	排名
北京	0.5%	29	0.6%	28	0.5%	30	0.6%	29
天津	1.0%	24	1.1%	25	1.1%	26	1.5%	23
河北	11.8%	2	5.4%	4	5.6%	5	8.3%	3
山西	3.3%	7	3.1%	13	1.5%	23	5.6%	5
内蒙古	2.5%	13	3.3%	10	3.5%	10	9.1%	1
辽宁	4.5%	6	5.3%	5	4.4%	9	4.9%	9
吉林	2.6%	12	3.1%	14	2.5%	16	2.2%	17
黑龙江	20.3%	1	13.4%	1	9.0%	2	4.3%	10
上海	0.3%	30	0.3%	31	0.5%	31	0.2%	31
江苏	3.3%	9	4.4%	7	5.6%	6	2.7%	15
浙江	1.8%	17	2.3%	17	2.6%	15	1.2%	24
安徽	2.4%	14	3.2%	12	3.4%	11	3.0%	13
福建	1.2%	22	1.6%	22	2.2%	19	1.6%	21
江西	1.7%	18	2.0%	18	2.0%	20	1.5%	22
山东	10.5%	3	11.4%	2	9.8%	1	7.8%	4
河南	5.0%	4	6.6%	3	7.1%	3	8.3%	2
湖北	2.3%	15	3.2%	11	3.2%	12	3.3%	11
湖南	2.7%	11	3.0%	15	3.2%	13	3.1%	12
广东	2.8%	10	4.2%	9	5.3%	7	2.8%	14
广西	1.6%	20	2.0%	19	2.2%	18	2.0%	18
海南	0.2%	31	0.4%	30	0.8%	28	0.4%	30
重庆	0.8%	26	1.0%	26	1.3%	25	1.1%	26
四川	4.8%	5	5.0%	6	4.8%	8	5.0%	8
贵州	1.2%	23	1.5%	23	1.5%	22	1.8%	19

续表

省区\年份	1980		1990		2000		2010	
	比重	排名	比重	排名	比重	排名	比重	排名
云南	2.0%	16	2.3%	16	2.5%	17	2.4%	16
西藏	0.9%	25	0.9%	27	0.9%	27	0.7%	27
陕西	1.5%	21	1.9%	20	2.6%	14	5.3%	7
甘肃	1.7%	19	1.7%	21	1.7%	21	1.7%	20
青海	0.7%	27	1.1%	24	1.4%	24	1.2%	25
宁夏	0.7%	28	0.4%	29	0.7%	29	0.7%	28
新疆	3.3%	8	4.3%	8	6.4%	4	5.6%	6

注：本表基于现价数据得到；计算各省区自然资本所占比重时，分母为同年自然资本省区合计。

表5.2给出4个代表年份各省区自然资本占全国比重及排名信息。据其可知，四大直辖市自然资本比重和排名始终很低。多数省区自然资本比重及排名在不同年份较为稳定，但也有部分省区自然资本比重和排名发生较大变化。2010年与1980年相比，陕西省自然资本比重迅速提高，排名由第21位提高到第7位（提高14位）。提升较快的还有内蒙古（提高12位）。自然资本比重和排名下降较快的省区则包括黑龙江（下降9位）、浙江（下降7位）、江苏（下降6位）和吉林（下降5位）。

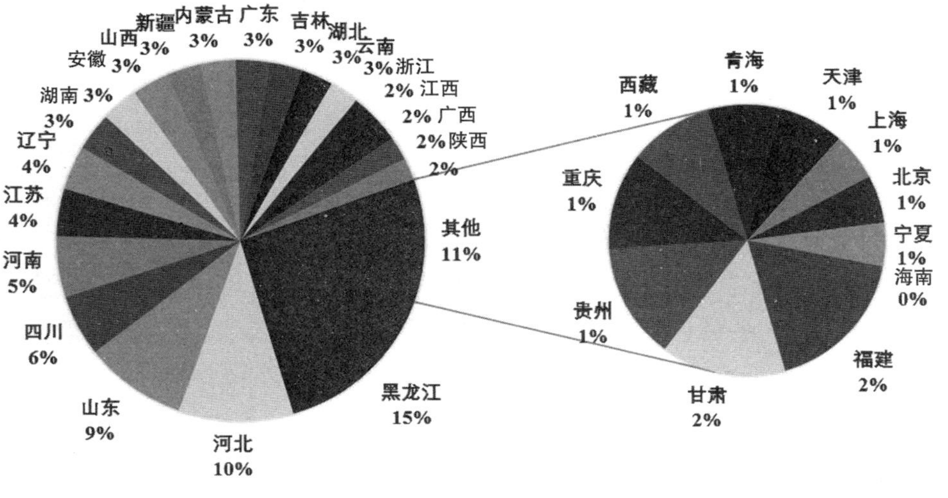

图5.11　1978年各省区自然资本占全国比重

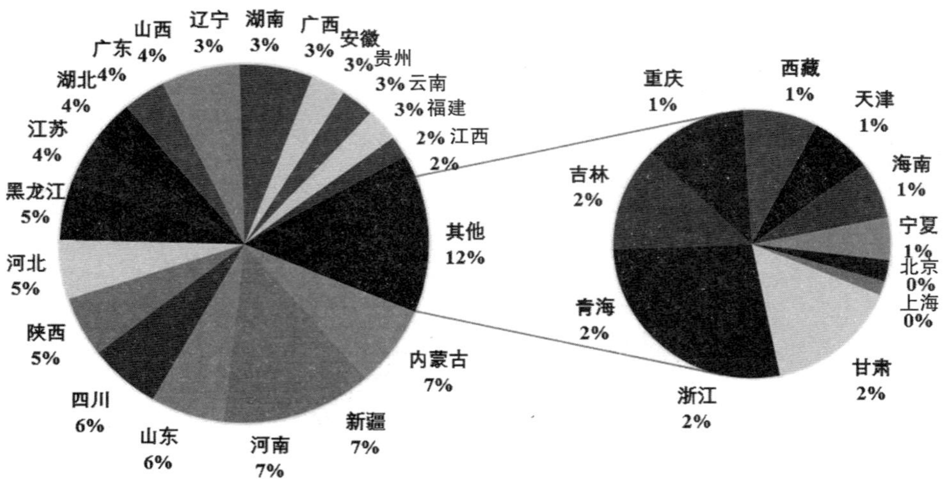

图 5.12　2017 年各省区自然资本占全国比重

图 5. 11 和图 5. 12 分别描绘 1978 年和 2017 年自然资本省区分布，据其得到如下认识。（1）考察期内自然资本比重前三名全部易主，变化剧烈。（2）自然资本分布的省区差异明显减弱，前五位省区自然资本比重合计由最初的 45%大幅降低到当前的 33%，前十位省区自然资本比重合计则由 63. 1%降低到 57. 7%。（3）与此同时，后十位自然资本比重合计由 9. 2%稍微提高到 10. 5%。（4）排名后十位的省区中有 8 个保持不变，排名垫底的 5 个省区始终为海南、宁夏、天津、北京、上海，其比重始终为 2. 9%。

二、自然资本人均值与密度值

（一）自然资本人均值比较

与自然资本总量相比，人均值可以更直接说明各省区自然资本的差异。图 5. 13 显示，各省区自然资本人均值差异巨大，且随着时间推移呈扩大趋势。

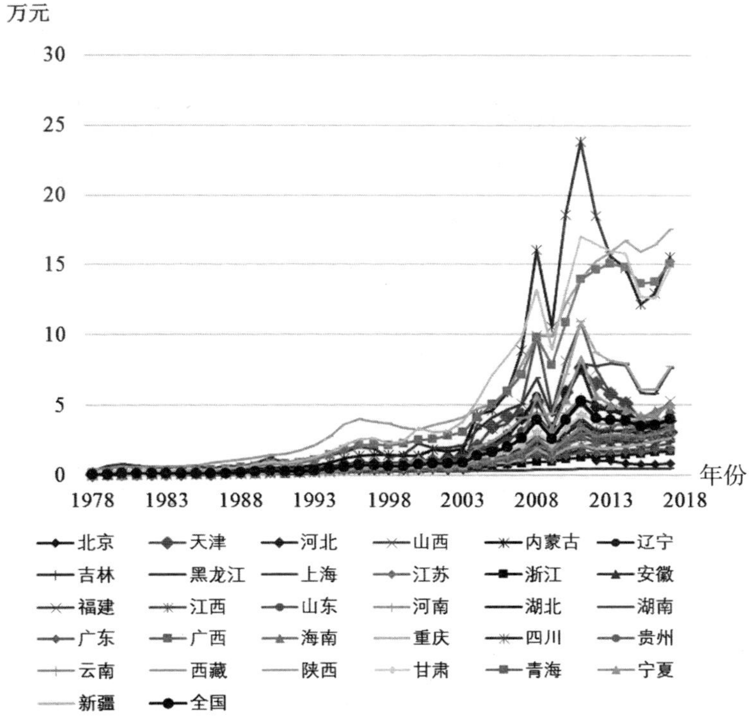

图 5.13　各省区自然资本人均值相对全国倍率

表 5.3　各省区自然资本人均值相对全国倍率平均值

省区	倍率	排名	省区	倍率	排名	省区	倍率	排名	省区	倍率	排名
北京	0.47	30	上海	0.28	31	湖北	0.70	20	云南	0.72	19
天津	1.28	7	江苏	0.75	18	湖南	0.55	28	西藏	4.58	1
河北	1.24	10	浙江	0.57	26	广东	0.63	23	陕西	1.08	13
山西	1.32	6	安徽	0.67	22	广西	0.59	25	甘肃	0.89	14
内蒙古	2.52	5	福建	0.67	21	海南	0.82	16	青海	2.95	4
辽宁	1.26	8	江西	0.56	27	重庆	0.49	29	宁夏	1.21	12
吉林	1.23	11	山东	1.25	9	四川	0.76	17	新疆	3.40	2
黑龙江	2.99	3	河南	0.89	15	贵州	0.60	24			

表5.3显示，只有13个省区自然资本人均值超过全国水平，另外18个省区均低于全国水平。西藏、新疆、黑龙江、青海和内蒙古等省区自然资本人均值最高，均超过全国水平的2.5倍，其中内蒙古和新疆属于自然资本总量高且人口低，而西藏自然资本总量虽不高但其人口很低，故人均值居全国首位。排名最低的为上海、北京和重庆三个直辖市，其自然资本人均值均不足全国的一半，由其自然资本总量低且人口密集共同导致。

（二）自然资本密度值比较

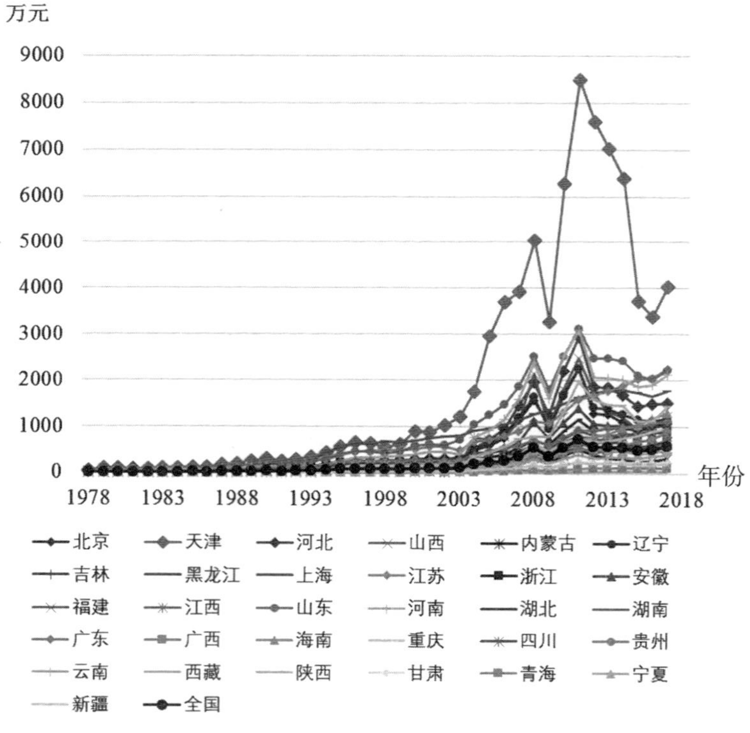

图5.14　各省区自然资本密度值相对全国倍率

密度值反映自然资本与各省区辖区面积对比，从另一侧面反映自然资本的强度（万元/平方公里）。图5.14显示，各省区自然资本密度值同样差异巨大，且随着时间推移呈扩大趋势。

表5.4显示，22个省区自然资本密度值超过全国水平，只有9个省区均

低于全国水平。天津、山东、上海、江苏、河南和河北等省区自然资本密度值最高，均超过全国水平的3倍，其中山东、江苏、河南、河北自然资本总量较高，而天津和上海自然资本总量虽较低但辖区面积很小，故密度值处于领先地位。西藏、新疆、青海、内蒙古等自然资本人均值领先的省区，其自然资本密度值则不足全国水平的一半，排名垫底。

表5.4 各省区自然资本密度值相对全国倍率平均值

省区	倍率	排名	省区	倍率	排名	省区	倍率	排名	省区	倍率	排名
北京	2.91	7	上海	5.29	3	湖北	1.67	14	云南	0.59	26
天津	8.64	1	江苏	4.08	4	湖南	1.28	20	西藏	0.07	31
河北	3.32	6	浙江	2.01	12	广东	2.10	10	陕西	1.43	15
山西	2.08	11	安徽	2.22	9	广西	0.88	24	甘肃	0.37	28
内蒙古	0.38	27	福建	1.39	16	海南	1.36	17	青海	0.16	30
辽宁	2.77	8	江西	1.08	21	重庆	1.36	18	宁夏	0.75	25
吉林	1.33	19	山东	5.52	2	四川	1.00	22	新疆	0.29	29
黑龙江	1.95	13	河南	3.77	5	贵州	0.91	23			

三、自然资本增速及省际差异

（一）全国自然资本增速

为清晰揭示我国自然资本总量变化特征，利用2000年价格数据计算环比增长速度，表5.5给出整个考察期和各子时期的平均增长速度。

表5.5 整个考察期与各子时期国民财富平均增长速度

时期	1980—1985年	1985—1990年	1990—1995年	1995—2000年	2000—2005年	2005—2010年	2010—2015年	1978—2017年
全国	2.23%	7.80%	2.78%	4.92%	15.30%	17.67%	-3.61%	7.79%
省区合计	2.39%	6.83%	4.92%	5.34%	15.33%	17.82%	-1.48%	8.44%

注：平均增长速度采用水平法（几何平均）计算。

结果显示，1978 年以来，我国自然资本年均增速约 8%；直接基于全国数据计算的增速与省区合计数据增速在多数阶段较为接近，但少数阶段二者之间差异较大（如 2005—2010 年）；各阶段平均增速变动较大，2000—2010 年增长速度很高，1980—1985 年、1990—2000 年增速缓慢，2010—2015 年甚至出现明显负增长。

（二）各省区自然资本增速比较

表 5.6 各省区自然资本平均增长速度比较

省区	增速	排名	省区	增速	排名	省区	增速	排名	省区	增速	排名
北京	6.9%	28	上海	6.0%	31	湖北	9.1%	12	云南	8.1%	23
天津	11.2%	4	江苏	8.1%	24	湖南	8.4%	19	西藏	8.4%	17
河北	8.3%	20	浙江	6.5%	30	广东	8.4%	18	陕西	11.6%	3
山西	20.4%	1	安徽	8.8%	13	广西	8.1%	22	甘肃	9.9%	9
内蒙古	12.9%	2	福建	8.0%	25	海南	11.2%	5	青海	8.8%	14
辽宁	10.1%	8	江西	7.5%	27	重庆	8.7%	16	宁夏	10.4%	6
吉林	6.9%	29	山东	7.9%	26	四川	8.7%	15	新疆	9.8%	10
黑龙江	8.1%	21	河南	9.4%	11	贵州	10.3%	7			

表 5.6 显示，各省区自然资本增速差异很大。增速最快的省区为陕西省，其年均增长速度高达 20.4%，远远超过全国平均水平。排名第二的内蒙古，年均增速为 12.9%。排名第三位到第五位的依次为陕西、天津、海南，平均增速均在 11%以上。排名最低的省区为上海、浙江、吉林和北京，其平均增速在 6%~7%。

四、自然资本结构及省际差异

（一）全国自然资本结构及变化

表 5.7 给出考察期起止年份各类自然资源价值占自然资本的比重，以及其时期平均值。

表 5.7 全国自然资本结构：起止年份与时期平均

时期	煤炭	石油	天然气	矿产	不可再生	森林	耕地	牧草地	可再生
1978 年	12.3%	24.8%	0.5%	1.1%	38.8%	7.1%	48.9%	5.3%	61.2%
2017 年	9.5%	5.2%	1.8%	8.0%	24.5%	2.1%	63.2%	10.3%	75.5%
平均	13.9%	12.2%	1.2%	11.6%	38.9%	2.3%	51.0%	7.8%	61.1%

结果显示：(1) 我国自然资本以可再生资源为主，整个考察期其占自然资本比重在60%以上，2017 年提高到75%以上，不可再生资源所占比重呈下降趋势；(2) 不可再生资源中，化石能源所占比重明显下降，尤其是石油比重下降明显，天然气比重略有上升，矿产资源比重则有明显提高；(3) 可再生资源中，森林资源比重有较明显下降，耕地和牧草地资源所占比重有所上升。

上述结果与我国自然资源禀赋和利用模式密切相关：我国煤炭资源丰富，虽然经过长期持续开采，其在自然资本中所占比重下降较小；我国石油资源相对缺乏，经过数十年开采，其在自然资本中所占比重出现明显下降；我国的可再生资源以耕地为主，其占自然资本比重很高且呈上升趋势。为保持自然资本平稳增长，应将能源和矿产开采保持在合理幅度，同时注重保护耕地牧场面积和生产能力，并努力提升森林面积，保护森林资源。

(二) 各省区自然资本结构比较

各省自然资本结构存在显著差异。表 5.8 给出整个考察期平均结果。

其显示，12 个省区的不可再生资源占自然资本比重超过全国水平，其中山西 (78.4%)、天津 (78.4%)、陕西 (65.8%)、辽宁 (59.1%)、黑龙江 (55.5%)、内蒙古 (53.2%)、河北 (52.4%) 的不可再生资源占自然比重超过 50%。山西省煤炭资源价值占自然资本比重高达 74.1%，其他以煤炭资源为主的省区还包括宁夏 (45.1%)、内蒙古 (39.9%)、贵州 (32.2%)、陕西 (30.2%)。天津石油资源占其自然资本比重高达 72.9%，其他以石油资源为主的省区还有黑龙江 (46.6%)、新疆 (31.8%)、吉林 (26.3%)、陕西 (24.3%)、山东 (21.6%)。天然气资源占自然资本比重较高的省区为陕西 (6.5%)、四川 (5.7%)、新疆 (5.1%)。矿产资源占自然资本比重较高的省区有北京 (38.2%)、河北 (34.8%)、辽宁 (32.5%)、河南 (22.4%)、湖北 (17.9%)。

表 5.8 各省区自然资本细分结构比较（1978—2017 年平均值）

省区	煤炭	石油	天然气	矿产	不可再生	森林	耕地	牧草地	可再生
北京	6.9%	0.0%	0.0%	38.2%	45.1%	0.4%	46.2%	8.2%	54.9%
天津	0.0%	72.9%	0.9%	4.6%	78.4%	0.0%	18.7%	2.8%	21.6%
河北	6.2%	11.2%	0.2%	34.8%	52.4%	0.2%	46.8%	0.7%	47.6%
山西	74.1%	0.0%	0.1%	4.2%	78.4%	0.3%	19.5%	1.8%	21.6%
内蒙古	39.9%	0.3%	0.1%	13.0%	53.2%	3.1%	17.9%	25.8%	46.8%
辽宁	7.1%	19.0%	0.3%	32.5%	59.1%	0.9%	39.3%	0.8%	40.9%
吉林	6.7%	26.3%	0.8%	5.4%	39.3%	6.3%	51.8%	2.5%	60.7%
黑龙江	7.3%	46.6%	0.8%	0.9%	55.5%	4.4%	38.4%	1.6%	44.5%
上海	0.0%	0.0%	0.0%	0.0%	0.0%	0.1%	86.0%	14.0%	100.0%
江苏	3.0%	3.1%	0.0%	1.4%	7.6%	0.2%	91.2%	1.0%	92.4%
浙江	0.1%	0.0%	0.0%	3.1%	3.2%	1.8%	91.9%	3.1%	96.8%
安徽	17.9%	0.0%	0.0%	9.4%	27.3%	0.8%	70.4%	1.5%	72.7%
福建	3.7%	0.0%	0.0%	10.9%	14.6%	4.8%	77.8%	2.8%	85.4%
江西	5.4%	0.0%	0.0%	13.7%	19.1%	3.8%	73.3%	3.8%	80.9%
山东	8.3%	21.6%	0.2%	11.5%	41.6%	0.1%	57.7%	0.6%	58.4%
河南	11.9%	4.3%	0.1%	22.4%	38.7%	0.3%	60.1%	0.9%	61.3%
湖北	1.2%	1.7%	0.0%	17.9%	20.9%	1.1%	75.8%	2.2%	79.1%
湖南	6.8%	0.0%	0.0%	9.2%	16.0%	1.7%	79.7%	2.6%	84.0%
广东	0.1%	14.6%	1.4%	5.3%	21.4%	1.5%	75.5%	1.6%	78.6%
广西	1.4%	0.7%	0.0%	9.3%	11.3%	3.3%	81.3%	4.0%	88.7%
海南	0.0%	0.8%	0.1%	2.0%	2.9%	2.4%	87.4%	7.2%	97.1%
重庆	14.3%	0.0%	1.8%	1.3%	17.4%	1.7%	76.9%	4.0%	82.6%
四川	7.7%	0.3%	5.7%	15.6%	29.5%	5.4%	57.7%	7.5%	70.5%
贵州	32.2%	0.0%	0.0%	3.8%	36.0%	2.1%	57.8%	4.1%	64.0%
云南	14.2%	0.0%	0.0%	9.9%	24.0%	10.6%	60.0%	5.3%	76.0%
西藏	0.0%	0.0%	0.0%	0.8%	0.8%	22.6%	4.0%	72.6%	99.2%
陕西	30.2%	24.3%	6.5%	4.8%	65.8%	1.2%	31.3%	1.6%	34.2%
甘肃	10.6%	6.8%	0.0%	7.9%	25.4%	1.8%	53.3%	19.4%	74.6%

续表

省区	煤炭	石油	天然气	矿产	不可再生	森林	耕地	牧草地	可再生
青海	4.8%	13.4%	4.5%	0.9%	23.6%	0.5%	8.6%	67.3%	76.4%
宁夏	45.1%	3.5%	0.0%	0.6%	49.1%	0.2%	40.2%	10.5%	50.9%
新疆	7.2%	31.8%	5.1%	2.7%	46.9%	0.9%	27.2%	25.0%	53.1%
全国	13.9%	12.2%	1.2%	11.6%	38.9%	2.3%	51.0%	7.8%	61.1%

上海的自然资本完全来自可再生资源，可再生资源占比超过80%的还有西藏（99.2%）、海南（97.1%）、浙江（96.8%）、江苏（92.4%）、广西（88.7%）、福建（85.4%）、湖南（84.0%）、重庆（82.6%）和江西（80.9%）。具体而言，江苏、浙江、上海的自然资本主要来自耕地资源；青海和西藏的自然资本则主要来自牧草地，其耕地资源占自然资本比重极低；西藏和云南的森林资源占自身自然资本比重最高。

总之，若干省区自然资本主要来自一到两种自然资源，甚至完全由某一种自然资源主导。仅有少数省区，各类自然资源占自然资本的比重较为均衡。因此，各省区应结合自身禀赋特征制定适宜的自然资源开发与自然资本积累路径。

第四节　总结与认识

本研究对我国全国和各省区各类自然资源资产价值进行估算，并加总为自然资本价值。随后对自然资本总量、省际分布、增长速度、人均值、密度值及自然资源结构进行分析，得到如下基本结论。

第一，我国自然资本在各省区之间的分布差异悬殊。考察初期的1978年，自然资本最高的前五个省区比重合计高达45%，排名最高的黑龙江独占15%，相当于排名最低的13个省区的总和。2017年，自然资本最高的前五个省区占比合计降为33%，排名最高的内蒙古仅占7%。可见，自然资本在各省区分布的均衡性有明显提升。其主要原因在于，随着不可再生资源开采耗用，黑龙江等自然资源大省的自然资本所占比重下降，而一些以可再生资源为主的省区占比相应提高。全国不可再生资源价值占比由1978年的39%降为2017年的25%以下，就是有力证据。鉴于这一趋势将持续下去，自然资本的省际差异将进一步减弱。

第二，考察期内全国和各省区自然资本总量波动增长，多数年份正增长（仅有 11 年负增长）；2011 年达到峰值后，连续 4 年明显出现负增长。自然资本 N 年均增长速度明显低于 K 和 H，甚至也低于同期 GDP 年均增长速度。这暗示，对我国经济发展而言，自然资本的作用不如人力资本和产出资本重要，就此将在第九章做正式检验。同时，各省区自然资本增速波动较全国剧烈，其年均增长速度也存在很大差异。相比 H 和 K 呈现的持续上升趋势，各省区自然资本均存在明显波动，构成自然资本的一大重要特征。

第三，各省区自然资本总量差异之外，人均值差异更为明显。该比值可以粗略反映各省区自然资本与人力资本的比率关系，N 总量不高的西藏因其人口数量低而具有全国最高的人均值，自然资本人均值最低的上海、北京、重庆等直辖市则由自然资本总量低且人口密集共同导致。从自然资本密度值看，各省区差距巨大且随着时间推移呈扩大趋势。此时，天津和上海等辖区面积小的直辖市具有高密度值，而西藏、新疆、青海、内蒙古等人均值领先的省区，其自然资本密度则排名垫底。

第四，自然资本涵盖多类自然资源的价值，其内部构成具有重要分析价值。就全国而言，不可再生资源价值约占自然资本的 40%，且呈下降趋势。但部分省区不可再生资源价值占自然资本比重高达 70%以上。若干省区自然资本主要来自一到两种自然资源，甚至完全由某一种自然资源主导。仅有少数省区，各类自然资源占自然资本的比重较为均衡。具体到可再生资源与不可再生资源内部，各省区同样差异巨大。因此，应结合自身禀赋制定适宜的自然资源开发与自然资本积累路径。

相比已有研究，本书放弃直接照搬世界银行关于自然资源寿命 T 和社会贴现率 r 的做法，二者合力导致各类自然资源具有不同的有效贴现率 r * 时间序列。一方面，不仅允许不同类型自然资源根据自身储量和产量数据设定不同 T，同时还允许不同省区在同一类资源取不同 T 值，以更好地揭示各省区自然资源禀赋差异及其价值量构成区别①。如果对各省区均采用相同的 T 设定，必然对结果造成不利影响。同时，有别于同类研究对社会贴现

① 例如，对于上海市而言，其各类不可再生资源（能源和矿产）的储量几乎全部为 0，因此其相应自然资源寿命 T 均为 0 年，进而相应的自然资源价值也为 0。

率 r 采用某一固定值①，本研究基于国民核算数据计算 r 时间序列以反映其时期变化；鉴于我国 r 存在下降趋势，在整个考察期内取固定值将高估早期结果并低估近期结果，这是若干研究得出我国自然资本增长率低甚至负增长的重要原因。对自然资本进行长期分析时，取固定 r 值必将给估算结果造成严重偏差。

本研究中矿产和能源租金仍基于世界银行数据，且对某些类别自然资源总量的省区分解方式仍有待改善，对耕地和牧草地租金的推算也较为粗糙，均对估算结果准确性带来不利影响。在进一步研究中，应从自然资源类型细化、省区分解比例优化、分省参数设定等方面寻求改进。

本章附录

估算自然资本的理论公式为：

$$V_t = \sum_{i=t}^{t+T-1} \frac{\pi_i q_i}{(1+r)^{(i-t)}} \tag{5.1}$$

假定自然资源租金以固定速度 g 增长：

$$\frac{\dot{\pi}}{\pi} = g = \frac{r}{1+(\varepsilon-1)(1+r)^T} \tag{5.2}$$

ε 为成本曲线的曲率，其取值大于 1 意味着成本曲线为凸函数（边际成本递增，边际利润递减），此时有 g<r；其取值等于 1 意味着成本曲线为直线（边际成本不变），此时有 g=r。无论在理论还是经验上，ε >1 都是合理选择。实际计算中，ε 参照世界银行取 1.15。

进而，自然资本 V_t 可重写为：

$$V_t = \sum_{i=t}^{t+T-1} \frac{\pi_t q_t (1+g)^{(i-t)}}{(1+r)^{(i-t)}} = \pi_t q_t \sum_{i=t}^{t+T-1} m^{(i-t)} \tag{5A.1}$$

由上讨论，g<r 保证 $m=(1+g)/(1+r)<1$，$m^{(i-t)}$ 构成等比数列的总和收敛到：

---

① 罗乐勤和颜云儿（2014）参照世界银行选取 0.04，李钢和刘吉超（2014）参照我国《建设项目经济评价方法与参数（第三版）》选取 0.08。

$$\sum_{i=t}^{t+T-1} m^{(i-t)} = \frac{1-m^T}{1-m} = \frac{1-m^T}{1-\frac{(1+g)}{(1+r)}} = \frac{1-m^T}{\frac{1+r-1-g}{1+r}}$$

$$= \frac{1+r}{r-g}(1-m^T) = \frac{1+g+r-g}{r-g}(1-\frac{1}{(1+r/1+g)^T}) \quad (5A.2)$$

$$= \frac{1+g+r-g}{r-g}(1-\frac{1}{(1+g+r-g/1+g)^T})$$

$$= (1+\frac{1+g}{r-g})(1-\frac{1}{(1+(r-g/1+g))^T})$$

随后，带入有效贴现率为 $r^* = (r-g)/(1+g)$ ，即可得到：

$$V_t = \pi_t q_t \left[1+\frac{1}{r^*}\right]\left[1-\frac{1}{(1+r^*)^T}\right] \quad (5.3)$$

T 趋于无穷大时，式（5.3）可改写为：

$$V_t = \pi_t q_t \left[1+\frac{1}{r^*}\right] = R_t\left[1+\frac{1}{r^*}\right] = R_t\left[1+\frac{(1+g)}{(r-g)}\right] = R_t + \frac{(1+g)R_t}{(r-g)} \quad (5A.3)$$

同时，根据式（5.2），T 趋于无穷时 g 趋于 0。因此，其与式（5.4）高度近似。为简化计算，该结果还可近似写作 $V_t = R_t + R_t/r$ 。

第六章　我国国民财富 W 估算①

前面各章分别估算了我国各省区产出资本 K、人力资本 H 以及自然资本 N，三者均为国民财富的重要构成部分。借鉴世界银行“自上而下—自下而上”方法，本章进而直接估算我国国民财富 W，为后续综合利用各类估算结果开展国民财富结构分析奠定基础。

第一节　文献回顾

国内国民财富测度研究起步较晚，按主题侧重可分为大两部分。

一、分类资本估算研究

该部分研究主要由经济增长和要素收入分配问题引发，已积累起大量文献。

物质资本估算研究长期活跃。已有研究均基于 PIM 但细节有别，且在不同层次分头展开。全国性研究始于国民经济资本存量估算，并逐渐向行业资本存量估算扩展。省级固定资本估算日益活跃，重点仍在国民经济层面，分产业估算逐渐涌现。

人力资本估算研究迅速升温。早期研究多用代理指标法，如王小鲁（2000）、胡铵钢（2002）、岳书敬（2006）、廖楚晖（2006）。当前研究成本法占主导，如侯风云（2007）、钱雪亚等人（2004、2008）、焦斌龙（2010）。收入法较少被采用，仅王德劲等人（2006）、朱平芳（2007）、李海峥等人（2010），但前景广阔。另有少数研究尝试对已有方法进行结合，如张昭俊等

① 本章主要内容已发表：郝枫．中国国民财富总量、结构及其演进模式研究——基于“自上而下—自下而上”测度范式［J］．统计研究，2021（7）：112-126.

人（2012）、乔红芳等人（2015）。绝大多数研究在全国层面展开，省区人力资本估算尚在起步阶段。

自然资本估算研究相对滞后。鉴于我国经济增长的资源环境压力增大，国内自然资本核算研究迅速兴起。已有研究主要集中在生态学与环境学科，早期重在介绍国际自然资本测度方法，近期多用三维生态足迹模型核算我国（非价值量）自然资本并开展国际比较及省际比较。也有少数研究基于世界银行分析框架测度我国（价值量）自然资本，如蒋洪强等人（2007）对神农架林区自然财富的估算及陈秀芝（2014）对黄河流域自然资本的估算。

分类资本估算服务于特定研究需要，并不以国民财富测度为目标。其在人力资本与自然资本测度中常用实物量，在具体处理环节上也有很大灵活性。此类研究分头进展，为推动我国国民财富测度研究提供了重要基础与有益参照。但为有效反映发展可持续性，则应开展整合性国民财富测度研究。

二、国民财富测度研究

相比分类资本估算，我国国民财富测度研究尚在评介与引进阶段。

世界银行国民财富研究甫一问世，就引起国内关注。丁小浩（1997）最先进行评介，指出世界银行1995年报告中测算方法的有效性与可靠性虽待提高，但对理解现实问题和推动理论发展意义重大。高敏雪（1999）认同国民财富是测度可持续发展的核心指标，但认为鉴于社会资本量化难题，世界银行1997年报告中的测度方法还需进行改进。杨灿（2000）也指出其若干缺陷，但对沿着这一路径深化可持续发展核算的前景表示乐观。胡鞍钢（2001）则基于世界银行测算结果比较中国、美国、日本、印度的经济规模与国民财富，据以探讨增加我国国民财富的路径与政策选择。

随着世界银行国民财富测度研究的突破与改进，其理念和方法日益获得国内学者认同。罗乐勤（2013）利用世界银行所采用的方法与数据，对真实储蓄与国民财富之间的关系进行实证检验。余芳东（2015）细致介绍世界银行国民财富与自然资本测算方法及结果，表明我国统计部门对国民财富测度的关注升温。最近，一些学者开始采用世界银行的方法测度我国国民财富。罗乐勤等人（2014）在全国层面给出1995—2009年国民财富测算结果并讨论其结构与变化趋势，但其核心参数完全套用世界银行取值，难以有效刻画我国财富总量及结构特征。省区层面研究也已出现，胡本田等人（2014）和童岩冰等人（2015）分别对安徽和江苏的国民财富进行测算，但单独一省的国民财富测度缺乏有效参照系，明显削弱了其对评估可持续发展的参考意义。

相比之下，联合国的测算方法在国内所受关注较少。查阅所及，仅李钢等人（2014）利用UNU-IHDP2012年报告中的研究方法，测算了我国30个省区1990—2010年包容性财富指数，并就财富结构及人均财富与20个国家比较。该研究在同一框架下估算各省分类资本及国民财富，为分析我国国民财富区域分布提供了较好基础。但其并未考虑人力资本跨区流动，也未考虑各类资本跨期转换，难以检验我国区域可持续发展能力及其动态特征。

总之，国外缺乏专门针对中国的研究成果。世界银行和联合国的国民财富测度研究虽然包括中国，但其参数选择和估算程序主要服务于跨国比较，难以有效反映我国情况。此外，其通常仅提供少数年份估算结果，缺乏足够长的时间序列数据，无法满足我国国民财富变化的长期趋势分析。国内国民财富测度研究，正由单纯评介国外进展转向采用国外研究方法开展实证测度与分析，研究范围也由全国向省区扩展。但在此过程中，照搬国外模型和参数设定的情形较为严重，尚未考虑人力资本省际流动问题，就自然资本向物质资本和人力资本的跨期转换问题也未触及。有鉴于此，本研究力图更为倚重中国参数刻画我国国民财富，并在全国和省级层面给出时期尽可能长的估算结果。

第二节 估算方法

一、方法选择

由第二章讨论得出，世界银行估算国民财富的方法具有坚实的理论基础，同时在特定假定条件下具有很好的可操作性。对估算我国省级国民财富长期序列而言，其不失为一个理想选择。

该方法属于净现值法，其基本思路为：特定时间t的国民财富水平W_t，等于此后历年消费序列$C(s)$的净现值之和。

$$W_t = \int_t^{\infty} C(s) \cdot e^{-r(s-t)} ds \tag{6.1}$$

式（6.1）中，r 为社会平均投资回报率，或者资本收益率①；对于同等数量的 t 期财富，其用于消费的时间越远，则推迟消费并转向投资可换取更大价值，因而可以支撑更多远期消费；反过来看，距 t 期越远的等量消费（因不确定性随时间增大，故其带给经济主体的福利也越小），愿意为其耗用的当期财富越少。折现因子 $e^{-r(s-t)}$ 的基础部分 $e^{-(s-t)}$ ，本身就有很强折现力度，7 期后的消费对当前财富的影响几乎衰减为 0。

r 的取值可调节折现力度：r = 0 时，经济主体对远期与近期消费同等看重；随着 r 增大，折现力度迅速放大。在通常的投资回报率之下，未来消费对当前财富净现值的影响，可由表 6.1 简要说明。由其可知，即使在 r = 0.05 这一较低设定下，30 年后的消费对当前财富的影响只有其金额的 20%；在 r = 0.15 的较高设定下，30 年后的消费对当前财富的影响几乎可以忽略（不足 1%）。

表 6.1　社会平均投资回报率 r 对折现倍率的影响

s-t	r			s-t	r			s-t	r		
	0.05	0.1	0.15		0.05	0.1	0.15		0.05	0.1	0.15
0	1.000	1.000	1.000	14	0.497	0.247	0.122	28	0.247	0.061	0.015
1	0.951	0.905	0.861	15	0.472	0.223	0.105	29	0.235	0.055	0.013
2	0.905	0.819	0.741	16	0.449	0.202	0.091	30	0.223	0.050	0.011
3	0.861	0.741	0.638	17	0.427	0.183	0.078	31	0.212	0.045	0.010
4	0.819	0.670	0.549	18	0.407	0.165	0.067	32	0.202	0.041	0.008
5	0.779	0.607	0.472	19	0.387	0.150	0.058	33	0.192	0.037	0.007
6	0.741	0.549	0.407	20	0.368	0.135	0.050	34	0.183	0.033	0.006
7	0.705	0.497	0.350	21	0.350	0.122	0.043	35	0.174	0.030	0.005
8	0.670	0.449	0.301	22	0.333	0.111	0.037	36	0.165	0.027	0.005
9	0.638	0.407	0.259	23	0.317	0.100	0.032	37	0.157	0.025	0.004
10	0.607	0.368	0.223	24	0.301	0.091	0.027	38	0.150	0.022	0.003

---

① 世界银行文献中采用“社会平均投资回报率”（SRRI）这一表述，其强调投资（流量）的回报。本课题则使用资本收益率这一提法，其强调资本（存量）的回报，基于国民核算中“营业盈余”数据与产出资本存量 K 相除得到。虽然二者在理论上实质等价，但如对二者采用同一个术语，容易混淆本文与世界银行做法的差异。故后文对两个术语交替使用。

续表

s-t	r			s-t	r			s-t	r		
	0.05	0.1	0.15		0.05	0.1	0.15		0.05	0.1	0.15
11	0.577	0.333	0.192	25	0.287	0.082	0.024	39	0.142	0.020	0.003
12	0.549	0.301	0.165	26	0.273	0.074	0.020	40	0.135	0.018	0.002
13	0.522	0.273	0.142	27	0.259	0.067	0.017				

注：根据收入法 GDP 与产出资本存量数据计算，我国 1978—2017 年净资本收益率的平均值为 0.119。

然而，式（6.1）属于理论公式。由于未来消费序列 C（s）无法观测且难以有效预测，因而无法直接将其用于国民财富估算。世界银行根据 $r=\rho+\eta(\dot{C}/C)$ 计算社会平均投资回报率。其意味着，r 首先取决于纯时间偏好率 ρ；同时还取决于效用变化率，其等于效用对消费的弹性 η 乘以消费增长率（$\dot{C}/C$）。简化起见，世界银行假定 $\eta=1$，且消费以固定速度 $g=(\dot{C}/C)$ 增长，得到如下易于处理的国民财富估算公式：

$$W_t = C_t \cdot \int_t^{\infty} e^{-\rho(s-t)} ds = C_t \cdot \int_t^{\infty} e^{(\eta g - r)(s-t)} ds \qquad (6.2)$$

显然，基年国民财富 W_t 是同年消费 C_t 与纯时间偏好率 ρ 的函数，无需对未来消费序列 C（s）进行预测。由于基年消费 C_t 可以从统计数据获取，估算 W_t 时只需估计或设定纯时间偏好率 ρ 即可。在其大型跨国研究中，世界银行参照 Pearce and Ulph（1999）的经验估计将各国 ρ 统一设为 1.5%，在难以获取各国 ρ 可靠结果的条件下，这种粗略做法实属无奈之举。

理论上，纯时间偏好率 ρ 反映经济主体（个体或社会）的耐心程度。$\rho=0$ 意味着经济主体完全具有耐心，无论相隔多远，等量消费都可折现为当前的等量财富；$\rho=1$，表明未来消费的重要性随着时间推移以指数速度衰减。随着 ρ 取值增大，未来消费对当前财富的影响加速衰减，此时经济主体倾向于将全部财富用于本期或近期消费。

一般而言，ρ 取值在 0~1 且十分靠近 0，但其具体取值在不同国家以及不同时期会存在明显差异。故针对特定国家进行研究时，为得到合理可靠的结果，需要对 ρ 进行专门估算。更重要的是，采用式（6.2）时，ρ 取值对国民财富估算结果具有重要影响。在年度数据情形下，W_t 与基年消费 C_t 的倍数关系可改写为 $W_t/C_t \approx \sum_{s=t}^{t+T} e^{-\rho(s-t)}$。

表 6.2 不同纯时间偏好率 ρ 取值下 W_t 与基年消费 C_t 倍数关系

T \ ρ	0	0.01	**0.015**	0.02	0.025	0.03	0.04	0.05
10	11.00	10.47	**10.22**	9.97	9.74	9.51	9.08	8.67
20	21.00	19.04	**18.15**	17.32	16.54	15.82	14.49	13.33
25	**26.00**	**23.01**	**21.69**	**20.48**	**19.36**	**18.33**	**16.49**	**14.92**
30	31.00	26.79	**24.98**	23.33	21.84	20.49	18.12	16.15
40	41.00	33.80	**30.85**	28.26	25.97	23.95	20.56	17.86
50	51.00	40.15	**35.91**	32.29	29.18	26.51	22.19	18.90

注：世界银行采用的参数为 T=25，ρ =0.015；表中以粗体标注对应行列，作为比较基础。

表 6.2 给出不同 ρ 取值与最大时间跨度 T 组合之下的倍数变动：给定 T 时，倍数 W_t/C_t 随 ρ 取值增大而明显下降；同时，该倍数随 T 增大而增大，但增大幅度随 ρ 取值上升而减小。

鉴于纯时间偏好率 ρ 取值大小对 W_t 估算结果有重要影响，且假定 $\eta=1$ 也缺乏坚实的经验支撑，本研究放弃以上假设，给出理论公式（6.1）的另一应用版本。

$$W_t = \int_t^{\infty} C_t e^{g(s-t)} \cdot e^{-r(s-t)} ds = C_t \int_t^{\infty} e^{(g-r)(s-t)} ds \tag{6.3}$$

与式（6.2）相比，式（6.3）中的消费增长率 g 可取特定时期平均值，易由官方统计数据计算；社会平均投资回报率 r，也可借助官方统计数据计算。由于无须估计 η 与 ρ 的取值，这一公式具有更强的可操作性。

二、指标与数据

如上所述，利用式（6.3）估算 t 年的国民财富，需要 t 年的消费数据。因此，为估算我国全国和各省区国民财富时间序列，首先需要获取国民消费时间序列数据。在官方统计数据中，最合适的指标为“最终消费支出”，其涵盖“居民消费支出”和“政府消费支出”两部分。鉴于“政府消费支出”同样由国民财富支撑且最终服务于居民，因此估算国民财富时不能采用“居民消费支出”这一窄口径指标。

《中国统计年鉴》可以提供近年来全国和各省区“最终消费支出”现价

数据。2007 年以前的数据，直接取值于《新中国 60 年统计资料汇编》。前后两段数据均基于官方统计，可以直接编接使用。其中，西藏缺失 1978—1999 年最终消费支出现价数据。观察发现，2000—2010 年，西藏与青海的最终消费支出之比稳定在 0.445 左右，因此借助青海数据估算西藏早期缺失数据。为检查该估算结果的可靠性，可借助最终消费率这一相对稳定的比重做粗略评估。由于 1978 年后西藏 GDP 数据并无缺失，故可将消费数据与之对比计算最终消费率：1978—1999 年（基于估算消费数据的）最终消费率平均值为 77.2%，2000—2017 年平均值为 69%；进一步计算两个时期全国最终消费率平均值，也相应由 62.9%下降到 53.9%，表明西藏与全国数据的变化趋势一致；西藏最终消费率始终高于全国水平，两个时期分别为全国的 1.23 倍和 1.28 倍，暗示西藏早期最终消费支出数据估算结果合理可信。为行文方便，以下将“最终消费支出”简称为“消费”。利用 CPI 数据，可将现价消费数据转换为任意指定年份价格表示的可比价数据。

另有两点需要注意。一是，式（6.1）暗含假定经济发展处于可持续路径，其要求排除负的真实储蓄率这一情形，即该路径上国民储蓄必须足以补偿自然资源损耗。如果对自然资源的过度消耗危及了未来消费前景，必须将负的真实储蓄从消费数据中扣减，以调整得到可持续消费。尽管世界银行研究表明，部分经济体确实存在负的真实储蓄率，但我国素以高储蓄率著称于世，因而对此无须多虑①。二是，为避免消费序列不稳定性的影响，世界银行采用三年平均值代表基年消费 C_t 。尽管这种方式确实有利于增强结果稳定性，但一则其将低估消费 C_t 进而低估国民财富 W_t ，二则其不利于与各分类资本估算时的处理方式协调一致②，经权衡最终舍弃这种平均处理，直接利用同年消费 C_t 估算 W_t 。

三、关键参数确定

基于式（6.3）估算国民财富，但使用年度数据时，需将其改写为离散形式：

$$W_t \approx C_t \sum_{s=t}^{t+T} e^{(g-r)(s-t)} \tag{6.4}$$

① 利用实际数据核验，可以确认我国全部省区均未遭遇负的真实储蓄率问题。

② 此前各章利用 PIM 估算产出资本 K 时，并未对投资流量 I 取时期平均，人力资本 H 估算中也未做平均处理。

由式（6.4）可知，估算国民财富的关键是计算 W_t 与 C_t 之间的倍数，即 $\sum_{s=t}^{t+T} e^{(g-r)(s-t)}$ 。为此，需要确定 g，r 与 T 等三类关键数据（或参数）。下面对其逐一讨论。

（一）消费增长率 g

上节对消费现价数据做了讨论，据其可以直接计算消费的名义增长率。然而，g 实质是消费的实际增长率，其需要提出物价变动的影响。为此，需要用消费价格指数 CPI 进行价格调整。

考察期内全国和各省区的环比 CPI 数据，同样取自《新中国 60 年统计资料汇编》（对 1978—2008 年）和近年的《中国统计年鉴》（对 2009 年以后）。其中，少数省区的早期数据存在缺失①，此时直接用其自身的城镇居民消费价格指数 CPI-U 代替。随后，计算 2000 年价格为基准的定基 CPI，用于计算 2000 年价格表示的全国和各省区可比价消费数据。进而，计算得到消费的实际增长率 g。

表 6.3　1979—2017 年全国和各省区消费实际增长率平均值 $\bar{g}$

省区	$\bar{g}$	省区	$\bar{g}$	省区	$\bar{g}$	省区	$\bar{g}$
北京	9.71%	上海	9.76%	湖北	9.10%	云南	9.10%
天津	10.07%	江苏	10.59%	湖南	8.16%	西藏	8.85%
河北	9.15%	浙江	10.26%	广东	10.40%	陕西	8.89%
山西	9.07%	安徽	8.48%	广西	8.53%	甘肃	7.64%
内蒙古	9.18%	福建	9.84%	海南	8.01%	青海	7.89%
辽宁	8.00%	江西	8.88%	重庆	9.00%	宁夏	9.13%
吉林	7.88%	山东	10.03%	四川	7.87%	新疆	9.78%
黑龙江	7.04%	河南	9.97%	贵州	9.03%	全国	9.16%

注：表中结果，按照水平法（几何平均）计算得到。

表 6.3 给出整个时期全国和各省区消费实际增长率的年均值 $\bar{g}$ 。由其可知：整个时期全国消费年均增长率高达 9.16%，略低于同期经济增长率的年均值（9.50%）；11 个省区增长率高于全国，包括北京、天津、上海三大直辖

① 具体而言，河北、内蒙古、浙江、安徽、江西、广东、四川缺少 1978—1983 年 CPI 数据，辽宁缺少 1978—1984 年 CPI 数据，西藏缺少 1978—1989 年 CPI 数据。

市，广东、江苏、浙江、山东、福建等沿海省区，河南省以及内蒙古自治区和新疆自治区；其余 20 个省区增长率低于全国，主要为中西部省区，其中东北三省增长率明显低于其他区域，尤其黑龙江的 7.04%为所有省区最低值。因此，估算各省区国民财富时，必须考虑消费增长率的地区差异。

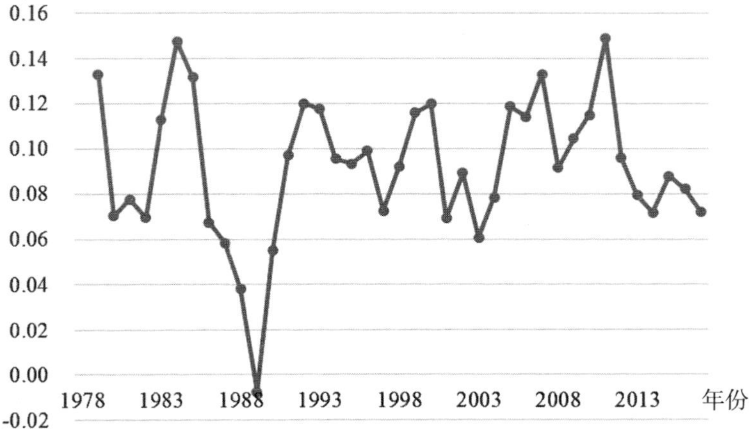

图 6.1　改革开放以来我国消费实际增长率变化趋势

同时，g 各年增长率取值存在较明显的差异。图 6.1 以全国为例，绘制了 g 变化趋势，显示其各年取值基本在 6%~15%震荡变动。与全国相比，不少省区 g 的年度变动幅度更为剧烈。有鉴于此，与使用全国和各省区每年 g 数值相比，采用 g 的整个时期（或各子时期）均值估算国民财富序列更为稳妥。否则，必将导致国民财富数据在各年之间剧烈变动，无法有效揭示实际情况，更加难以用于相关问题分析。

（二）资本收益率 r

社会平均投资回报率 r，是估算国民财富的关键参数。世界银行采用 $r=\rho+\eta(\dot{C}/C)$ 计算社会平均投资回报率，其假定 $\eta=1$ 且消费增长速度 $g=(\dot{C}/C)$ 不变，故核心参数转变为纯时间偏好率 ρ。然而，纯时间偏好率估计更加困难，且 $\eta=1$ 未必符合实际。为此，力图由国民核算视角直接推算 r。

第三章讨论收入法人力资本估算时，给出了基于收入法 GDP 数据和产出资本 K 估算净资本收益率 r 的方法与简要结果。其显示，改革开放以来我国净资本收益率整体呈下降趋势（图 4.6），表明随着资本深化，资本要素由非常短缺转向相对充裕，给资本收益率带来下行压力。本章估算国民财富时，仍然采用全国净资本收益率 r 序列。

（三）复合参数（g-r）

式（6.4）中，实际是将 g 与 r 的差值作为一个复合参数使用。为此，进一步讨论（g-r）的具体处理方式。

由前所述方法，可以得到全国和各省区 1979—2017 年 g 与 r 的面板数据。但直接计算（g-r）面板数据用于国民财富估算并不合理，为此做如下三方面调整。（1）各省区净资本收益率 r 无法有效反映社会平均投资回报率，故对所有省区统一采用全国净资本收益率。（2）g 各年增长率没有明显升降趋势但存在很大波动，使用历年实际取值将导致国民财富剧烈变动，因此各省区均采用自身 g 的时期均值。（3）全国 r 各年增长率呈下降趋势且存在一定波动，如采用整个时期均值将高估早期国民财富且低估近期国民财富，但采用各年实际取值则会导致国民财富序列剧烈波动；两相权衡，将考察期划分为四个子时期①，以各子时期 r 均值作为 1979 年、1992 年、2001 年、2017 年取值，进而以线性插补方法推算其余年份取值。

最终，每个省区整个时期 g 平均值，减去全国 r 的调整后时序结果，即为实际用于计算的（g-r）。这一方式的好处在于，既可反映 g 的省际差异，又能揭示 r 的时变趋势，还可有力消除 g 与 r 剧烈波动对国民财富估算的不利影响。

（四）最大时间跨度 T

世界银行估算各国国民财富时，将时间轴最大长度 T 设为大致对应一代人的 25 年。经权衡，将 T 设为 40 年。原因有二：一是鉴于我国净资本收益率 r 在 1978—2017 年平均值为 0.119，T>40 后未来消费对当前财富的影响十分微弱（不足 1%）；二是采用收入法估计人力资本 H 时，所用最大贴现年数约 30 年（劳动力平均年龄约 32 岁，退出劳动力市场年龄均值 62 岁），但由于个体平均剩余消费年数（用于估算 W）高于平均剩余工作年数（用于估算

① 四个子时期分别为 1978—1984 年，改革启动期，由农村开启，但尚未扩展到城市；1985—1992 年，改革在城乡全面推开，但步伐平缓；1992—2001 年，邓小平南方谈话后，改革进入加速深化的阶段；2002 年以来，加入 WTO 后，中国经济加速融入全球经济，与世界各国之间的产品与要素流动迅速提升。

H)，将T设为40符合我国实际①。世界银行假定所有国家T=25，该数值实质可视为各类经济体T的平均水平，据其计算将低估我国国民财富。

第三节 估算结果

利用前述方法与数据，即可估算我国全国与各省区国民财富时间序列。下面首先简要汇报国民财富总量与其省区分布②，随后讨论国民财富增长速度及省际差异，并将其与GDP和消费等关键宏观经济指标的增长速度进行比较。

一、全国国民财富总量与增速

（一）数据种类说明

估算全国国民财富总量，有两种方式：一是利用官方统计给出的全国消费数据和有关参数直接估算；二是基于官方统计各省区消费和相应参数数据估计各省区国民财富，然后以加总结果作为对全国国民财富的间接测度。理论上，两种方法之下结果一致，但实际估算中二者必然存在一定差异。究其原因：一则，我国官方统计中全国数据和省区加总数据不一致属于常态③；二则，即使全国与各省区基础数据协调，各类参数设定差异也必然导致国民财富估算结果的总分差异（简化起见，报告中始终采用“总分差异”指代全国数据与省区数据合计之间的差异）。有鉴于此，首先对两类结果分别报告并做

① 1978—2017年，我国人口预期寿命持续提高：1981年为67.8岁，1990年为68.6岁，2000年为70.4岁，2010年为74.8岁，2015年为76.7岁。粗略而言，预期寿命比退出劳动力市场的年龄高8~16岁。

② 暂不讨论人均国民财富及其省际差异，将其留待第八章（福利水平分析）和第十章（人均财富收敛性）做专门分析。

③ 无论是GDP、投资与消费等价值量指标，还是人口与劳动等实物量指标，全国与省区合计之间的差异普遍存在。其中，尤以GDP的总分差异备受诟病。这类“数字打架”现象，技术层面上源于我国1985年建立的GDP“分级核算制度”，其深层原因还体现了我国区域竞争背景下各地政府提升政绩的冲动。为克服这一难题，我国先是自2004年起启动5年一轮的经济普查进行校正，并最终于2019年年底转向实行“下算一级”的GDP统一核算制度（由国家统计局核算并公布省区GDP）。即使是人口劳动数据，除人口普查年度数据外，常规年度调查数据的总分差异也长期难以扭转。

比较，分析全国国民财富特征时选用直接估算结果，考察国民财富省区分布时则以省区合计作为对比基础。

从价格水平看，可以分别估算现价与可比价两类国民财富数据。将历年现价消费数据代入式（6.4），即可得到现价表示的国民财富序列。为得到可比价国民财富序列，有两种等价方法：一是利用特定年份为基准的定基 CPI 对现价国民财富序列进行价格调整；二是首先利用特定年份为基准的定基 CPI 将现价消费调整为基年价格可比价消费，随后基于式（6.4）估算可比价国民财富序列。利用现价国民财富序列，便于与现价 GDP、各类现价资本存量（如 K、H、N 等）进行比较，计算一系列重要比率或比重。但有效刻画国民财富增长速度，必须使用剔除物价变化因素的可比价国民财富序列。构造可比价序列，首先必须确定价格基准。基年选择对反映趋势变化毫无影响，为便于与世界银行等同类研究比较，本研究选定 2000 年为价格基准。

（二）国民财富总量

对全国若干代表年份国民财富总量，表 6.4 分别给出现价与 2000 年价格估算结果。

表 6.4　代表年份我国国民财富估算结果　　（单位：万亿元）

年份	现价 W				2000 年价 W			
	全国	省区合计	差额	差率	全国	省区合计	差额	差率
1980	6.19	6.08	-0.11	-1.8%	24.54	25.55	1.02	4.1%
1985	12.51	12.41	-0.10	-0.8%	41.43	43.67	2.24	5.4%
1990	25.71	28.54	2.83	11.0%	51.55	59.88	8.33	16.2%
1995	82.23	86.91	4.67	5.7%	89.91	95.37	5.47	6.1%
2000	158.66	161.94	3.28	2.1%	158.66	161.94	3.28	2.1%
2005	282.93	321.66	38.72	13.7%	264.60	301.45	36.84	13.9%
2010	627.53	689.03	61.50	9.8%	507.76	561.54	53.78	10.6%
2015	1300.40	1307.94	7.54	0.6%	915.97	926.58	10.61	1.2%

注：差额由省区合计减去直接计算的全国数据得到，差率为差额除以直接计算的全国数据得到。

表 6.4 显示，省区合计结果与直接计算的全国国民财富总量存在差异，2000 年差率仅为 2.1%，但 1990 年、2005 年和 2010 年差率超过 10%；早期年份，现价数据省区合计略低于全国数据，但随后反超；2000 年价格数据的

省区合计始终高于全国结果。

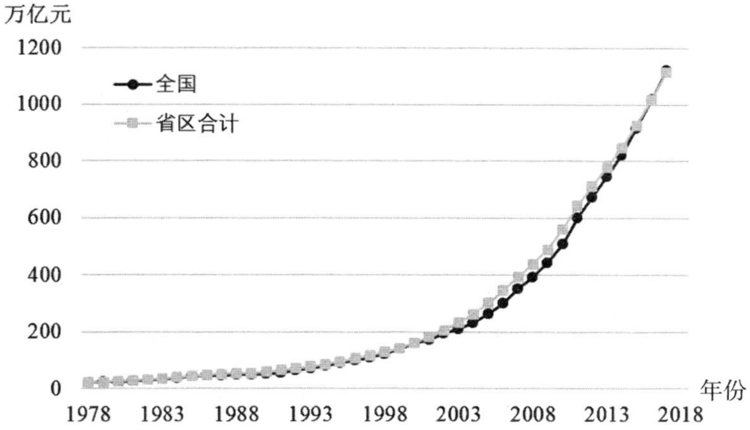

图 6.2 我国国民财富总量变化趋势

为完整展示整个考察期内我国国民财富总量变化趋势，图 6.2 绘制出 2000 年价格估算结果。考察期内，我国国民财富总量呈指数增长趋势；全国数据与省区合计差异不大，2000—2014 年省区合计超出全国数据较其他年份稍多。

（三）国民财富增速

为清晰揭示我国国民财富总量变化特征，利用 2000 年价格数据计算环比增长速度，表 6.5 和图 6.3 分别报告代表性年份和整个考察期结果。

表 6.5 整个考察期与各子时期国民财富平均增长速度

时期	1980—1985 年	1985—1990 年	1990—1995 年	1995—2000 年	2000—2005 年	2005—2010 年	2010—2015 年	1978—2017 年
全国	11.00%	4.50%	11.80%	12.00%	10.80%	13.90%	12.50%	10.90%
省区合计	11.30%	6.50%	9.80%	11.20%	13.20%	13.20%	10.50%	10.70%

注：平均增长速度采用水平法（几何平均）计算。

结果显示，1978 年以来，我国国民财富快速增长，年均增速高达 10.9%；直接基于全国数据计算的增速与省区合计数据增速在多数阶段较为接近，但少数阶段二者之间差异较大（如 2000—2005 年）；各年增速的变动较大，大体在 8%~16%的范围内震荡。

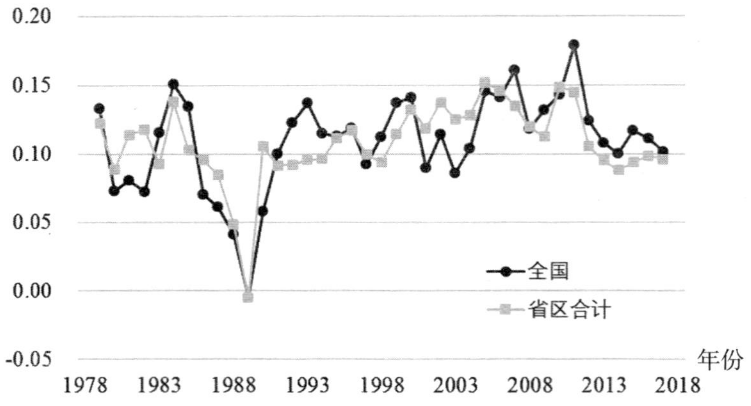

图 6.3　我国国民财富增速变化趋势

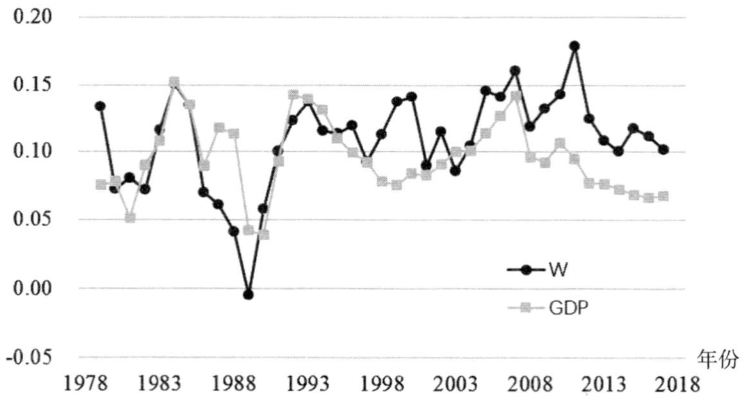

图 6.4　我国国民财富增速与经济增长率比较

以 GDP 增速为参照，有助于更清晰认识国民财富增长速度。图 6.4 显示，我国国民财富增速与经济增长率变化趋势大体一致（二者相关系数为 0.485），二者取值也较为接近；整个考察期内，国民财富增速（10.9%）略高于经济增长率（9.5%），且 2009 年后国民财富增速明显高于经济增长率（对其成因，留待第七章讨论）。由此可见，伴随改革开放的持续快速经济增长，我国也实现了持续高速的国民财富积累，并为未来经济可持续发展提供坚实的物质与人力基础。

二、各省区国民财富特征比较

（一）各省区国民财富比重

本部分着重分析各省区国民财富占全国比重，以揭示我国国民财富的空间分布特征。暂不对各省区国民财富总量做直接比较，将其留待第八章经济实力部分专题讨论。

表 6.6 代表年份各省区国民财富占全国比重及排名

年份 省区	1980		1990		2000		2010	
	比重	排名	比重	排名	比重	排名	比重	排名
北京	2.2%	19	2.5%	17	3.4%	13	4.2%	7
天津	1.6%	25	1.4%	26	1.8%	20	2.0%	20
河北	5.3%	6	5.1%	5	3.9%	8	3.8%	8
山西	2.7%	14	2.5%	16	1.6%	22	1.8%	22
内蒙古	2.1%	22	1.8%	22	1.5%	25	2.2%	16
辽宁	4.5%	8	3.9%	11	3.7%	10	2.8%	13
吉林	2.2%	20	1.9%	21	1.6%	23	1.5%	24
黑龙江	6.3%	4	4.2%	9	2.8%	14	2.4%	15
上海	3.1%	13	3.4%	13	4.5%	6	5.0%	6
江苏	7.7%	1	7.7%	3	8.6%	2	10.7%	2
浙江	4.2%	9	5.9%	4	6.7%	4	7.2%	4
安徽	3.7%	11	3.2%	14	2.7%	15	2.5%	14
福建	2.6%	16	3.6%	12	4.1%	7	3.4%	9
江西	2.7%	15	2.4%	19	2.1%	18	1.9%	21
山东	7.5%	3	7.8%	2	8.3%	3	8.4%	3
河南	5.9%	5	5.0%	6	5.6%	5	5.5%	5
湖北	3.7%	12	4.5%	7	3.6%	11	3.4%	10
湖南	4.2%	10	4.1%	10	3.7%	9	3.0%	12
广东	7.6%	2	9.6%	1	12.6%	1	12.6%	1
广西	2.5%	17	2.6%	15	2.3%	17	2.0%	18

续表

省区＼年份	1980		1990		2000		2010	
	比重	排名	比重	排名	比重	排名	比重	排名
海南	0.6%	28	0.4%	28	0.4%	28	0.4%	28
重庆	1.9%	23	1.7%	23	1.7%	21	1.7%	23
四川	4.7%	7	4.4%	8	3.5%	12	3.1%	11
贵州	1.7%	24	1.6%	24	1.6%	24	1.3%	26
云南	2.2%	21	2.5%	18	2.7%	16	2.0%	17
西藏	0.4%	30	0.3%	31	0.1%	31	0.2%	31
陕西	2.4%	18	2.4%	20	1.8%	19	2.0%	19
甘肃	1.5%	26	1.1%	27	0.9%	27	0.9%	27
青海	0.5%	29	0.4%	29	0.3%	29	0.3%	30
宁夏	0.4%	31	0.4%	30	0.3%	30	0.4%	29
新疆	1.5%	27	1.6%	25	1.5%	26	1.5%	25

注：本表基于现价数据得到；计算各省区国民财富所占比重时，分母为同年国民财富省区合计。

表6.6给出4个代表年份各省区国民财富占全国比重及排名信息。据其可知，多数省区国民财富比重及排名在不同年份较为稳定，但也有部分省区国民财富比重和排名发生较大变化。2010年与1980年相比，北京市国民财富比重将近翻番，排名由第19位提高到第7位（提高12位）；提升较快的还包括上海（提高7位）、福建（提高7位）、内蒙古（提高6位）、天津（提高5位）和浙江（提高5位）。国民财富比重和排名下降较快的省区则包括黑龙江（下降11位）、山西（下降8位）、江西（下降6位）和辽宁（下降5位）。

图6.5和图6.6分别描绘了1978年和2017年国民财富省区分布，据其得到四个发现。（1）考察期内国民财富比重前三名始终为江苏、广东与山东（排名略有变动），但第四至第十位除河南、河北、湖南外全部易主。（2）前三位省区国民财富比重合计由最初的22.3%大幅提高到当前的33.3%，前五位省区国民财富比重合计也由34.6%提升到45.7%，前十位省区国民财富比重合计则由57.6%提升到64.2%，可见前五位省区变动幅度最大。（3）与此同时，后十位国民财富比重合计由12.3%下降为10.5%，后五位国民财富比重合计也由3.4%下降为2.3%，变化幅度轻微。（4）排名垫底的四个省区始终为海南、青海、宁夏、西藏，排名后十位的省区中有7个保持不变。

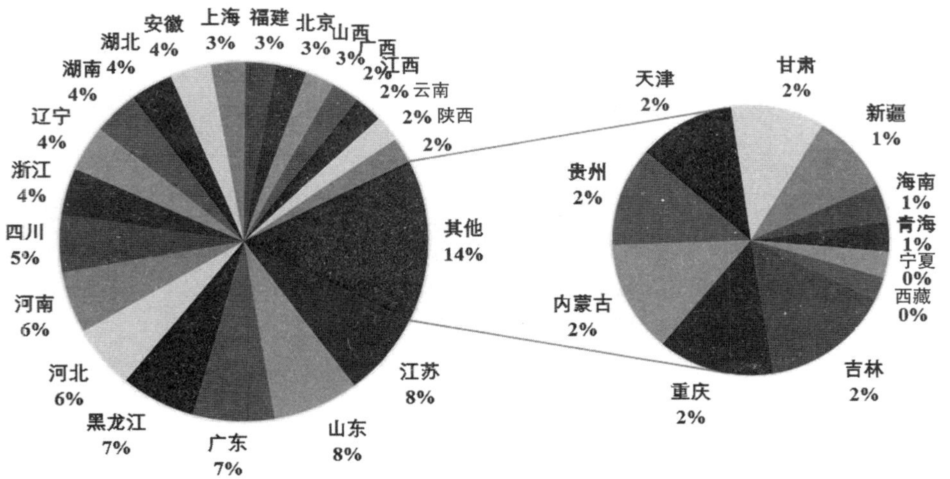

图 6.5 1978 年各省区国民财富占全国比重

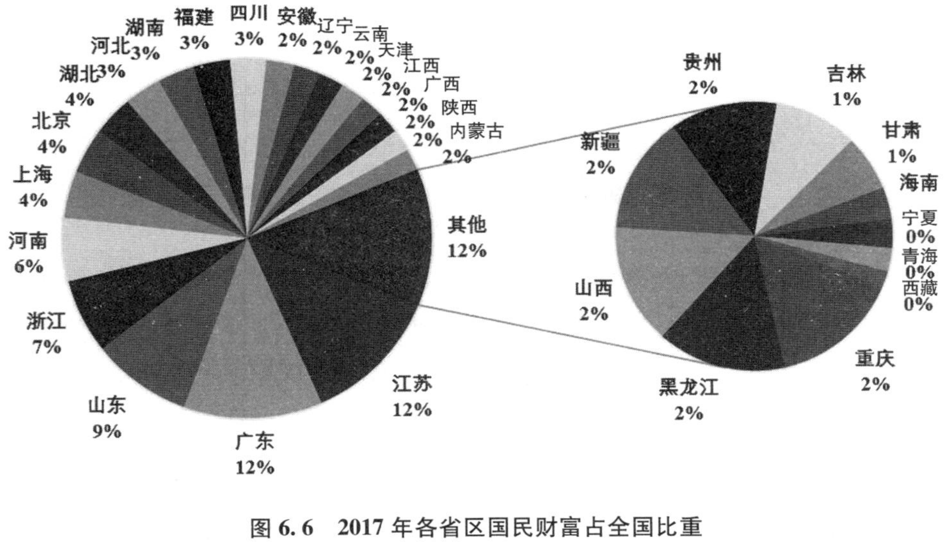

图 6.6 2017 年各省区国民财富占全国比重

（二）各省区国民财富增速

前已指出，考察期内全国国民财富快速增长但存在明显波动。下面以全国国民财富增速变化趋势为参照，讨论各省区国民财富增速的主要特征。

图 6.7 显示，各省区国民财富增速整体趋势与全国一致，但因其数量级

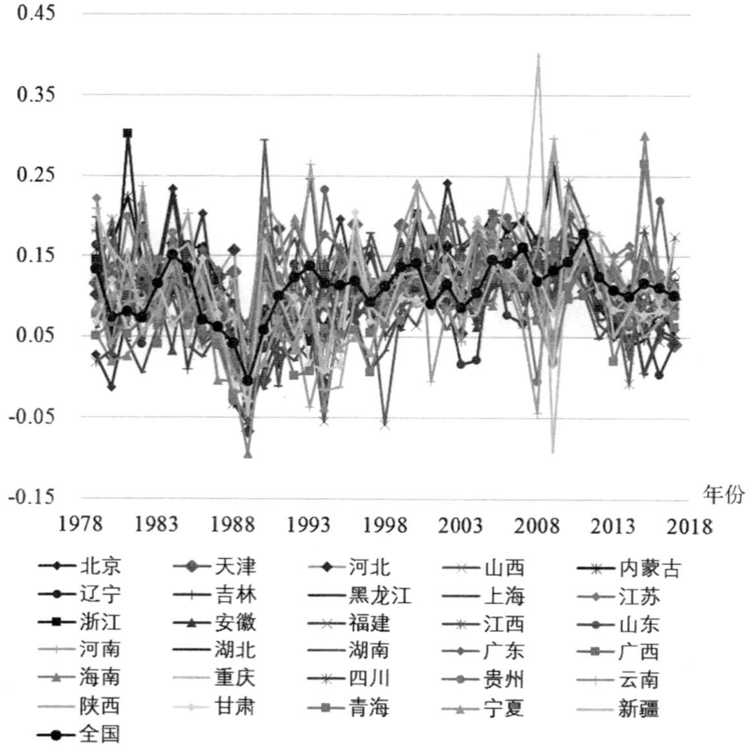

图 6.7　我国各省区国民财富增长速度及变化趋势比较

远低于全国导致波动幅度更大①，基本处于 0%～20%之间；各省区增速曲线叠加为一条蜿蜒曲折的“河流”，全国增速曲线稳居河流中央。

图 6.7 中曲线繁多杂乱，无法解释单个省区的具体特征。故以表 6.7 给出整个考察期及三个子时期内各省区国民财富增速数据，并报告其除以全国水平的相对倍数。

① 因西藏数据波动过于剧烈，未将其放入图 6.7。

表 6.7 考察期及子时期各省区国民财富增速及相对倍数

时期 省区	1978—1992 年		1992—2005 年		2005—2017 年		1978—2017 年	
	增速	相对倍数	增速	相对倍数	增速	相对倍数	增速	相对倍数
北京	7.29%	0.85	14.37%	1.24	12.55%	0.98	11.23%	1.03
天津	8.52%	1.00	13.09%	1.13	13.74%	1.07	11.62%	1.07
河北	9.24%	1.08	9.96%	0.86	9.85%	0.77	9.67%	0.89
山西	9.40%	1.10	8.67%	0.75	11.60%	0.91	9.82%	0.91
内蒙古	8.83%	1.03	11.47%	0.99	12.63%	0.99	10.87%	1.00
辽宁	8.99%	1.05	9.25%	0.80	9.59%	0.75	9.26%	0.85
吉林	7.51%	0.88	10.27%	0.89	9.87%	0.77	9.15%	0.84
黑龙江	4.49%	0.53	8.49%	0.73	9.04%	0.71	7.20%	0.66
上海	9.61%	1.12	13.92%	1.20	10.42%	0.81	11.28%	1.04
江苏	9.80%	1.15	13.29%	1.15	13.92%	1.09	12.22%	1.13
浙江	11.19%	1.31	13.49%	1.16	10.80%	0.84	11.83%	1.09
安徽	7.71%	0.90	10.48%	0.91	11.57%	0.90	9.81%	0.90
福建	11.88%	1.39	11.27%	0.97	10.86%	0.85	11.36%	1.05
江西	8.90%	1.04	9.98%	0.86	12.17%	0.95	10.26%	0.95
山东	10.39%	1.21	12.71%	1.10	11.74%	0.92	11.58%	1.07
河南	9.51%	1.11	14.04%	1.21	11.12%	0.87	11.50%	1.06
湖北	10.69%	1.25	9.11%	0.79	11.87%	0.93	10.52%	0.97
湖南	7.95%	0.93	9.31%	0.80	11.46%	0.90	9.47%	0.87
广东	10.96%	1.28	14.43%	1.25	10.61%	0.83	11.99%	1.11
广西	8.98%	1.05	9.96%	0.86	10.83%	0.85	9.88%	0.91
海南	5.32%	0.62	9.80%	0.85	13.50%	1.06	9.28%	0.85
重庆	7.91%	0.92	10.74%	0.93	12.99%	1.02	10.40%	0.96
四川	7.52%	0.88	8.82%	0.76	11.36%	0.89	9.12%	0.84
贵州	8.70%	1.02	11.22%	0.97	11.65%	0.91	10.44%	0.96
云南	10.66%	1.25	9.57%	0.83	11.39%	0.89	10.52%	0.97
西藏	5.11%	0.60	9.91%	0.86	12.25%	0.96	8.86%	0.82

续表

时期 省区	1978—1992 年		1992—2005 年		2005—2017 年		1978—2017 年	
	增速	相对倍数	增速	相对倍数	增速	相对倍数	增速	相对倍数
陕西	9.22%	1.08	9.25%	0.80	12.66%	0.99	10.28%	0.95
甘肃	7.28%	0.85	9.27%	0.80	10.33%	0.81	8.88%	0.82
青海	7.08%	0.83	9.32%	0.81	11.07%	0.87	9.04%	0.83
宁夏	7.69%	0.90	11.88%	1.03	12.52%	0.98	10.55%	0.97
新疆	10.69%	1.25	10.14%	0.88	13.25%	1.04	11.29%	1.04
全国	8.56%	1.00	11.58%	1.00	12.79%	1.00	10.85%	1.00

注：基于 2000 年价数据，以水平法（几何平均）计算整个考察期和各子时期平均增速。

整个考察期内，国民财富平均增速最快的三个省区为江苏（12.22%）、广东（11.99%）和浙江（11.83%），平均增速高于全国的依次还有天津（11.62%）、山东（11.58%）、河南（11.50%）、福建（11.36%）、新疆（11.29%）、上海（11.28%）、北京（11.23%）、内蒙古（10.87%）。增速最快的省区中除江苏、浙江、广东、山东、河南、福建等经济大省以及北京、天津、上海三大直辖市外，还有新疆和内蒙古两大自治区。毋庸讳言，以上省区国民财富快速增长的主导力量各不相同，留待第七章详细讨论。

不同子时期中，各省区增速变化趋势存在差异，相比全国增速的倍率变动方向也不尽相同。三个子时期，全国国民财富增速逐渐提高；多数省区国民财富增速变化趋势与全国一致，共有 22 个省区国民财富增速在 2005—2017 年达到最高；其他省区变化趋势与全国不同，其中北京、上海、浙江等 8 个省区国民财富增速在 1992—2005 年最高，而福建国民财富增速最高值则出现在 1978—1992 年（尽管其三个子时期增速水平差异较小）。

图 6.8 进一步显示，三个子时期中，1978—1992 年各省区国民财富平均增速最低，几乎全部位于整个考察期平均增速曲线下方；后两个子时期的平均增速曲线大体位于整个考察期曲线之上，且西部省区 2005—2017 年曲线明显高于 1992—2005 年曲线。总之，全国和大多数省区人的国民财富增速呈上升趋势，表明我国国民财富积累过程加速推进。

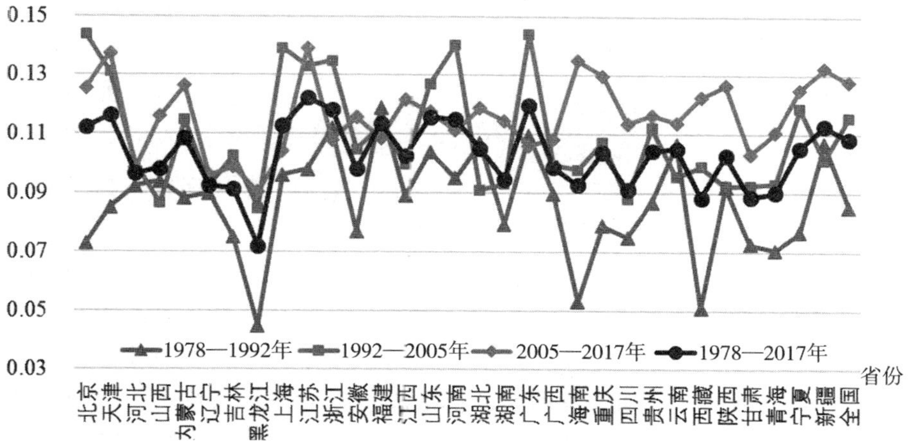

图 6.8 我国各省区国民财富分时期增长速度比较

第四节 估算结果比较

下面将本研究国民财富估算结果，与同类研究进行比较，并就其异同成因进行讨论。

一、全国估算结果比较

（一）与世界银行报告对比

首先，将本研究估算结果与世界银行进行对比，二者采用同类方法得到，具有较强可比性。在其几册报告中，给出若干年份我国国民财富估算结果。具体而言，世界银行 2006 年报告中报告了我国 2000 年国民财富现价数据，世界银行 2011 年报告中报告了 2005 年价格表示的我国 1995 年、2000 年、2005 年国民财富，世界银行 2018 年报告中报告了 2014 年价格表示的我国 2014 年国民财富。为便于比较，利用 GDP 缩减指数将有关数据均转换为现价表示。对于 2000 年结果，世界银行 2006 年报告与世界银行 2011 年报告所给结果并不一致，原因主要是世界银行进行了方法调整。

表 6.8 将本研究上述年份国民财富估算结果与世界银行进行比较。由其可见：本研究估计结果略高于世界银行的结果，但二者差异呈一定上升趋势。从倍率 1 看，本研究给出的我国国民财富在 1995 年与世界银行高度吻合，但此后差异扩大到 30%左右。如果改用省区合计计算的倍率 2，则差异进一步有所扩大。对此差异，主要在于世界银行低估了我国消费增长率（我国消费增长率明显高于发展中国家一般水平），且其 T=25 的设定低估了我国居民消费时间轴长度（我国劳动参与率高且彻底退出劳动力市场较晚，故本文采用更长的 T=40），两个因素均将造成对我国国民财富的严重低估。但同时，世界银行采用的贴现率 r 也存在明显低估，并导致其高估我国国民财富。两方面影响叠加，世界银行对我国国民财富的低估程度较为温和。总之，由于本研究中 T、r、g 等关键参数均基于我国实际数据确定，据其估算的国民财富数据理应更为可靠。

表 6.8 世界银行报告与本研究我国国民财富估算结果比较

（单位：万亿元）

出处 年份	世界银行		本研究		相对差异	
	结果	报告	全国	省区合计	倍率 1	倍率 2
1995	78.29	世界银行 2011	82.23	86.91	1.050	1.110
2000	98.12	世界银行 2006				
2000	127.78	世界银行 2011	158.66	161.94	1.242	1.267
2005	205.61	世界银行 2011	282.93	321.66	1.376	1.564
2014	906.62	世界银行 2018	1147.75	1178.16	1.266	1.300

注：表中结果均为人民币计价现价数据，倍率 1 和倍率 2 分别基于本研究的全国与省区合计数据计算。

（二）与联合国报告对比

随后，将本研究国民财富估算结果与联合国报告进行比较。后者所给估算结果，直接由产出资本 K、人力资本 H 与自然资本 N 加总得到。

联合国估算方法处于不断改进之中，因此不同报告对同一年份的估计结果并不相同①。鉴于本研究与联合国估算范式不同，导致其估算结果存在内在差异，在此仅在总量与变化趋势方面给出粗略对比。世界银行估算结果在三次报告中逐渐调高，2018 版估算结果是 2012 版结果的 2 倍以上；世界银行 2014 年结果与本研究结果较为接近，特别是二者对 2000 年估算结果几乎重合，但早期与近期结果差异较大。

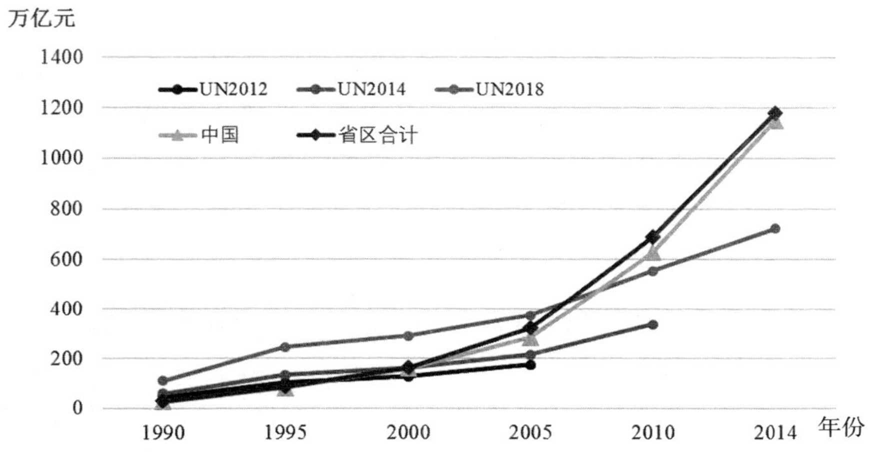

图 6.9　联合国报告与本研究我国国民财富变化趋势比较

图 6.9 清晰显示，联合国估算结果变化趋势较平缓，本研究（以及世界银行）估算结果上升趋势更快，尤其是 2005 年以后。考虑 2008 年以后我国资本积累加速，联合国估算结果对此反映不灵敏，而本研究和世界银行估算结果与上述情形更为吻合。

（三）与国内文献比较

少数国内研究报告了其国民财富估算结果，可将其与本研究结果对比。

罗乐勤等人（2014）使用世界银行估算方法，给出我国 1995—2009 年国民财富总量及分类资产估计。图 6.10 显示，其估算结果与世界银行给出的几个年份几乎重合。鉴于罗乐勤等人（2014）所用核心参数完全采用世界银行

① 2012 年报告中，提供了 2000 年价格表示的 1990—2008 年时间序列数据。2014 年和 2018 年报告，均给出 2005 年价格表示的代表性年份数据。对比发现，即使消除可比价年份不同的影响后，三个报告的结果仍存在很大差异。这主要是其涵盖资产类型扩展（如 2018 年增加渔业资源价值）所致，同时也与不同报告中参数设定（例如资本折旧率等）变化有关。

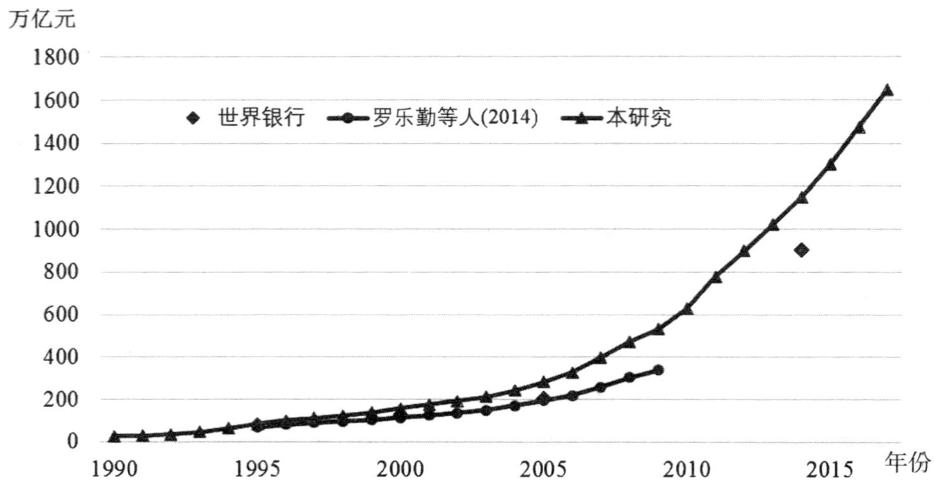

图 6.10 我国国民财富变化趋势：与罗乐勤等人（2014）的研究比较

设定，二者估算结果高度接近在情理之中。如前所论，世界银行所用参数并未专门针对中国情况，导致其估算结果整体上存在一定低估的现象。本研究与世界银行估算结果差异的讨论，自然适用于说明与罗乐勤等人（2014）的差异。

李钢等人（2014）则基于联合国方法，对我国 1990—2010 年全国和各省区包容性财富指数进行估算，但文中仅给出若干代表性年份 2010 年价格表示的估计结果。为便于将其与联合国及本研究比较，将各项估算结果均调整为人民币计价的现价数据。

表 6.9 联合国报告与本研究我国国民财富估算结果比较（单位：万亿元）

出处 年份	联合国			李钢（2014）	本研究	
	UN2012	UN2014	UN2018	全国	全国	省区合计
1990	45. 74	60. 34	111. 05	41. 12	25. 71	28. 54
1995	101. 60	133. 43	244. 80	82. 89	82. 23	86. 91
2000	126. 11	161. 19	289. 63	101. 66	158. 66	161. 94
2005	172. 93	214. 06	374. 73	138. 42	282. 93	321. 66
2010	——	337. 26	554. 81	225. 60	627. 53	689. 03
2014	——	——	723. 89	——	1147. 75	1178. 16

注：表中结果均为人民币计价现价数据。

表 6.9 显示，李钢等人（2014）的估算结果与联合国 2012 年报告较为接近，这主要由于其以 2012 年报告为基本参照依据①；该文以成本法（而非联合国所用的收入法）估计人力资本，是其结果低于联合国 2012 年报告的主要原因。总之，李钢等人（2014）的估算结果不仅远低于本研究，也明显低于联合国 2014 年和 2018 年报告给出的修正估计结果，故无法有效反映我国国民财富的总量规模。

最后，计算并比较各类研究之下我国国民财富的年均增长率，见表 6. 10。联合国估算结果之下，我国 1990—2010 年国民财富年均增长率在 2%～3%之间，这与该时期我国主要依靠投资驱动的高速经济增长并不一致。罗乐勤等人（2014）完全按照世界银行的方法估算国民财富，据此计算得到考察期年均增长率接近 10%，略低于同时期 GDP 增长率。本研究结果计算的年均增长率稍高于经济增长率，其明确刻画了我国高速增长背后快速的资本积累，因此具有更强的经验合理性。

表 6. 10　不同研究中我国国民财富增长速度比较

年份	UN2018	UN2014	UN2012	李钢	罗乐勤	本研究全国	本研究省区合计	GDP
1990—1995 年	2. 03%	2. 10%	2. 19%	2. 03%	——	11. 77%	9. 76%	12. 30%
1995—2000 年	1. 83%	2. 25%	2. 81%	2. 57%	8. 49%	12. 03%	11. 17%	8. 61%
2000—2005 年	2. 02%	2. 56%	3. 22%	3. 09%	9. 85%	10. 77%	13. 23%	9. 76%
2005—2010 年	2. 84%	4. 12%	——	4. 78%	9. 34%	13. 92%	13. 25%	11. 26%
2010—2014 年	3. 46%	——	——	——	——	12. 73%	10. 83%	8. 04%
1990—2000 年	1. 93%	2. 17%	2. 50%	2. 30%		11. 90%	10. 46%	10. 44%

① 该文发表于 2014 年 1 月，此时联合国 2014 年报告尚未发布。

续表

年份	UN2018	UN2014	UN2012	李钢	罗乐勤	本研究全国	本研究省区合计	GDP
2000—2010 年	2. 43%	3. 34%	——	3. 93%	9. 60%	12. 34%	13. 24%	10. 51%
1990—2010 年	2. 18%	2. 75%	——	3. 11%	——	12. 12%	11. 84%	10. 47%

注：表中各时期年均增长速度均按几何平均法计算。

二、省区估算结果比较

国内仅有少数文献对我国省级国民财富进行估算，但通常并未报告各省估算结果，仅有李钢（2014）给出考察期首末两年的结果。因此，仅可与李钢（2014）省区国民财富估算结果做粗略比较。

由于所选研究范式差异，本研究与李钢（2014）给出的全国国民财富差异很大，直接比较各省区国民财富总量意义不大，此处仅对各省区国民财富占全国比重的异同进行考察。

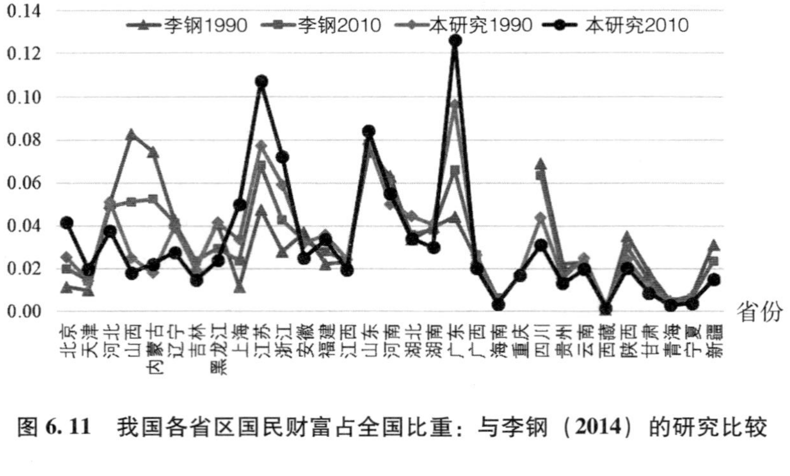

图 6. 11　我国各省区国民财富占全国比重：与李钢（2014）的研究比较

图 6. 11 显示，尽管两项国民财富绝对值估计结果差异很大，但二者计算

的各省区国民财富比重具有一定相似性①，特别是西部省区的国民财富比重十分接近。然而，对东部和东北的若干省区，结果存在显著差异：本研究结果中，北京、天津、上海、江苏、浙江、广东、福建粤闽等省区比重明显高于李钢（2014）的估算结果，而山西、内蒙古和东北三省比重则低于李钢（2014）的估算结果。这一差异的成因，主要源自对人力资本估算方法的选择，李钢（2014）所用成本法明显低估人力资本，鉴于经济发达省区的人力资本占国民财富比重更高，其最终导致低估发达省区的国民财富。且这种处理容易造成“各省区国民财富差异不大”的误导：1990 年，李钢（2014）的省区比重的变异系数为 0.663，低于本研究的 0.796；2010 年，李钢（2014）的省区比重的变异系数降为 0.604，本研究则提高到 0.901。作为参照，各省区 GDP 占全国比重的变异系数，由 1990 年的 0.671 提高到 2010 年的 0.796，各省区产出流量差异扩大的现实，明显支持国民财富差异放大而非缩小的结论。就此而论，本研究估算结果可以更好地反映国民财富的区域差异。

同时，还就两项研究给出的两年各省区人均国民财富进行比较。为剔除绝对量差异的干扰，具体采用各省区人均国民财富对全国的倍数进行比较。表 6.11 显示，李钢（2014）给出的经济发达省区人均国民财富相对全国的倍数明显偏低，如 1990 年和 2010 年，北京人均国民财富分别为全国的 1.03 倍和 1.25 倍，上海则分别为 0.81 倍和 1.27 倍，广东则为 0.69 倍和 0.77 倍，江苏、浙江、山东、福建的倍率均不高；倍率最高的省区主要是山西、内蒙古和新疆。究其原因，由于其对人力资本明显低估，国民财富主要由自然资本主导，导致自然资源丰富的省区优势明显。

表 6.11 各省区人均国民财富相对全国倍率：文献比较

	1990 年 倍率			2010 年 倍率		
	李钢 w	本研究 w	y	李钢 w	本研究 w	y
北京	1.03	2.36	2.84	1.25	2.90	2.31
天津	1.08	1.69	2.19	1.37	2.02	2.22
河北	0.81	0.86	0.91	0.84	0.68	0.87
山西	2.82	0.88	0.92	1.76	0.67	0.80
内蒙古	3.38	0.85	0.91	2.61	1.17	1.45

① 1990 年，本研究计算的各省区比重与李钢（2014）研究中的结果的相关系数为 0.552；2010 年，相关系数提高到 0.755。

续表

	1990 年 倍率			2010 年 倍率		
	李钢 w	本研究 w	y	李钢 w	本研究 w	y
辽宁	1.06	1.02	1.67	1.15	0.82	1.29
吉林	0.81	0.80	1.08	1.05	0.69	0.96
黑龙江	1.14	1.20	1.24	0.94	0.81	0.82
上海	0.81	2.58	3.51	1.27	2.86	2.31
江苏	0.69	1.18	1.31	1.06	1.78	1.61
浙江	0.66	1.42	1.30	0.96	1.76	1.58
安徽	0.64	0.58	0.73	0.68	0.53	0.62
福建	0.72	1.21	1.07	0.92	1.18	1.22
江西	0.60	0.65	0.68	0.65	0.57	0.65
山东	0.86	0.95	1.11	1.00	1.14	1.25
河南	0.72	0.59	0.67	0.80	0.75	0.74
湖北	0.61	0.84	0.95	0.77	0.77	0.85
湖南	0.63	0.68	0.75	0.71	0.60	0.75
广东	0.69	1.56	1.44	0.77	1.63	1.39
广西	0.57	0.64	0.66	0.70	0.55	0.61
海南	0.89	0.67	0.97	0.88	0.53	0.72
重庆		0.60	0.63		0.77	0.84
四川	0.63	0.57	0.70	0.71	0.50	0.64
贵州	0.66	0.49	0.50	0.64	0.47	0.38
云南	0.60	0.68	0.75	0.64	0.56	0.48
西藏	0.40	1.26	0.69	0.64	0.76	0.52
陕西	1.06	0.75	0.76	0.98	0.70	0.82
甘肃	0.78	0.51	0.67	0.70	0.43	0.48
青海	1.16	0.98	0.97	0.97	0.70	0.73
宁夏	1.47	0.88	0.86	1.24	0.79	0.82
新疆	2.01	1.05	1.13	1.33	0.90	0.76

注：y 代表人均 GDP，w 代表人均国民财富；倍率的分母均采用各省区算数平均值。

相比之下，本研究结果表明，经济发达省区人均国民财富相对全国的倍率也较高。这一结果符合我国现实，经济发达省区具有更高的人均产出资本和人均人力资本，进而支撑其具有较高的人均GDP。根据本研究结果，1990年和2010年，各省区人均国民财富倍率与人均GDP倍率之间的相关系数分别高达0.934和0.951；而李钢（2014）的研究结果下，两者之间相关系数仅为0.024和0.468。即使本文结果可能夸大人均GDP与人均国民财富之间的关系强度，但李钢（2014）的研究结果表明1990年两个倍率几乎无关，则完全令人难以置信。

三、基本判断与认识

通过与世界银行、联合国以及国内文献估算结果比较，本文对我国全国和省区国民财富估算结果具有良好效果。从估算方法看，本研究结合我国实际情况设定国民财富估算中的核心参数（如r、g、T等），并允许其存在省区差异，能更好反映我国国民财富特征。从估算结果看，以GDP这一核心流量指标为参照，本研究各省区国民财富估算结果在变化趋势、增长速度、省区比重、人均值倍率等方面，均与我国经济发展现实较好吻合。在当前数据约束条件下，对我国宏观经济问题分析而言，其不失为一套较为可靠的备选数据。

当然，本研究还存在若干需要改善之处，例如对可持续消费流量的处理有待深化，对贴现率（社会平均投资回报率）r的估算及其时变模式的揭示还需进一步研究。为此，将充分借鉴国内外同类研究最新成果，及时利用最新可得数据资料，对我国国民财富估算结果进行持续修正与改进。

第七章　我国国民财富结构与演进模式[①]

借鉴世界银行“自上而下—自下而上”方法，此前各章分别估算了我国各省区产出资本 K、人力资本 H、自然资本 N 以及国民财富 W。本章综合利用各类估算结果，分别从全国和省区层面计算国民财富结构，对其比重高低与趋势差异进行省际比较，并就国民财富结构不同模式之间的关系进行梳理。

第一节　我国国民财富结构

一、国民财富结构变化趋势

利用前述各章估算数据，计算考察期内各类资本占国民财富比重[②]，其基本特征与变化趋势如图 7. 1 所示。

图 7. 1 直观表明：（1）自然资本（城市土地价值计入其中）占国民财富的比重明显下降，由最初 20%左右降至当前 5%以下，尽管 2004—2011 年由于自然资源价格上升导致占比有所提升，但无法扭转其长期下降的整体趋势；（2）产出资本比重保持稳定，考察期内始终保持在 15%至 20%之间；（3）人力资本在国民财富中占有最高比重，整个考察期内所占比重平均为 40%左右，但存在较明显的波动变化，20 世纪 80 年代比重波动提升，90 年代持续小幅下降，此后有所上升，2008 年后持续下降至当前的 35%左右；（4）作为余值计算得到的社会资本，整个考察期内同样具有较高比重（约 30%），但其变化

① 本章主要内容已发表：郝枫．中国国民财富总量、结构及其演进模式研究——基于“自上而下—自下而上”测度范式［J］．统计研究，2021（7）：112-126.

② 为反映我国国民财富结构，既可采用全国数据计算，也可采用省区加总数据计算。此处报告直接基于全国数据的计算结果。计算国民财富比重时，各类资本和国民财富均采用现价数据，其与将分子、分母均转换为可比价的结果等价。

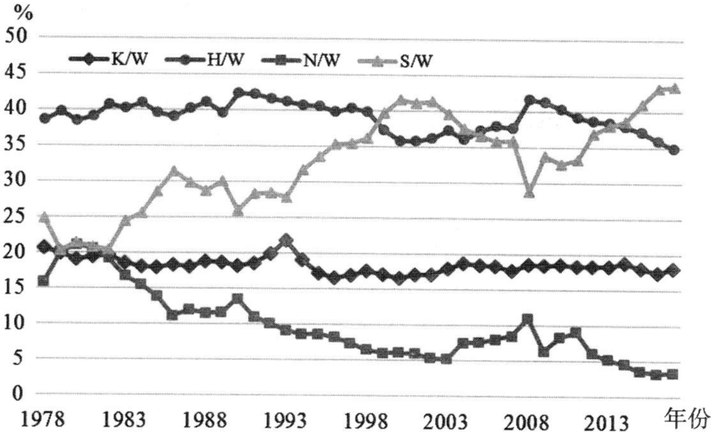

图 7.1　我国各类资本占国民财富比重变化趋势

最为明显，其比重先是由 20%快速提高到世纪之交的 40%，此后经历了先降后升的剧烈变化，目前占比接近 45%。

国民财富积累过程中，自然资本的重要性下降主要源于不可再生自然资源开采造成的储量减少。产出资本在国民财富中所占比重不大，但相当稳定，相比之下人力资本更为重要。社会资本在国民财富中的重要性呈上升趋势，而完全基于自下而上方法估算国民财富，将会遗漏这一重要资本类型的贡献。

二、国民财富结构文献比较

世界银行和联合国出版的多册国民财富报告，在跨国比较视角下测算了我国国民财富与分类资本价值。据其可得到对我国各类资本占国民财富的比重的估算结果。下面将有关结果与本研究进行比较。

根据世界银行报告，可以得到 2000 年、2005 年和 2014 年我国国民财富结构的估算结果。

表 7.1 显示，本研究与世界银行估算结果大同小异：二者均显示，自然资本比重最低且明显下降，无形资本比重最高，产出资本比重居中且相对稳定。但本研究估算结果下，自然资本和产出资本比重更低、无形资本比重更高，由于本研究直接估算人力资本，较世界银行报告可更好揭示无形资本的内部构成。

表 7.1　特定年份中国国民财富结构：与世界银行报告比较

资本类型	世界银行			本研究		
	2000	2005	2014	2000	2005	2014
地下资产	5.44%	4.18%	4.21%	1.58%	3.69%	1.53%
森林	1.44%	1.43%	0.51%	0.15%	0.11%	0.10%
保护区	0.29%	0.56%	0.79%	——	——	——
耕地	14.96%	13.00%	6.56%	3.97%	3.41%	2.54%
牧场	1.56%	1.69%	1.93%	0.41%	0.44%	0.43%
N	23.68%	20.86%	13.99%	6.1%	7.6%	4.6%
K	31.49%	31.28%	26.41%	16.6%	18.5%	18.8%
无形资本	44.83%	47.86%	59.60%	77.3%	73.9%	76.6%
H			58.58%	35.8%	37.3%	38.0%
S			——	41.5%	36.5%	38.6%

注：世界银行估算结果中，2005 年和 2014 年无形资本中包含净金融资本，但其数值很小。

根据联合国 2018 年报告给出的代表年份国民财富估算结果，计算各类资本存量比重，与本研究结果进行比较。

表 7.2　特定年份中国国民财富结构：与联合国报告比较

		1990 年	1995 年	2000 年	2005 年	2010 年	2014 年
联合国	K	4.50%	6.26%	9.26%	14.09%	21.93%	29.87%
	H	67.55%	68.82%	68.76%	67.02%	62.39%	57.04%
	N	27.95%	24.92%	21.98%	18.89%	15.68%	13.08%
本研究	K	24.57%	25.91%	28.38%	29.13%	27.63%	30.62%
	H	57.16%	61.06%	61.18%	58.82%	59.91%	61.88%
	N	18.28%	13.03%	10.45%	12.05%	12.47%	7.50%

注：为便于与联合国报告结果比较，本表结果改以（K+H+N）为分母计算国民财富结构。

表 7.2 显示，尽管联合国报告计算的自然资本比重更高，但同样显示自然资本比重持续下降，这与本研究并无不同；联合国结果显示我国产出资本比重迅速上升（由不足 5%提升到 30%），本研究结果则显示产出资本比重上升态势相对平缓（由 25%提高到 30%），尽管我国近年来确实经历了快速固定

资本积累，但联合国报告中产出资本比重的过快提升仍令人难以置信；至于人力资本比重，两项结果均显示其占国民财富主要部分（比重都在 60% 上下），但对变化趋势判断不一，联合国报告表明其有较明显下降，本研究结果则表明人力资本比重基本稳定。

总之，本研究与两大国际组织国民财富报告对我国国民财富结构的测算结果，既有相同之处，也有若干差异。共识体现在：各类研究均认为人力资本（或无形资本）是国民财富中最主要的组成部分，自然资本比重持续下降且占国民财富的比重最低。但对于产出资本变化趋势分歧明显：世界银行结果表明产出资本比重明显下降，由 2000 年的 24%降到 2014 年的 14%；联合国结果显示产出资本比重迅速提高，2000—2014 年由近 10%提高到 30%；本研究结果则显示产出资本稳中略升。单纯比较计算结果，无法衡量各项研究优劣。鉴于世界银行与联合国报告均旨在对上百个国家进行跨国比较，其参数设定只能取各类国家均值；而本研究充分利用我国数据确定参数取值，故对反映中国情况更具优势。

第二节 各省区国民财富结构

一、时期均值比较

首先，计算各省区国民财富结构的时期均值，并将其与全国结果进行比较。

表 7.3 给出具体结果。全国产出资本、人力资本、自然资本和社会资本占国民财富比重的时期均值，大致为 20 : 40 : 10 : 30，多数省区表现出相似结构，但也有部分省区呈现出明显差异。从国民财富中占主导地位的资本类型看，共有 21 个省区以人力资本为主导，9 个省区以社会资本为主导，西藏以自然资本为主导，但没有任何省区以产出资本为主导。

表 7.3 各省区国民财富结构时期均值比较

省区	K/W	H/W	N/W	S/W	省区	K/W	H/W	N/W	S/W
北京	22. 60%	33. 12%	1. 77%	42. 51%	湖北	16. 33%	39. 74%	7. 42%	36. 50%
天津	27. 86%	33. 25%	5. 74%	33. 15%	湖南	14. 79%	41. 46%	6. 98%	36. 76%

续表

省区	K/W	H/W	N/W	S/W	省区	K/W	H/W	N/W	S/W
河北	18.76%	42.06%	14.50%	24.68%	广东	11.91%	36.76%	3.54%	47.79%
山西	20.40%	32.78%	15.18%	31.64%	广西	16.29%	42.01%	7.98%	33.72%
内蒙古	18.46%	36.12%	20.01%	25.41%	海南	22.52%	47.52%	9.02%	20.94%
辽宁	28.28%	38.25%	11.20%	22.28%	重庆	17.62%	39.04%	5.79%	37.55%
吉林	22.70%	41.22%	13.44%	22.64%	四川	18.91%	44.81%	11.91%	24.38%
黑龙江	16.71%	26.71%	24.59%	32.00%	贵州	14.09%	35.99%	9.21%	40.71%
上海	25.09%	28.78%	0.98%	45.16%	云南	18.40%	33.13%	9.82%	38.64%
江苏	14.46%	34.27%	4.73%	46.54%	西藏	17.66%	28.45%	34.20%	19.69%
浙江	14.39%	33.71%	3.62%	48.28%	陕西	20.33%	38.40%	11.95%	29.31%
安徽	16.08%	42.11%	9.90%	31.92%	甘肃	21.36%	37.30%	14.72%	26.62%
福建	14.00%	38.50%	4.81%	42.70%	青海	25.12%	32.47%	28.02%	14.38%
江西	15.30%	39.10%	7.82%	37.78%	宁夏	25.36%	35.14%	12.37%	27.13%
山东	16.89%	38.31%	11.21%	33.60%	新疆	18.83%	37.49%	27.43%	16.26%
河南	15.27%	39.95%	10.97%	33.81%	全国	18.39%	39.04%	9.87%	32.70%

注：国民财富结构的时期均值，由各年结果做简单平均计算得到。

数据表明，人力资本和社会资本等无形资本已成为国民财富的根本决定力量，自然资本和产出资本等有形资本处于从属地位。就各类资本比重的省际差异看：人力资本变异程度最小（变异系数仅为 0.116），即各省人力资本占国民财富的比重差异很小，说明其是国民财富构成中相对稳定的因素；产出资本变异程度也较小（变异系数为 0.217），各省区在产出资本积累方面具有相似强度；自然资本主要取决于资源禀赋，各省之间差异悬殊（变异系数高达 0.605），自然资源大省和其他省区的国民财富结构存在明显差异；作为余值项的社会资本，变异程度并不高（变异系数为 0.272）。

根据以上结果，以全国国民财富结构为参照，进一步对各省区国民财富结构进行分类。

表 7.4 按国民财富结构的省区分类

	N高S高	N高S低	N低S高	N低S低
H主导 21	山东 河南	青海、新疆、内蒙古、山西、甘肃、河北、吉林、宁夏、陕西、四川、辽宁、安徽	广西、江西、湖北 湖南、重庆、天津	海南
H非主导 10		西藏 黑龙江	北京、上海、广东、浙江 福建、江苏、云南、贵州	

注：表中的高低，根据各省区各类资本占国民财富比重与全国该比重比较确定，超过全国记为高。

表 7.4 显示，各省国民财富结构中，自然资本和社会资本比重具有明显的反向关系：二者比重同时高于全国的仅有山东与河南两省，二者比重同时低于全国的则仅有海南，其他 28 个省区均为一高一低。大体而言，自然资本高且社会资本低者，多数为中西部省区；自然资本低且社会资本高者，则以东部省区居多，尤其是北京、上海、广东、浙江、江苏、福建等省区的国民财富均由社会资本主导。其暗示，现代经济发展中自然资本的重要性相对较低，人力资本构成国民财富主导力量，但随着发展水平进一步提升，社会资本的重要性将日益提高甚至超越人力资本成为国民财富的主导力量。

二、变化趋势比较

上节给出各省区国民财富结构在考察期内的平均值，并对照全国数据进行分类。然而，各类资本存量占国民财富的比重存在时期变化，需要对其做进一步考察。

图 7.2 显示，各省区产出资本占国民财富比重在 0.1~0.4 之间。整体而言，各省区该比重差异不大，且 2008 年以前没有明显升降变化。2008 年以后，多数省区产出资本呈现出轻微上升趋势，但吉林、内蒙古、青海上升明显。

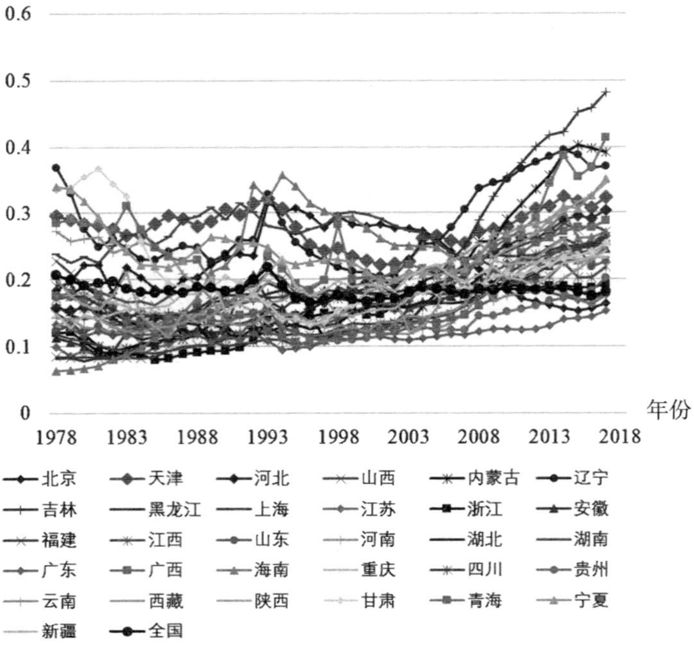

图 7.2　各省区产出资本占国民财富比重变化趋势

图 7.3 显示，各省区人力资本占国民财富比重在 0.2~0.6 之间。考察期内，各省区该比重差异略大于产出资本比重的差异，但并未表现出明显的时期差异。绝大多数省区人力资本比重变化趋势与全国类似，2008 年后大多呈轻微下降趋势。

图 7.4 显示，各省区自然资本占国民财富比重差异巨大，特别是考察初期尤为悬殊。黑龙江和西藏的自然资本占国民财富比重曾一度高达 50%~70%。随着时间推移，各省区自然资本比重整体均呈不同程度的下降趋势，但 2008 年和 2011 年普遍出现两次明显上升。当前，各省区自然资本比重的差异已经显著缩小，且全部处于 0~0.2 之间。

图 7.5 显示，作为余值计算的社会资本，其占国民财富比重各省区存在较大差异。整个时期内，各省区社会资本比重基本分布在 0~0.6 之间，变异程度并未表现出明显的方向性变化。各省区社会资本比重变化趋势各不相同，无明确模式可寻。由于国民财富总量估计结果具有明显上升趋势，但自然资本在 2008—2011 年发生剧烈变化，因而导致作为余值的社会资本在同期变动很大，这点清晰展示在图 7.5 中。

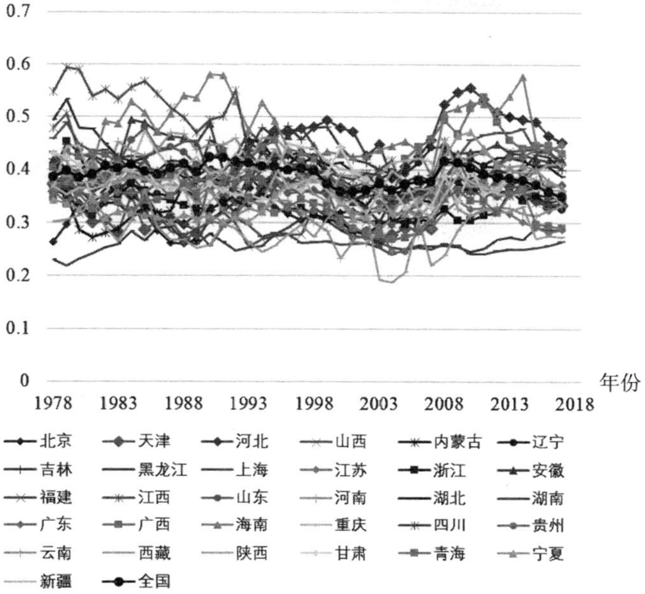

图 7.3 各省区人力资本占国民财富比重变化趋势

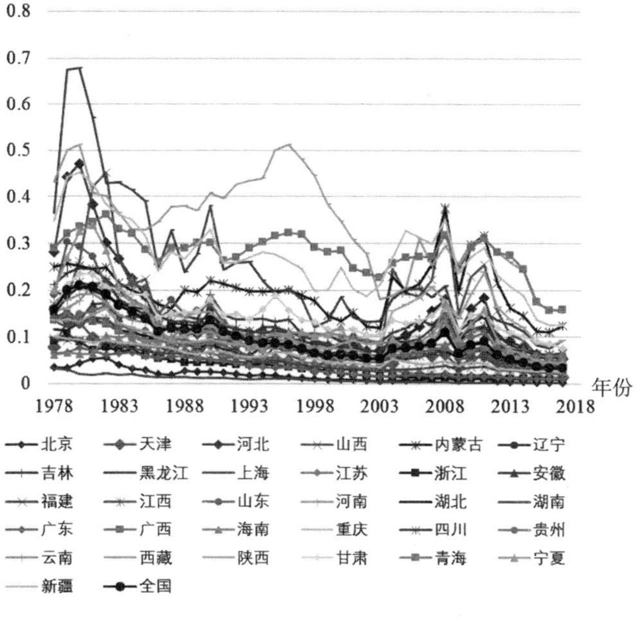

图 7.4 各省区自然资本占国民财富比重变化趋势

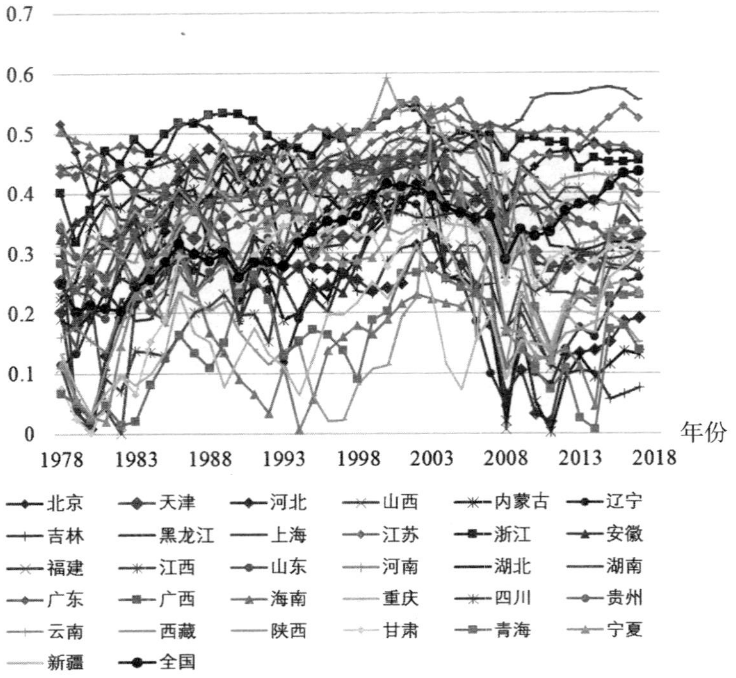

图 7.5　各省区社会资本占国民财富比重变化趋势

由于省区众多，数据线交错混杂，以上诸图只能就各省区四类资本占国民财富比重变化趋势给出粗略反映。为更好揭示省际差异，应进一步开展省区比较分析。

三、典型省区比较

分别就 31 个省区的国民财富结构变化趋势逐一详细讨论虽非不可，但实无必要。简化起见，下面参照表 7.2 所做分类，结合各省区分类资本占国民财富比重变化趋势特征，选择若干典型省区做进一步考察。

结果显示，仅有少数省区属于 N-S 双高型或 N-S 双低型。多数省区属于 N 高 S 低型或者 N 低 S 高型。且根据其主导因素是否为人力资本又可进一步细分。下面分别举例说明。

（一）N-S 双高与双低型

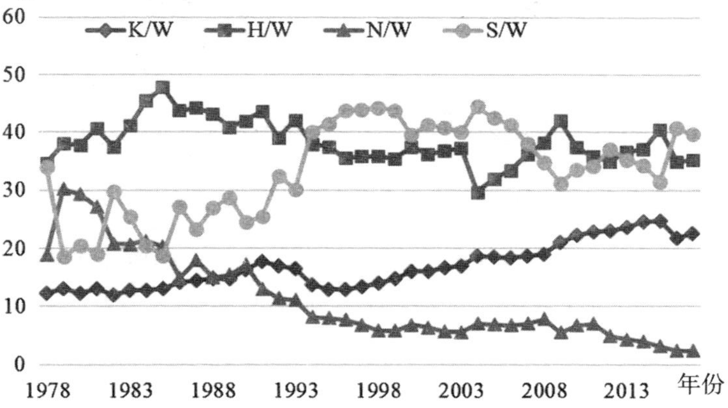

图 7.6 N 高 S 高型（山东为例）国民财富比重变化趋势

自然资本和社会资本均高于全国平均水平的省份包括山东与河南，二者国民财富结构及其变化趋势接近，下面以山东为例对此类省区的情况进行说明。图 7.6 显示：山东省自然资本占国民财富比重下降明显（由初期的 30%降至近期的 3%左右）；同时，产出资本比重持续提高（由 10%提高到 20%以上）；整个考察期内，人力资本比重最高，但 20 世纪 90 年代中期以后社会资本与人力资本比重较为接近，互有高低。

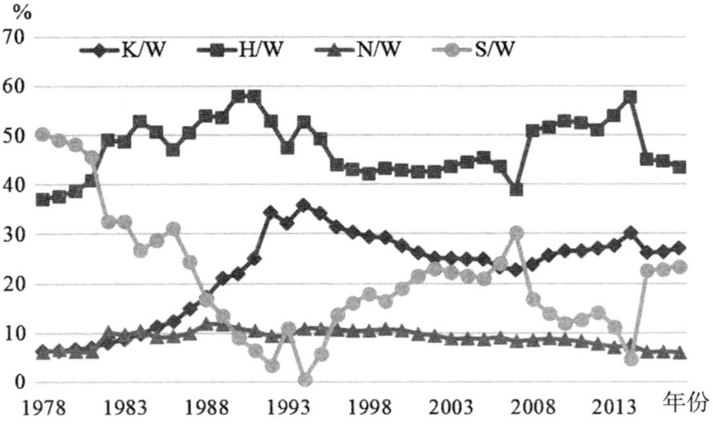

图 7.7 N 低 S 低型（海南为例）国民财富比重变化趋势

自然资本和社会资本均低于全国平均水平的省份仅有海南。图 7.7 显示，海南自然资本比重呈先升后降趋势，但始终处于 5%～10%的较低水平；其社会资本比重变动剧烈，少数年份曾高达 50%，但多数年份均在 30%以下；人力资本在 40%～60%之间，是国民财富中最重要的组成部分；产出资本比重前期由不到 10%迅速提升到 30%，20 世纪 90 年代后大体保持在这一水平，是国民财富中仅次于人力资本的力量。

（二）N 高 S 低型

N 高 S 低型省区，大多分布在我国中西部，其自然资本比重高于全国平均水平。经进一步对比取舍，选择青海、吉林与西藏三个省区作为代表进行讨论。

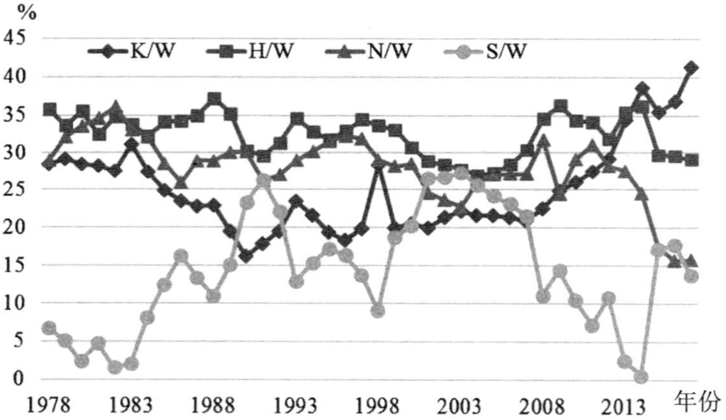

图 7.8　N 高 S 低 H 主导型 1（青海为例）国民财富比重变化趋势

青海国民财富中，人力资本占主导地位。图 7.8 显示：人力资本比重始终处于 30%到 35%之间；自然资本比重在 35%到 25%之间波动下降，近期降为 15%；产出资本整体呈先降后升的 U 型，最近几年提高到 40%以上，成为国民财富中最大的组成部分；社会资本波动较大，平均在 10%到 15%左右。新疆、内蒙古、山西的国民财富结构与其类似，可以视为同组。这类自然资源丰富的省区，自然资本比重较高且下降不多，对财富积累和经济发展具有重要影响。

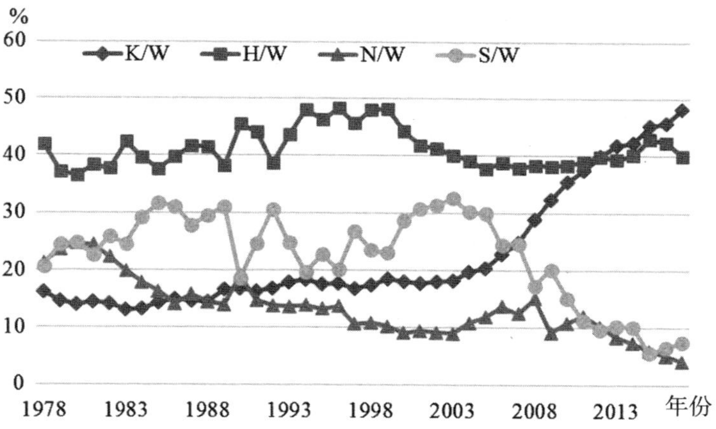

图 7.9　N 高 S 低 H 主导型 2（吉林为例）国民财富比重变化趋势

吉林国民财富中，人力资本明显占主导地位。图 7.9 显示：人力资本比重始终保持在 40%上下；自然资本比重由 25%逐渐下降到近期的不到 5%；产出资本整体呈先稳后升的“反 L”型，最近几年提高到 40%~50%，成为其国民财富中最大的组成部分；社会资本波动下降，由最高的 30%下降到 10%以下。辽宁、河北、安徽、四川、陕西、甘肃、宁夏等省区的国民财富结构与其类似，将其划为同组。这些省区虽然具有丰富的自然资源，但自然资本对财富积累和经济发展的影响明显下降，资源依赖程度持续减弱。

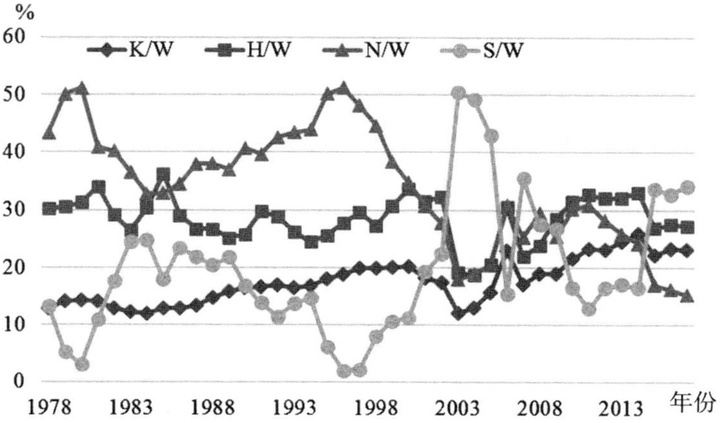

图 7.10　N 高 S 低 N 主导型（西藏为例）国民财富比重变化趋势

与青海和吉林两省不同，西藏国民财富长期以自然资本主导。图 7.10 显示：自然资本比重长期在40%以上，尽管近期经历了持续下降，但仍然接近20%，远高于其他省区；人力资本比重本大体稳定在30%上下；产出资本比重则由10%持续提高到20%以上；作为余值的社会资本所占比重，在考察期内剧烈变动。西藏的人力资本积累和产出资本积累相对稳定，自然资本变动是其国民财富结构变化的决定因素。西藏经济发展和财富积累对自然资本的依赖程度，明显高于吉林代表的那组省区，与青海代表的几个省区接近。

（三）N低S高型

N低S高型省区，主要分布在我国东部沿海，并包括少数中部省区，其自然资本比重低于全国平均水平。根据其国民财富主导成分，可以分为两组：人力资本主导型和社会资本主导型。人力资本主导型，包括天津、重庆、湖北、湖南、江西、广西6个省区。其中，重庆与天津类似，其余四省区接近，下面分别以重庆和湖北为例说明。

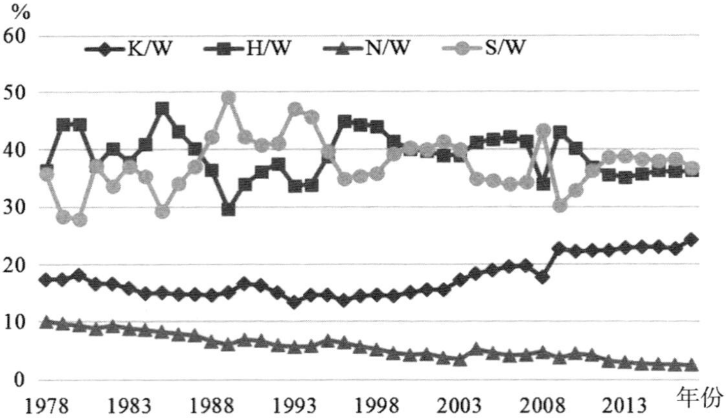

图7.11 N低S高H主导型1（重庆为例）国民财富比重变化趋势

重庆国民财富中，人力资本和社会资本占有重要地位。图7.11显示：人力资本比重始终处于40%上下；自然资本比重由10%持续下降至2%；产出资本比重由不足20%逐渐提高到25%；作为余值的社会资本，其占国民财富比重略低于人力资本。作为直辖市，重庆与天津在产出资本和人力资本积累方面具有一定优势，对自然资源的依赖程度很低，国民财富结构正在转向以社会资本和人力资本共同主导的模式。

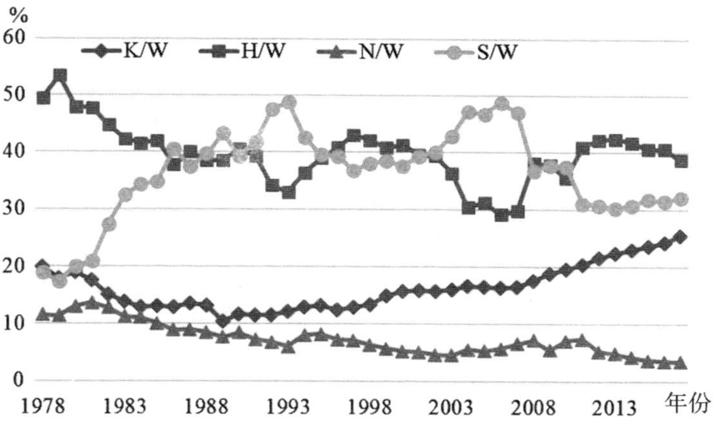

图 7.12 N 低 S 高 H 主导型 2（湖北为例）国民财富比重变化趋势

湖北国民财富中，考察期内整体由人力资本主导。图 7.12 显示：人力资本比重大致处于 40%上下；自然资本比重由 10%以上持续下降至 3%；产出资本比重先由 20%降至 10%，此后持续提高到 25%；作为余值的社会资本，其占国民财富比重略低于人力资本。湖南、江西、广西与湖北具有类似特征，可以视为一组。这些省区中，对自然资源的依赖程度已经很低，其国民财富由人力资本主导，同时产出资本积累对经济发展作用持续加强。

N 低 S 高型省区中，还有若干省区国民财富由社会资本主导。其中，云南和贵州为西部省区，其余 6 省区则均位于东部沿海。

云南国民财富中，20 世纪 90 年代起一直由社会资本主导。图 7.13 显示：人力资本比重由最初的 40%上下逐渐降至近期的 30%；自然资本比重由 20%以上持续下降至 5%；产出资本比重先由近 30%明显下降到 10%以上，此后持续缓慢回升到 25%附近。贵州情况与此类似，属于同一组。其国民财富中，社会资本占主导地位，但人力资本和产出资本也占较高比重。

广东国民财富一直由社会资本主导。图 7.14 显示：人力资本比重大致稳定在 35%上下；自然资本比重由约 8%以上持续下降至 1%；产出资本比重相对稳定，但作用明显不如人力资本，仅占国民财富的 15%；社会资本占国民财富比重由 40%提升到 50%左右。江苏、浙江、福建等经济沿海发达省区，也具有相似模式。该组省区中，国民财富由社会资本主导，人力资本具有较高比重，产出资本比重较小，自然资本比重几乎可以忽略。

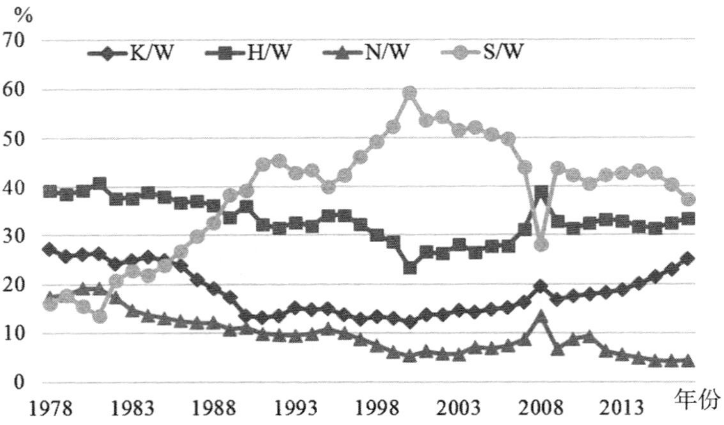

图 7.13　N 低 S 高 S 主导型 1（云南为例）国民财富比重变化趋势

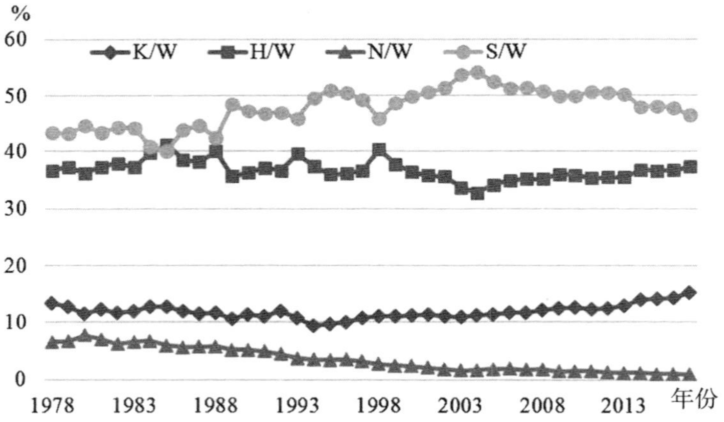

图 7.14　N 低 S 高 S 主导型 2（广东为例）国民财富比重变化趋势

北京和上海两大直辖市，国民财富同样由社会资本主导。图 7.15 显示：人力资本比重大致稳定在 35%上下；自然资本比重始终不高且持续下降，目前几乎可以忽略；产出资本比重起初由 20%提升到 30%，20 世纪 90 年代以来持续下降，目前不到 20%；社会资本占国民财富比重在 40%至 50%之间。北京、上海两市国民财富由社会资本主导，人力资本具有较高比重且相对稳定，产出资本比重较小且有下降趋势，自然资本比重降低到可以忽略。

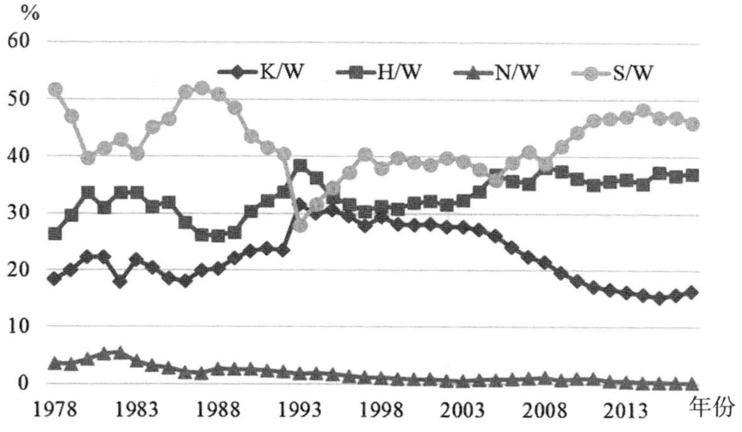

图 7.15　N 低 S 高 S 主导型 3（北京为例）国民财富比重变化趋势

四、演进模式总结

根据以上结果，对我国各省区国民财富结构不同模式之间的关系做进一步梳理。

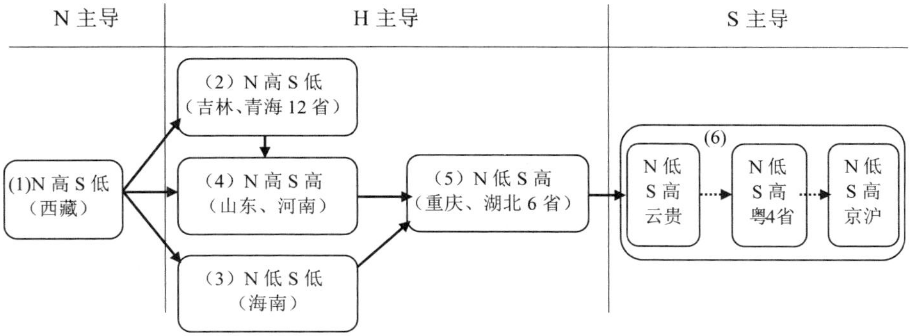

图 7.16　国民财富结构不同模式的转换路径

图 7.16 显示：（1）初始模式为自然资本主导模式（如西藏）；（2）随着资本积累，自然资本比重下降，产出资本和人力资本比重提升，可能转向青海和吉林代表的 N 高 S 低的人力资本主导模式；（3）或者转向海南所代表的 N 低 S 低的人力资本主导模式；（4）还可能直接或间接转向 N 高 S 高的人力资本主导模式（如山东、河南），全国国民财富结构大致属于这一模式；（5）进而，转向人力资本为主导的 N 低 S 高模式；（6）最终，转向社会资本主导

的模式，其又存在三个子类情形，且具有产出资本比重由上升（如云南、贵州）到相对稳定（如广东等）最终转向下降（如北京、上海）的变化路径。

综上可见，尽管国民财富结构各种模式之间未必存在精确的转换顺序，但其演进路径仍有据可循。无论一个省区自然资源禀赋富裕与否，自然资本占国民财富比重随时间下降是一个普遍现象；产出资本比重在不同省区存在较大差异，虽有少数省区产出资本重要性接近人力资本（二者共同主导），但多数省区均以人力资本为主导力量；随着经济发展水平不断提升，产出资本比重降为相对次要地位，社会资本比重提升并最终超越人力资本成为国民财富主导力量。

第三节　分类资本比率分析

在对各类资本占国民财富比重进行讨论之后，本节进一步考察各类资本存量之间的对比关系。其可对我国国民财富结构的认识做出有益补充。

一、资本比率变化趋势

（一）全国结果

鉴于社会资本通过余值法给出，且有关社会资本占国民财富比重已在上节充分讨论。以下主要考察自然资本、产出资本、人力资本之间的比率关系。

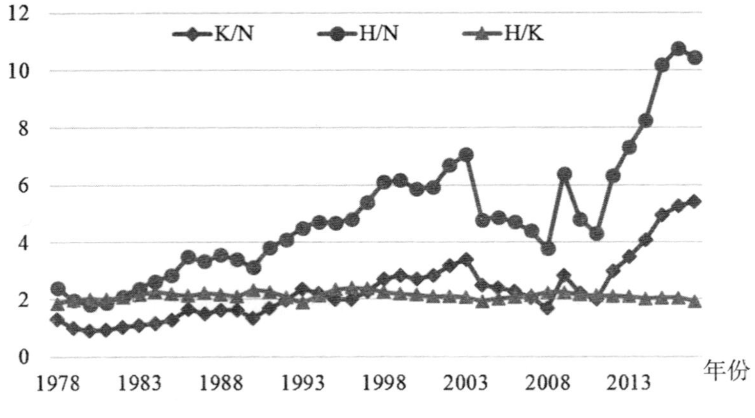

图 7.17　我国资本比率变化趋势

图 7. 17 给出全国各类资本比率变化趋势。其清晰显示：K/N 与 H/N 持续迅速提高，但在 21 世纪第一个十年短暂下降；产出资本已接近自然资本 6 倍，人力资本则高达自然资本 10 倍多；人力资本与产出资本比率相当稳定，H/K 大体位于 2 倍左右的水平。

（二）省区结果

绝大多数省区几类资本比率的变化趋势与全国一致。但不同省区之间，资本比率取值差异较大（本章附录图 A7. 1 至图 A7. 3 给出具体结果）。一个突出特点是：上海、北京、江苏、浙江、广东、天津的 K/N 与 H/N 取值远远高于其他省区，主要由于其自然资本偏低，同时也源于其积累了更高的人力资本与物质资本。至于 H/K，各省之间的差异逐渐减弱（省际结果变异系数由 1978 年的 0. 426 降低到 2017 年的 0. 273），且较多省区呈现出一定的下降趋势，表明我国改革开放以来固定资本积累较人力资本积累更快。

二、典型省区模式比较

附录图 A7. 1 至图 A7. 3 无法清晰展示各省区资本比率差异。为此参照第二节分类结果，进一步对选定典型省区做专门考察。

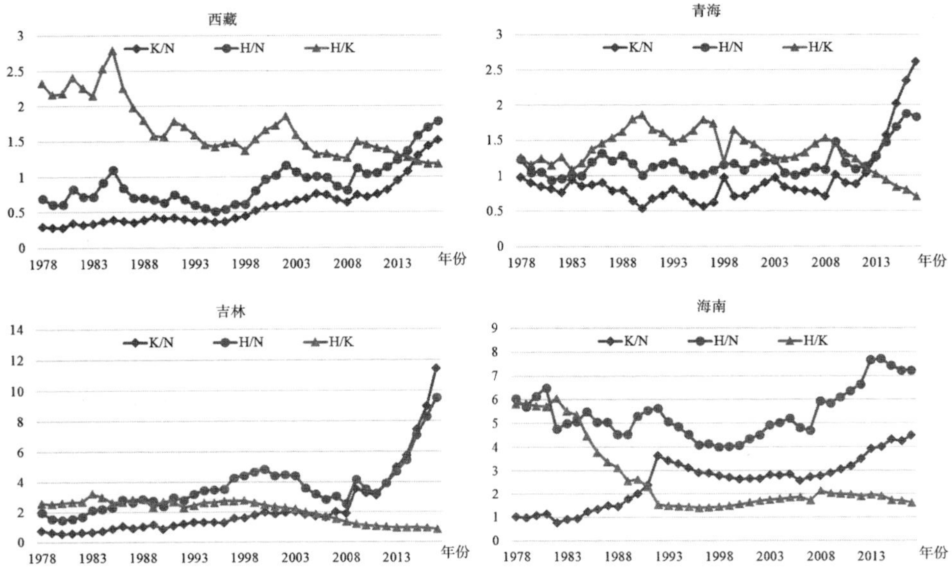

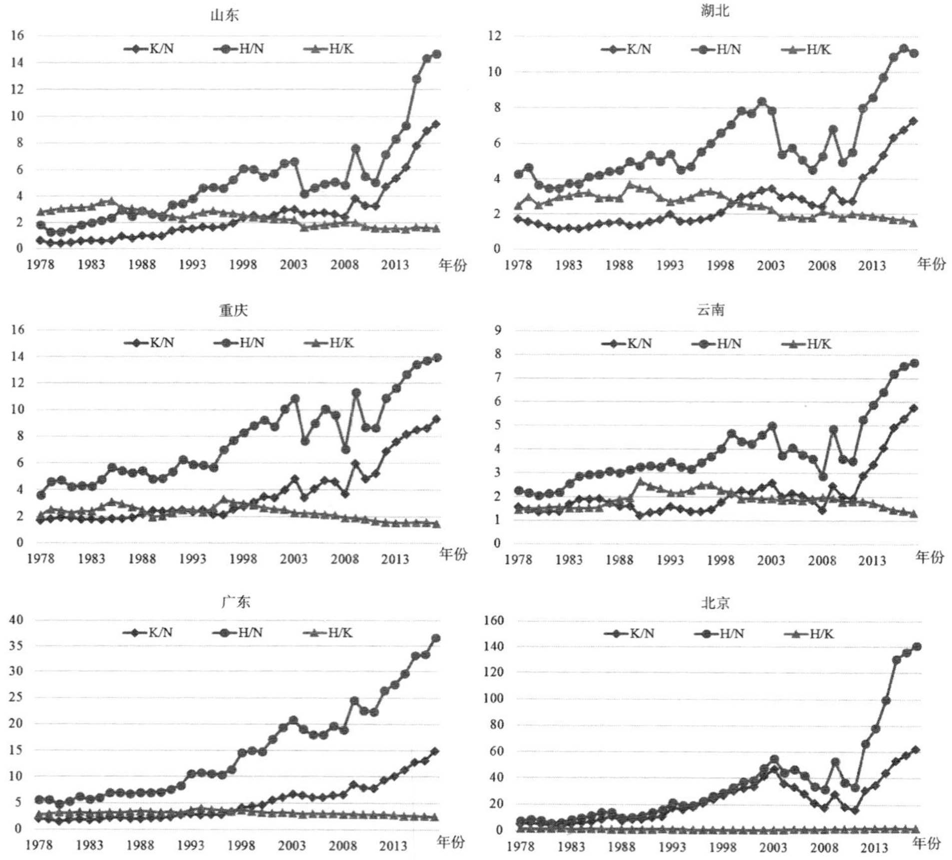

图 7.18　典型省区各类资本比率比较

图 7.18 给出 10 个典型省区的三类资本比率变化趋势。（1）西藏 K/N 与 H/N 仅有很小提高，其长期低于 1，近十年逐渐提高但仍低于 2，且产出资本积累速度高于自然资本，H/K 明显下降。（2）青海 K/N 与 H/N 变化模式与西藏十分接近，只是其 H/K 取值更低；吉林的 K/N 与 H/N 上升幅度大得多，已达 10~12 的较高水平。（3）海南 K/N 与 H/N 并未呈现单调变化，且取值仍在 5~7 这一较低水平，H/K 初期快速下降（产出资本积累明显快于人力资本），但目前已稳定在 2 左右。（4）山东各类资本比率变化模式与全国类似，尽管人力资本数量更大，但产出资本积累速度稍快于人力资本。（5）湖北、重庆及云南等省区，其各类资本比率变化模式与山东和全国十分接近。（6）广东所代表的东部发达省区，其 K/N 与 H/N 迅速提高到 15 倍和 35 倍，远远高于其他省区；北京和上海等直辖市，K/N 与 H/N 更是提高到令人惊讶的 60

倍和140倍。可见，此前所做省区模式划分很有意义。

第四节 总结与认识

本研究对我国国民财富结构的测算结果，与联合国和世界银行国民财富报告结果有同有异。共识体现在：均认为自然资本比重持续下降且占国民财富的比重最低，而无形资本（人力资本与社会资本）是国民财富最主要的组成部分。但对于产出资本变化趋势存在明显分歧。鉴于本研究注重利用我国数据确定参数取值，故相比致力于国际比较的两大国际组织而言，对反映中国国民财富更具优势。

全国层面考察国民财富结构，仅能初步说明问题。鉴于我国各省区资源禀赋、经济发展阶段均存在显著差异，从省际层面考察国民财富结构具有明显现实意义与政策价值。根据国民财富中主导资本类型及各省分类资本比重与全国水平的比较，本研究将各省区国民财富结构划分为6类。尽管国民财富结构各种模式之间未必存在精确的转换顺序，但其演进路径仍有据可循。大体而言，随着经济发展水平提升和发展模式转变，国民财富结构大致呈现出由自然资本主导模式向产出资本与人力资本联合主导型转变，进而转向人力资本主导型，最终走向社会资本主导型的基本轨迹。基于几类重要资本比率（K/N、H/N、H/K）得到的结果，可进一步印证各省区不同国民财富结构模式差异与演进路径。

最后应该指出，以上演进路径表明，在无法直接有效测度社会资本之前，完全基于“自下而上”测度方法倾向于严重低估经济发达省区的国民财富。以上计算与分析结果显示，至少就现阶段而言，在我国国民财富估算研究中，坚持“自上而下—自下而上”测度范式是受到经验证据支持的合理选择。

本章附录

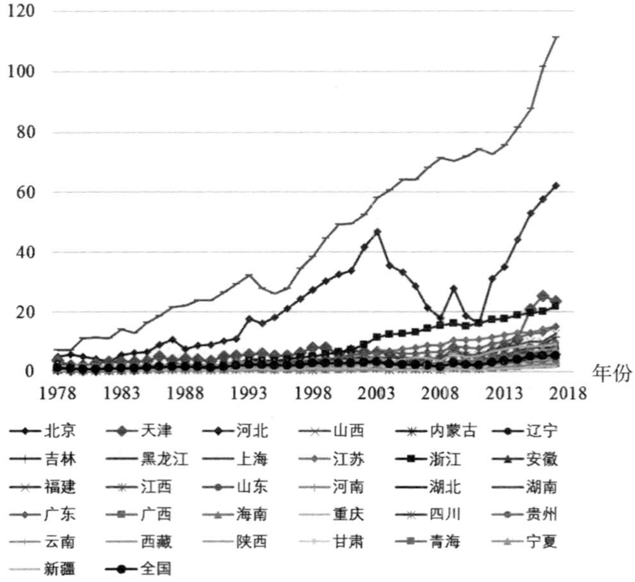

图 A7.1　各省区 K/N 变化趋势比较

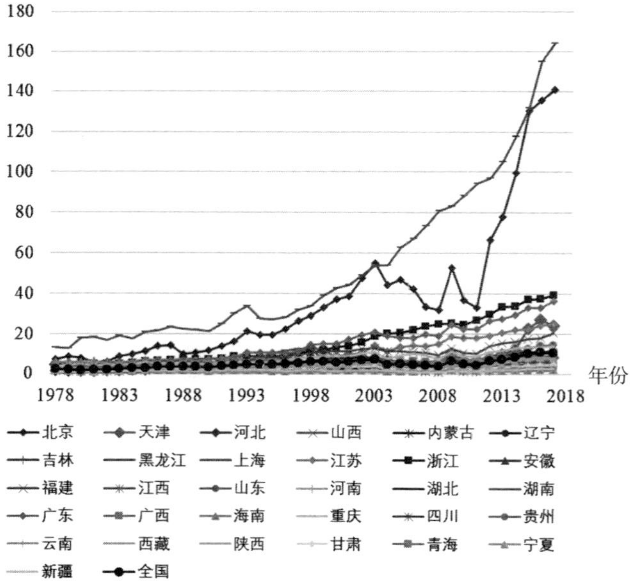

图 A7.2　各省区 H/N 变化趋势比较

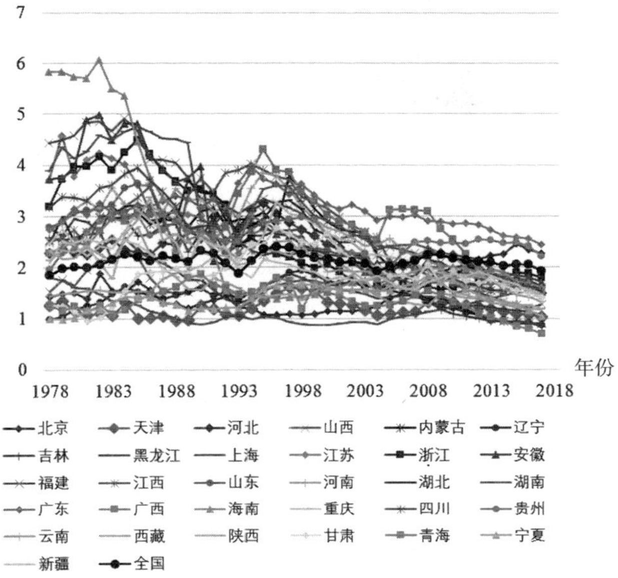

图 A7.3 各省区 H/K 变化趋势比较

第八章　各省经济实力与人均福利比较

国民财富在宏观经济分析中具有举足轻重的地位。一方面，对衡量经济实力而言，作为存量指标的国民财富总量比作为流量指标的 GDP 具有明显优势。另一方面，较人均 GNI 或其他人均收入指标，人均国民财富可以更好反映消费能力与经济福利水平。本章就以上两类问题，基于我国各省区国民财富估算结果进行专题分析。

第一节　经济实力及变化趋势

一、各省区经济实力比较

各省区经济实力强弱可由其国民财富总量衡量。第六章曾经计算各省区国民财富占全国比重，可粗略说明其经济实力。下面直接计算各省区国民财富之间的倍率关系，以便直接比较其经济实力。通过逐对比较给出对比矩阵虽可得到详尽结果，但形式过于烦冗。为此，首先选出某一省区作为参照基础，进而计算其他省区与该省区的倍率关系。作为参照基础的省区，其国民财富占全国比重应尽量稳定。为此计算各省区国民财富比重的变异系数，以其取值最小者作为参照省区。结果显示，河南省国民财富比重变异系数最低（0.051），1978—2017 年其占全国国民财富比重在 4.7%至 5.9%之间（均值为 5.5%）。

表 8.1 显示，整个考察期平均而言，经济实力高于河南的仅有广东、江苏、山东、浙江四省，其不仅是经济发达省区，同时也是人口大省。上海与北京两大直辖市，尽管人口数量较小，但由于其经济发展水平高，因而也具有很强的经济实力。经济实力紧随其后的省区为河北、湖北、福建、四川、湖南、辽宁等省区，其发展水平中等但人口较多。经济实力最弱的西藏、青

海、宁夏、甘肃等省区，不仅经济发展水平低，人口数量也很小。总之，经济实力反映可调动的资源总量，可分解为人口数量与发展水平两大方面。

表 8.1 1978—2017 年各省区经济实力比较

省区	倍率	省区	倍率	省区	倍率	省区	倍率
广东	2.255	湖北	0.638	广西	0.376	贵州	0.263
江苏	1.972	福建	0.593	内蒙古	0.362	吉林	0.255
山东	1.539	四川	0.580	天津	0.361	甘肃	0.157
浙江	1.230	湖南	0.573	江西	0.355	海南	0.074
河南	1.000	辽宁	0.495	陕西	0.351	宁夏	0.073
上海	0.807	安徽	0.451	重庆	0.325	青海	0.058
北京	0.723	黑龙江	0.419	山西	0.322	西藏	0.036
河北	0.657	云南	0.392	新疆	0.285		

注：表中经济实力倍率，由各省区国民财富倍率的时期平均值给出。

二、各省区实力消长变化

表 8.1 仅给出整个考察期内各省区经济实力的平均对比关系。而不同省区经济发展速度各异，导致其经济实力消长变化。

图 8.1 直观表明，整个考察期内经济实力最强的广东、江苏、浙江，其经济实力相对于河南均呈明显上升趋势，仅有山东经济实力上升相对温和。北京与上海的相对经济实力，同样显示出明显上升趋势，分别由河南的约 0.4 倍和 0.5 倍提升到约 0.7 倍和 0.8 倍；天津也呈上升趋势，但幅度较小。河北省相对经济实力明显下降，由初期与河南不相上下降到河南的 2/3；东北三省相对经济实力均明显下降，尤其是黑龙江由最初为河南的 1.2 倍急剧降至不足其 1/3；四川则由河南的 0.9 倍降至 0.56 倍；安徽、江西、山西、甘肃相对经济实力也均有较明显的下降趋势。考察期内，重庆、海南、新疆、贵州、青海、宁夏的相对经济实力大体保持稳定。湖北、湖南、广西的相对经济实力先明显上升，随后持续下降，期末与初期水平接近。内蒙古、陕西、云南的相对经济实力虽然变动不大，但呈反复波动特征。据此可知，经济发展水平提升较人口数量变动，对提升经济实力具有更大作用。

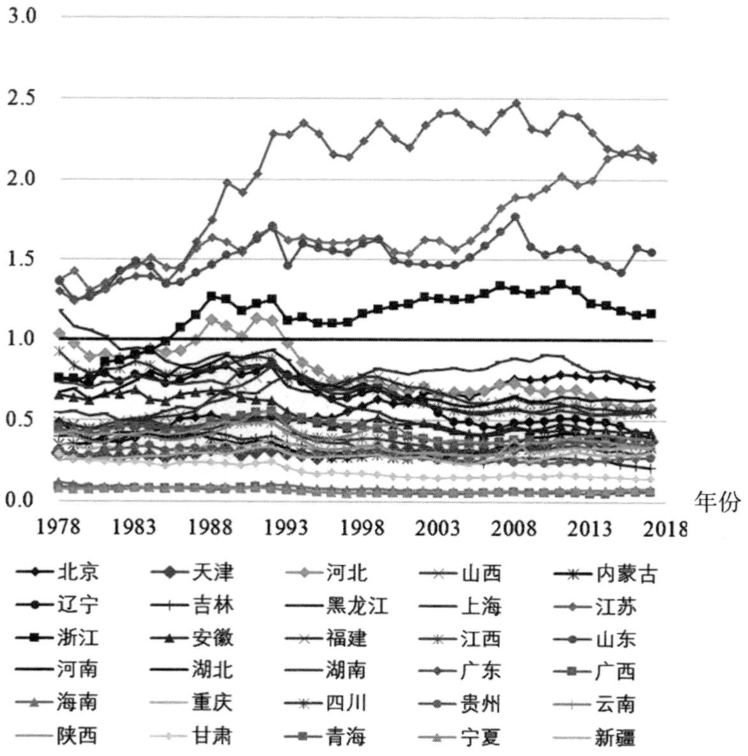

图 8.1 我国各省区经济实力消长变化趋势

第二节 国民财富产出比分析

一、国际经验观察

世界银行在其 2018 年出版的报告中，给出 141 个经济体 2014 年美元表示的人均国民财富数据。世界银行 WDI 数据集，可以提供 200 多个经济体以现价美元表示的人均 GDP 数据。将两方面数据进行匹配，共得到 139 个经济体的人均国民财富与人均 GDP 数据。将二者对比，即可得到国民财富产出比 W/Y。

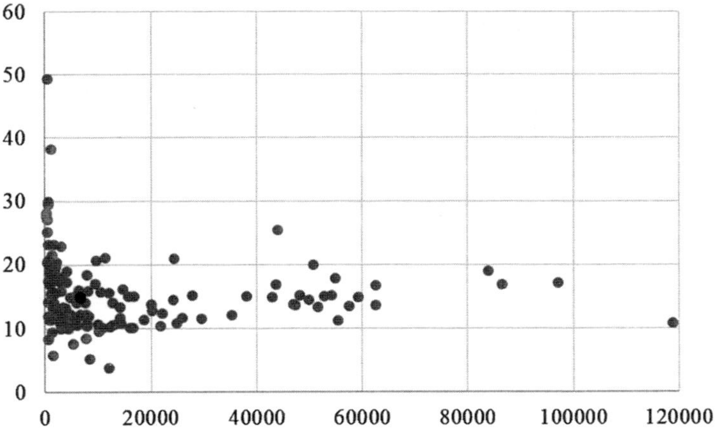

图 8.2 139 个经济体 2014 年 W/Y 比较

图 8.2 显示，各国 W/Y 差异巨大，取值最低的国家为土耳其（仅为 3.8），取值最高的国家为中非共和国（高达 49.4）；我国 W/Y 为 14.1，略低于各国平均值 15.4。人均 GDP 较低的经济体，W/Y 差异极为悬殊，但随着经济发展水平提高，W/Y 的变动范围明显收窄，大概保持在 10~20 之间。人均 GDP 超过 10000 美元的经济体中，W/Y 呈轻微上升趋势。

世界银行估算国民财富时对各国采用同一组参数，因此各国 W/C 高度一致。因此 W/Y 的差异主要取决于消费率 C/Y。鉴于在国际比较视角下我国消费率偏低，因此我国 W/Y 低于世界各国一般水平在情理之中。

二、全国 W/Y 变化趋势

下面根据第六章给出的国民财富估计结果，计算我国国民财富产出比数据，并考察其变化趋势。由于估算国民财富所用参数不同，本研究得到的 W/Y 高于根据世界银行数据计算的中国 W/Y 结果 14.1。直接利用全国数据计算的 W/Y 为 18，利用省区国民财富之和与省区 GDP 之和对比得到的 W/Y 为 17.2，鉴于二者差异不大，后续分析以全国数据为主。

图 8.3 显示，我国 W/Y 随时间推移呈波动上升趋势，由初期的 13 提升到期末的接近 20。考察期内，多数年份 W/Y 较为稳定。上升主要发生在两个时间段，一是 1993—2002 年，二是 2008—2017 年。

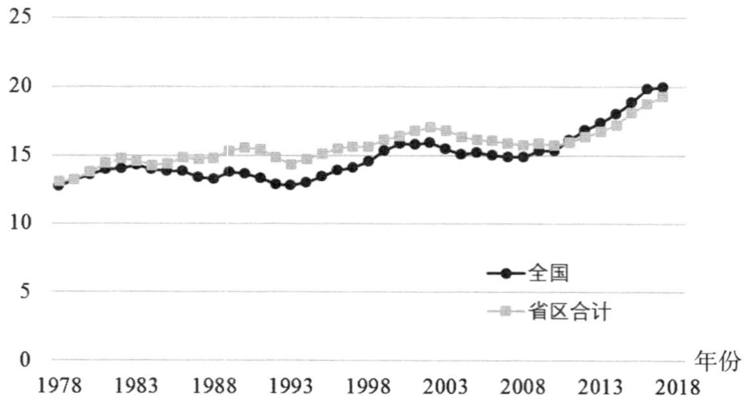

图 8.3　我国 W/Y 时间变化趋势

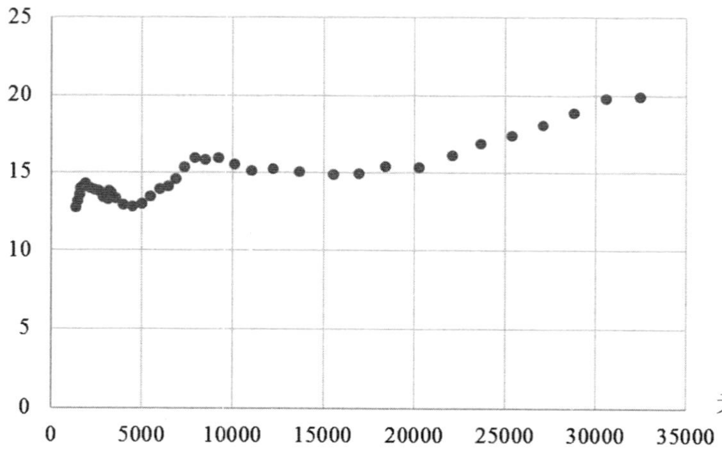

图 8.4　我国 W/Y 与人均 GDP 关系

图 8.4 进一步给出我国 W/Y 随经济发展（以 2000 年价格人均 GDP 衡量）的变化趋势。由于考察期内我国经历持续经济增长，因此 W/Y 随经济发展水平的变化趋势与其时间变化趋势高度一致。基本判断是，W/Y 随经济发展水平的提升具有一定上升趋势，且大体在 10～20 之间。以上结果与图 8.2 给出的跨国研究结果大体相符。

三、省区 W/Y 差异比较

在对全国 W/Y 简要分析基础上，进一步考察各省区 W/Y 特征，并对其数值大小与变化趋势进行比较。

表 8.2 1978—2017 年各省区 W/Y 平均值比较

省区	W/Y	省区	W/Y	省区	W/Y	省区	W/Y
北京	16.52	上海	14.15	湖北	15.19	云南	17.72
天津	14.07	江苏	16.76	湖南	14.78	西藏	26.86
河北	14.26	浙江	17.27	广东	18.84	陕西	15.09
山西	15.22	安徽	14.30	广西	16.20	甘肃	14.03
内蒙古	15.84	福建	17.35	海南	13.29	青海	17.02
辽宁	11.06	江西	15.17	重庆	15.45	宁夏	17.87
吉林	12.88	山东	15.50	四川	13.46	新疆	18.25
黑龙江	16.10	河南	16.68	贵州	20.01	全国	14.93

注：表中 W/Y 平均值，由各省区历年结果简单算数平均计算。

表 8.2 给出考察期内各省区 W/Y 的平均值，结果显示：W/Y 取值存在明显的省际差异，最低者为辽宁（仅为 11.1），最高者为西藏（高达 26.9）；多数省区与全国取值 14.9 接近，18 个省区 W/Y 取值在 14~17 之间。

表面看来，各省时期平均值并无规律可循。考虑到各省区 W/Y 存在时期变化，简单比较时期平均值难免遗漏大量信息。为此，应进一步考察省区 W/Y 变化趋势的异同。

图 8.5 显示，多数省区 W/Y 随时间呈现出不同程度的上升趋势。然而，各省区具体特征差异明显：上海、北京、天津、江苏、浙江、广东、辽宁、山东、新疆等省区 W/Y 均呈上升趋势，尤以上海提高最快（由 5 提高到 23），除新疆外均为东部沿海发达省区；考察期内 W/Y 较为平稳的省区包括河北、山西、吉林、黑龙江、安徽、江西、四川、重庆、甘肃、陕西等，虽有波动但取值变化不大的省区还有湖南、湖北、广西、青海、宁夏；波动较大的省区为河南、贵州、海南、内蒙古、西藏；福建是唯一 W/Y 呈下降趋势的省区。总之，与中西部省区相比，东部发达省区 W/Y 上升趋势更为明显。

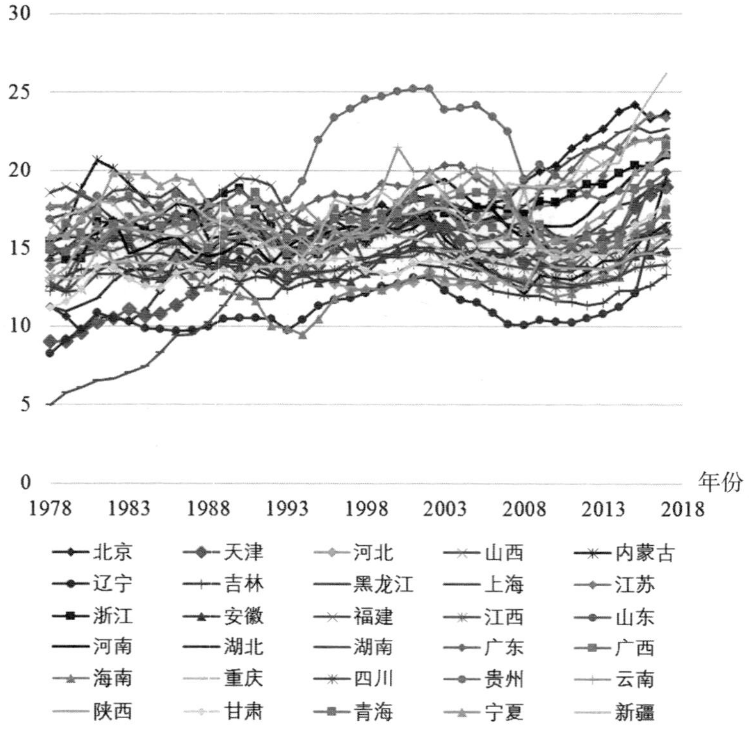

图 8.5　我国各省区 W/Y 时间变化趋势

鉴于我国各省区经济发展水平存在较大差异，因此简单比较时间趋势难以有效揭示 W/Y 随经济发展水平的变化趋势。为此，以图 8.6 给出各省区 W/Y 与人均 GDP 的散点图，其横轴为人均 GDP（2000 年价格）。结果显示：人均 GDP 在 1 万元以下时，W/Y 在 5~35 的很大范围内变动；人均 GDP 在 2~5万元之间时，W/Y 变动幅度收缩到 10~25 之间；人均 GDP 超过 5 万元后，W/Y 变动幅度进一步减小到 15~25 之间，并呈轻微上升趋势。将以上结果与图 8.2 的跨国数据进行对比，发现二者具有较高的一致性。

四、简要总结

跨国比较显示，各国 W/Y 数值存在显著差异，在 4 到 50 的巨大范围内变化，我国 W/Y 略低于各国平均水平。考察期内，我国 W/Y 随时间呈阶段性上升趋势，与人均 GDP 反映的经济发展水平对照，同样呈上升趋势。利用

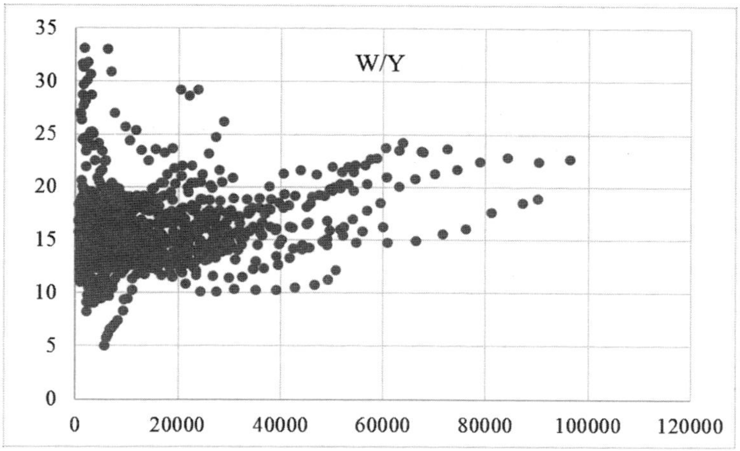

图 8.6　我国各省区 W/Y 与人均 GDP 散点图

各省区时序数据发现，尽管各省区 W/Y 变化特征不尽相同，但东部发达省区具有更明显的提高趋势。绘制各省区历年 W/Y 与人均 GDP 的散点图，发现其强烈支持跨国截面数据的判断：W/Y 与经济发展水平具有内在联系，人均 GDP 很低时，W/Y 变动幅度很大；随着人均 GDP 提升，W/Y 变动幅度明显变小，且呈轻微的上升趋势。根据财富—福利等式，国民财富反映国民福利水平。以上结果的直观含义为，随着发展水平提高，单位产出可以支撑更高的可持续福利。

第三节　人均福利水平分析

国民财富总量是经济实力的良好反映，人均国民财富则是刻画福利水平的有效指标。

一、我国人均 W 变化趋势

为揭示我国人均福利水平变化趋势，计算 2000 年价格表示的人均国民财富。

图 8.7 给出的全国数据显示，全国人均国民财富呈指数增长趋势，整个考察期内年均增长速度高达 9.8%，略高于同期人均 GDP 年均增长率。

图 8.8 显示，各省区人均国民财富也均呈指数增长趋势，但绝对水平和

增长速度差异明显。进一步计算考察期内各省区人均国民财富年均增长速度，结果见表 8.3。

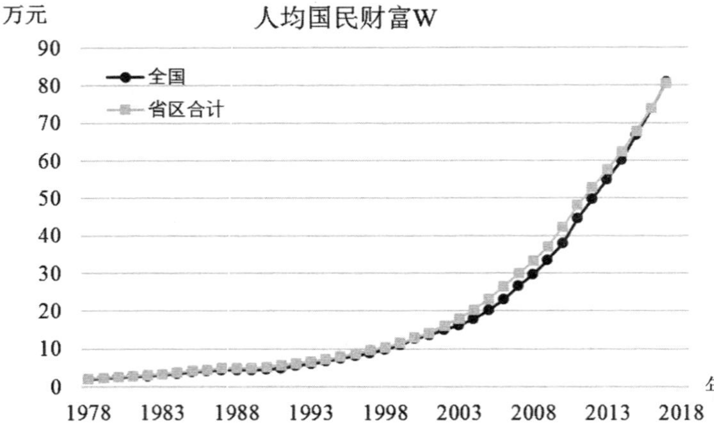

图 8.7　全国人均国民财富变化趋势

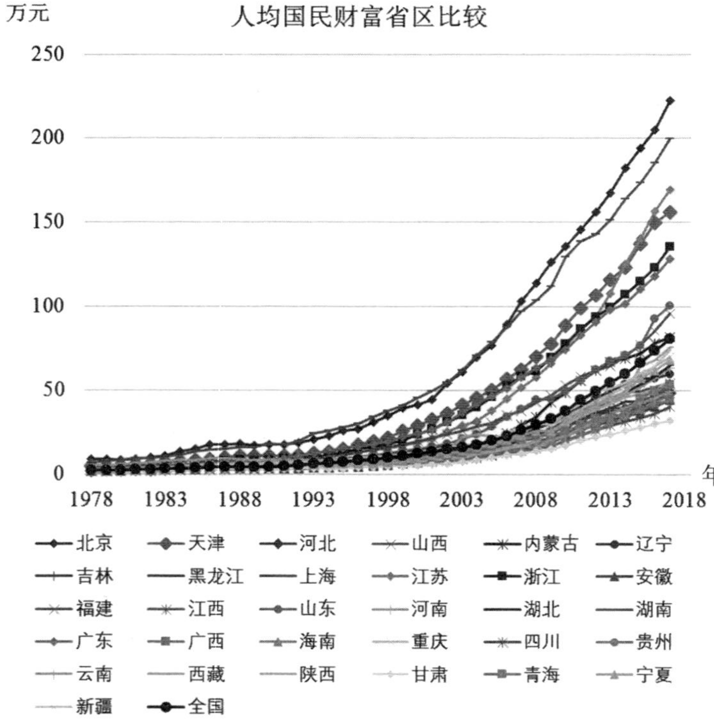

图 8.8　各省区人均国民财富变化趋势比较

表 8.3 1978—2017 年各省区人均国民财富年均增长率比较

省区	增长率	省区	增长率	省区	增长率	省区	增长率
北京	8.63	上海	9.04	湖北	9.79	云南	9.26
天津	9.43	江苏	11.29	湖南	8.67	西藏	7.11
河北	8.55	浙江	10.66	广东	9.74	陕西	9.36
山西	8.63	安徽	9.00	广西	8.85	甘肃	7.93
内蒙古	9.93	福建	10.02	海南	7.70	青海	7.65
辽宁	8.53	江西	9.19	重庆	9.97	宁夏	8.70
吉林	8.47	山东	10.62	四川	8.67	新疆	9.35
黑龙江	6.65	河南	10.62	贵州	9.62	全国	9.80

注：表中人均国民财富年均增长率，采用几何平均法计算。

结果显示，增长最快的省区分别为江苏、浙江、河南、山东和福建，年均增长率均在 10%以上，其中最高为江苏 11.29%；增长最慢的省区包括黑龙江、西藏、青海、海南和甘肃，年均增长率均在 8%以下，其中最低为黑龙江 6.65%；大多数省区人均国民财富年均增长率在 8%至 10%之间。

将人均财富增长率与人均 GDP 增长率进行比较，发现尽管全国人均财富增长率略高于人均 GDP 增长率，但多数省区人均财富增长率低于人均 GDP 增长率。人均财富增长率减去人均 GDP 增长率，差值最大的省区为上海（1.54%）、北京（1.26%）和新疆（1.04%），另有天津、河南、江苏等 9 个省区差值在 0.1%至 0.8%之间；差值为负值的省区共有 19 个，其中西藏（-1.65%）、海南（-1.56%）、黑龙江（-1.27%）和四川（-1.03%）差值明显。由于差值为正的省区具有更高的国民财富总量，因而主导了全国整体的差值方向。

二、省区人均 W 水平比较

各省区人均国民财富均呈快速上升趋势，但其绝对水平存在明显差异。计算各省区人均国民财富比值，可以直观揭示其人均福利水平高低。简化起见，以全国人均国民财富为对比基准，计算各省区人均国民财富相对于全国水平的倍率。

表 8.4 1978—2017 年各省区人均国民财富与全国倍率

省区	倍率	省区	倍率	省区	倍率	省区	倍率
北京	2.86	上海	2.92	湖北	0.83	云南	0.67
天津	2.06	江苏	1.57	湖南	0.69	西藏	1.22
河北	0.83	浙江	1.63	广东	1.71	陕西	0.72
山西	0.82	安徽	0.60	广西	0.64	甘肃	0.53
内蒙古	1.02	福建	1.27	海南	0.73	青海	0.89
辽宁	1.03	江西	0.65	重庆	0.75	宁夏	0.92
吉林	0.82	山东	1.13	四川	0.57	新疆	1.06
黑龙江	1.15	河南	0.74	贵州	0.56		

注：各省区人均国民财富相对全国倍率的时期均值，采用简单算数平均计算。

表 8.4 显示，各省区人均国民财富差异很大：上海、北京和天津人均国民财富均为全国水平的 2 倍以上，其中上海（2.92）和北京（2.86）接近全国水平的 3 倍；广东、浙江和江苏的人均国民财富相对全国水平的倍数也超过 1.5；甘肃（0.53）、贵州（0.56）和四川（0.57）的人均国民财富均不足全国水平的 60%，安徽、广西、江西、云南、湖南、陕西、海南、河南、重庆人均国民财富均不足全国水平的 80%。上海与北京的人均国民财富，高达甘肃、贵州和四川的 5 倍以上。整体而言，东部经济发达省区具有更高的人均国民财富，西部人口大省的人均国民财富最低。

三、国际比较视角再考察

利用世界银行 2018 年报告给出的 2014 年美元计价的各国人均财富估算结果，使用 2014 年汇率转换为人民币计价结果（单位：万元）。然后，将其与我国各省区人均国民财富进行比较。以下数据排名，涵盖世界银行给出的 139 个经济体，以及本报告估算的我国 31 个省区及全国数据。篇幅所限，下面给出部分数据，其余结果见本章附录。

表 8.5 显示，北京和上海人均国民财富跻身发达国家行列，排名第 26 位和第 27 位，低于意大利和韩国，略高于斯洛文尼亚和西班牙；江苏和天津排名也较高，分别为第 31 位和第 33 位，与马耳他、阿曼、葡萄牙接近；浙江和广东排名分别为第 41 位和第 43 位，低于马来西亚、智利、拉脱维亚，高

于斯洛伐克，大致处于中等收入经济体之间。

表 8.5 2014 年我国各省区与世界各国人均国民财富比较：第一部分

经济体	人均 W	排序	备注	经济体	人均 W	排序	备注
Ireland	385.35	21	爱尔兰	Estonia	159.06	36	爱沙尼亚
Japan	351.36	22	日本	Uruguay	156.41	37	乌拉圭
Saudi Arabia	315.08	23	沙特阿拉伯	Malaysia	146.95	38	马来西亚
Italy	262.61	24	意大利	Chile	146.04	39	智利
Korea, Rep.	260.51	25	韩国	Latvia	145.54	40	拉脱维亚
北京	237.39	26		浙江	144.82	41	
上海	218.66	27		Greece	140.02	42	希腊
Slovenia	216.11	28	斯洛文尼亚	广东	134.74	43	
Spain	210.39	29	西班牙	Slovak Republic	130.98	44	斯洛伐克
Malta	186.64	30	马耳他	Gabon	122.81	45	加蓬
江苏	175.82	31		Brazil	116.04	46	巴西
Oman	170.53	32	阿曼	Russian Federation	115.94	47	俄罗斯
天津	168.62	33		Kazakhstan	111.14	48	哈萨克斯坦
Portugal	168.61	34	葡萄牙	Lithuania	103.85	49	立陶宛
Bahrain	166.06	35	巴林	Costa Rica	102.59	50	哥斯达黎加

表 8.6 显示，我国共有 14 个省区位于第 50~80 位之间，其中排名最高者为内蒙古、山东和福建，排名最低者为陕西、吉林和青海；本研究估算的我国全国人均国民财富排第 60 位，根据世界银行估算结果我国排名第 73 位，但二者之间主要为我国 8 个省区，仅有巴拿马、哥伦比亚、阿根廷和墨西哥等四国，故两类估算结果对我国排名影响有限。

表 8.6 2014 年我国各省区与世界各国人均国民财富比较：第二部分

经济体	人均 W	排序	备注	经济体	人均 W	排序	备注
Hungary	101.69	51	匈牙利	辽宁	73.37	66	
内蒙古	101.54	52		重庆	73.21	67	
Venezuela, RB	99.87	53	委内瑞拉	湖北	71.96	68	
Suriname	99.33	54	苏里南	黑龙江	69.84	69	

续表

经济体	人均 W	排序	备注	经济体	人均 W	排序	备注
山东	98. 31	55		河南	69. 58	70	
Poland	95. 18	56	波兰	西藏	69. 15	71	
福建	94. 12	57		Mexico	67. 87	72	墨西哥
Croatia	90. 64	58	克罗地亚	China	66. 45	73	中国（世行）
Turkmenistan	90. 20	59	土库曼斯坦	陕西	65. 86	74	
中国	84. 13	60		Romania	65. 75	75	罗马尼亚
Panama	83. 63	61	巴拿马	Ecuador	62. 94	76	厄瓜多尔
新疆	83. 38	62		Iraq	62. 48	77	伊拉克
Colombia	79. 43	63	哥伦比亚	吉林	61. 50	78	
Argentina	77. 72	64	阿根廷	Belarus	61. 24	79	白俄罗斯
宁夏	74. 57	65		青海	60. 34	80	

表 8.7 显示，我国有 11 个省区位于第 81 ~ 110 位之间，其中排名最高者为云南、山西和河北，分别为第 84~86 位；排名最低者为甘肃，为第 105 位。该区间内，多为非洲、南美洲和亚洲的中低收入发展中国家。

表 8.7　2014 年我国各省区与世界各国人均国民财富比较：第三部分

经济体	人均 W	排序	备注	经济体	人均 W	排序	备注
Dominican	59. 75	81	多米尼加	江西	48. 58	96	
Mauritius	59. 60	82	毛里求斯	Mongolia	48. 54	97	蒙古
Botswana	58. 85	83	博茨瓦纳	安徽	48. 25	98	
云南	57. 93	84		South Africa	47. 52	99	南非
山西	56. 38	85		四川	46. 48	100	
河北	55. 40	86		Jamaica	44. 09	101	牙买加
Paraguay	52. 57	87	巴拉圭	Guyana	42. 99	102	圭亚那
湖南	52. 49	88		Congo，Rep.	42. 25	103	刚果（布）
Azerbaijan	52. 43	89	阿塞拜疆	Lebanon	40. 02	104	黎巴嫩
Namibia	51. 85	90	纳米比亚	甘肃	39. 60	105	
广西	51. 73	91		Thailand	38. 46	106	泰国

续表

经济体	人均 W	排序	备注	经济体	人均 W	排序	备注
海南	51.20	92		Belize	36.17	107	伯利兹
Peru	50.33	93	秘鲁	Ukraine	34.44	108	乌克兰
Bulgaria	50.30	94	保加利亚	Albania	32.63	109	阿尔巴尼亚
贵州	49.36	95		Armenia	32.50	110	亚美尼亚

总之，我国各省区排名在第 26~105 位的范围内，大致分为三大组。第一组跻身于或接近发达国家人均财富水平；第二组与中等偏低收入经济体类似；第三组则处于中低收入经济体水平。一方面，我国人均国民财富水平与最富裕的发达国家还有明显差距：北京和上海人均国民财富还不足排名第一的挪威的 25%，也不足美国的 40%；本文估算的全国人均国民财富仅为挪威的 8% 和美国的 14%；甘肃人均国民财富更是仅为挪威的 3.9% 和美国的 6.6%。同时也应看到，经过多年持续快速增长，我国人均福利水平已有显著提升，参比经济体中有 65 个人均国民财富低于我国所有省区。在新发展理念引领下，得益于经济发展模式转型和产业结构升级的有力推动，我国有望保持较快经济发展速度和国民财富积累速度，人均福利水平将不断提升并于近期整体迈进中等收入国家之列。

第四节　结论与认识

与 GDP 等流量指标相比，国民财富总量这一存量指标能更有效地反映经济实力。我国经济实力最强的省区主要为广东、江苏、山东、浙江等东部省区，其经济发展水平高且人口规模庞大；上海与北京虽有更高发展水平但人口总量偏少，因而经济实力略逊一筹；河南尽管发展水平并不算高，但人口规模庞大，因而也有很强的经济实力；经济实力最弱的则是经济发展水平与人口数量均偏低的若干西部省区。总之，经济实力强弱主要取决于经济发展水平，人口规模对其也有重要影响。

国内外经验证据表明，国民财富产出比 W/Y 随经济发展水平提高呈一定变化模式：人均 GDP 很低时，W/Y 在巨大范围内变化；随着人均 GDP 提升，W/Y 变动幅度明显变小，且呈轻微的上升趋势。尽管我国各省区 W/Y 变化特征不尽相同，但东部发达省区有更明显的上升趋势。“财富—福利等式”表明国民财富反映国民福利水平，随着发展水平提高，我国等量产出可以支撑更高的可持续福利。

人均国民财富可以有效揭示居民的福利水平。我国人均国民财富呈指数增长趋势，北京、上海等12个省区人均财富增长率超过人均GDP增长率。各省区人均福利水平差异很大，东部经济发达省区具有更高的人均国民财富。国际比较视角下，北京、上海等少数省区人均国民财富跻身发达国家之列；更多省区则处于中等偏低收入经济体或者中低收入经济体水平。对此，既应看到现存差距，更要看到几十年的发展成绩与良好的发展前景。

本章附录

表 A8.1 世界银行报告人均国民财富较低的经济体

经济体	人均 W	排序	备注	经济体	人均 W	排序	备注
Papua New Guinea	31.02	111	巴布亚新几内亚	Yemen, Rep.	14.07	142	也门
Jordan	30.28	112	约旦	Pakistan	13.63	143	巴基斯坦
Bolivia	30.25	113	玻利维亚	Rwanda	13.28	144	卢旺达
Indonesia	28.82	114	印尼	Central African Republic	12.94	145	中非共和国
Turkey	28.26	115	土耳其	Chad	12.33	146	乍得
Tunisia	27.74	116	突尼斯	Kenya	11.93	147	肯尼亚
Maldives	27.64	117	马尔代夫	Zimbabwe	11.65	148	津巴布韦
Sri Lanka	27.63	118	斯里兰卡	Togo	11.63	149	多哥
Honduras	27.51	119	洪都拉斯	India	11.19	150	印度
Georgia	27.23	120	乔治亚州	Tanzania	10.72	151	坦桑尼亚
El Salvador	27.11	121	萨尔瓦多	Mali	10.55	152	马里
Guatemala	26.50	122	危地马拉	Cambodia	10.40	153	柬埔寨
Tajikistan	25.98	123	塔吉克斯坦	Haiti	9.24	154	海地
Zambia	25.17	124	赞比亚	Sierra Leone	9.06	155	塞拉利昂

续表

经济体	人均 W	排序	备注	经济体	人均 W	排序	备注
Morocco	24. 87	125	摩洛哥	Nepal	8. 83	156	尼泊尔
Bosnia and Herzegovina	24. 87	126	波黑	Uganda	8. 44	157	乌干达
Lao PDR	24. 15	127	老挝	Ethiopia	8. 06	158	埃塞俄比亚
Egypt, Arab Rep.	23. 63	128	埃及	Senegal	8. 04	159	塞内加尔
Nigeria	22. 98	129	尼日利亚	Bangladesh	7. 81	160	孟加拉国
Nicaragua	22. 78	130	尼加拉瓜	Burkina Faso	7. 57	161	布吉纳法索
Moldova	21. 74	131	摩尔多瓦	Congo, Dem. Rep.	7. 53	162	刚果（金）
Cameroon	19. 29	132	喀麦隆	Niger	7. 14	163	尼日尔
Solomon Islands	19. 20	133	所罗门群岛	Malawi	6. 41	164	马拉维
Philippines	18. 94	134	菲律宾	Liberia	6. 28	165	利比里亚
West Bank and Gaza	18. 78	135	西岸和加沙	Madagascar	5. 67	166	马达加斯加
Mauritania	18. 05	136	毛里塔尼亚	Guinea	5. 49	167	几内亚
Vietnam	16. 81	137	越南	Comoros	5. 43	168	科摩罗
Ghana	15. 39	138	加纳	Mozambique	4. 74	169	莫桑比克
Cote d'Ivoire	15. 04	139	科特迪瓦	Burundi	4. 66	170	布隆迪
Kyrgyz Republic	15. 01	140	吉尔吉斯	Gambia	3. 20	171	冈比亚
Djibouti	14. 08	141	吉布提				

表 A8. 2 世界银行报告人均国民财富最高的经济体

经济体	人均 W	排序	备注	经济体	人均 W	排序	备注
Norway	1027. 03	1	挪威	Iceland	507. 36	11	冰岛
Qatar	981. 18	2	卡塔尔	Netherlands	486. 80	12	荷兰
Switzerland	901. 09	3	瑞士	Singapore	476. 24	13	新加坡
Luxembourg	791. 65	4	卢森堡	United Arab Emirates	453. 55	14	阿联酋

续表

经济体	人均 W	排序	备注	经济体	人均 W	排序	备注
Kuwait	690. 00	5	科威特	Germany	447. 90	15	德国
Australia	643. 09	6	澳大利亚	Finland	446. 27	16	芬兰
Canada	624. 54	7	加拿大	Austria	426. 73	17	奥地利
United States	604. 07	8	美国	United Kingdom	397. 91	18	英国
Sweden	544. 39	9	瑞典	Belgium	396. 85	19	比利时
Denmark	524. 85	10	丹麦	France	394. 23	20	法国

第九章　我国国民财富积累可持续性评估[①]

国民财富涵盖多类重要资本类型，其内在结构和相对比率对经济发展具有重要影响。本章首先借助国内外经验研究结果，考察各类资本之间是否存在适宜比率。随后估算各类资本之间的要素替代弹性，借助关键资本检验比较各类资本对经济发展的相对重要性。最后针对经济学文献中的“资源诅咒”问题，考察我国各省区自然资源租金向其他资本类型的转换能力，据以评估其国民财富积累和经济发展的可持续性。

第一节　资本适宜比率

各类资本之间是否存在适宜比率，尚无明确理论预判。下面对其做初步经验考察。

一、国际经验参照

世界银行和联合国国民财富报告，均给出约 140 个经济体的分类资本存量数据。据其可以得到资本比率的跨国经验分布，进而判断是否存在适宜资本比率。两大机构均先后发表多版报告，简化起见，以下分析仅基于 2018 年最新报告给出的 2014 年数据。

为考察分类资本比率与经济发展水平之间的关系，由 WDI 数据集查阅对应经济体 2014 年美元表示的人均 GDP 数据。图 9.1 至图 9.3 基于世界银行估算结果，分别绘制 141 个经济体 K/N、H/N 及 H/K 与人均 GDP 的散点图[②]。

---

① 本章主要内容已发表：郝枫，张圆，陆洲．中国国民财富积累可持续性评估——适宜比率、关键资本与转换模式［J］．山西财经大学学报，2021（7）：1-16.

② 由于新加坡自然资本存量极低，导致其 K/N 和 H/N 分别高达 3322 倍和 8324 倍。为便于有效展示主要结果，图 9.1 和 9.2 中均剔除新加坡的异常值。

清晰起见，中国数据以黑点标注。

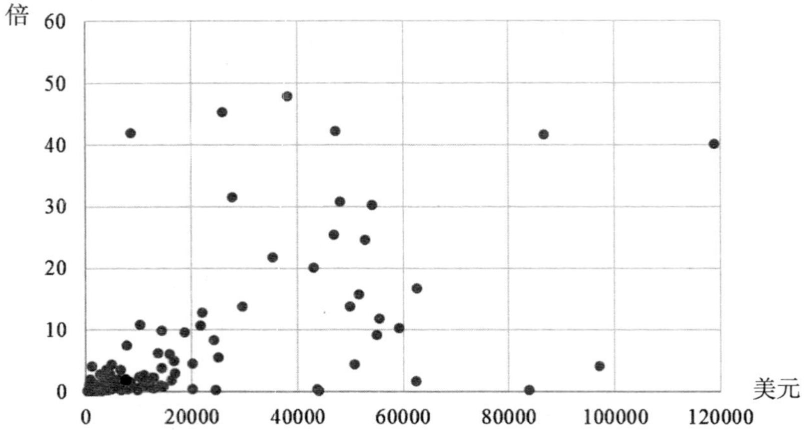

图 9.1　K/N 与人均 GDP 关系：基于世界银行报告（2018）

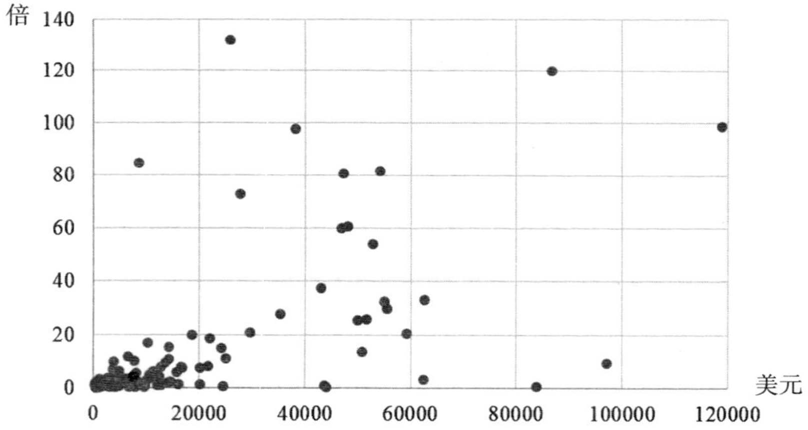

图 9.2　H/N 与人均 GDP 关系：基于世界银行报告（2018）

结果显示，K/N 与 H/N 随经济发展水平提高大体呈上升趋势但离散程度极大，由于各国自然资源禀赋差异巨大，二者并无适宜比率；H/K 的离散程度随经济发展水平提高而迅速下降，其适宜比率大致稳定在 2 倍至 3 倍之间。我国 H/K（2.22）略低于各国平均值（2.43），高于适宜比率区间下界，距区间上界还有一定提升空间。

对图 9.3 做进一步考察，发现人均 GDP 超过 15000 美元的高收入国家，其 H/K 几乎全部落入适宜比率区间或仅有小幅偏离。由于产出资本和人力资

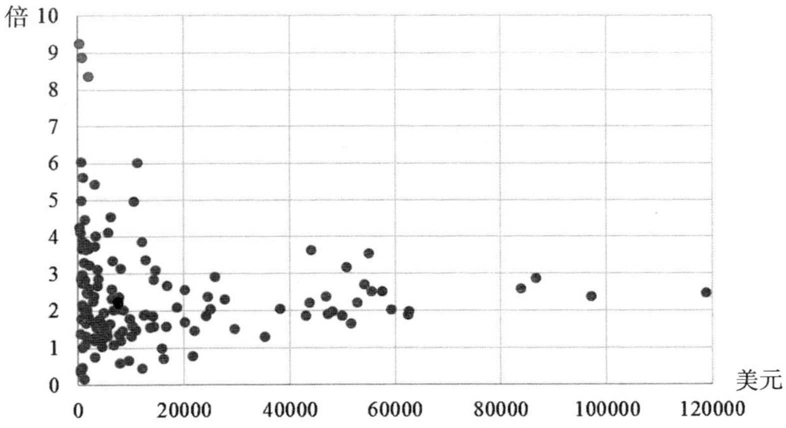

图 9.3 H/K 与人均 GDP 关系：基于世界银行报告（2018）

本投资均需从生产新增价值中抽取，各国在两类投资之间存在相似的理性分配模式，最终导致各国 H/K 趋同。至于人均 GDP 低于 5000 美元，特别是低于 2000 美元的低收入经济体，H/K 巨大跨国差异主要由初始禀赋决定：塔吉克斯坦、中非共和国位于一个极端，其人口数量少且人力资本投资低，因而 H/K 低至 0.165 和 0.348；布隆迪、卢旺达在另一极端，极低的发展水平（人均 GDP 仅为 275 美元和 723 美元）无力支撑投资导致产出资本 K 很低，较高人口数量（分别在 900 万和 1100 万上下）则推升人力资本 H，令 H/K 分别高达 9.25 倍和 8.87 倍。

基于联合国 2018 年报告数据，也可绘制相应散点图。鉴于其三类比率均存在大量极端值，因此对揭示适宜比率效果不佳，简化起见将其置于附录。尽管如此，据其计算的各类资本比率，仍明确支持上述基本判断。

鉴于不同经济体资源禀赋差异极大，简单跨国比较遭受极大限制。借助特定标准进行经济体分类，便于更好揭示其内在变化模式。表 9.1 基于世界银行 2018 年报告所给数据，针对不同类型经济体分组汇报三类资本比率。

表 9.1 显示，资本比率与发展水平具有紧密联系：K/N 与 H/N 随收入水平提高呈上升趋势（唯一例外是高收入非 OECD 国家，其包括沙特阿拉伯等中东富油国），表明各国对自然资本的依赖程度随发展水平提高而下降，K 与 H 是经济增长更为坚实的支撑。除低收入经济体外，H/K 随收入水平提高呈轻度上升趋势，表明富裕国家更偏爱人力资本投资。我国三类资本比率，接近中高收入经济体，但低于全球平均水平。从区域分组看，不同组别差异很

大：中东和北非国家高度依赖自然资本，但其对欧洲和北美则不重要；北美H/K远高于欧洲和中亚（1.85），主要是由于欧洲和中亚的中低收入经济体H/K过低（0.94），西欧发达经济体H/K与北美并无明显差异。

表9.1　多种分组下各类经济体资本比率特征概览

	K/N	H/N	H/K
中国	1.89	4.19	2.22
按收入分组			
低收入经济体	0.31	0.87	2.83
中下等收入经济体	0.94	1.89	2.01
中高收入经济体	1.50	3.47	2.30
高收入非OECD经济体	0.74	1.40	1.89
高收入OECD经济体	10.03	25.53	2.54
全世界	2.83	6.86	2.43
按区域分组			
东亚和太平洋	2.66	5.72	2.15
欧洲和中亚地区	6.34	11.74	1.85
拉丁美洲和加勒比地区	1.28	3.26	2.54
中东和北非	0.34	0.78	2.29
北美	8.21	28.77	3.51
南亚	1.04	2.03	1.96
撒哈拉以南非洲	0.44	1.37	3.16
按区域分组（仅含低收入和中等收入经济体）			
东亚和太平洋	1.74	3.88	2.22
欧洲和中亚地区	1.39	1.31	0.94
拉丁美洲和加勒比地区	1.20	3.42	2.84
中东和北非	0.47	0.93	1.98
南亚	1.04	2.03	1.96
撒哈拉以南非洲	0.44	1.37	3.16

注：根据世界银行报告（2018）233页提供的分类人均资本存量数据计算。

总之，K/N与H/N随收入水平提高呈上升趋势，但受制于自然资源禀赋差异并无稳定的适宜比率；不同经济体之间 H/K 差异较小，且随发展水平提高而迅速收敛到 2~3 的适宜比率区间。以上判断，可用于审视我国各省区资本比率取值与变化特征。

二、我国结果比较

利用第三章至第五章各类资本存量估算结果，可以计算 1978—2017 年我国全国和各省区三类资本比率。进而，考察其随 2000 年价格人均 GDP 的变化模式。

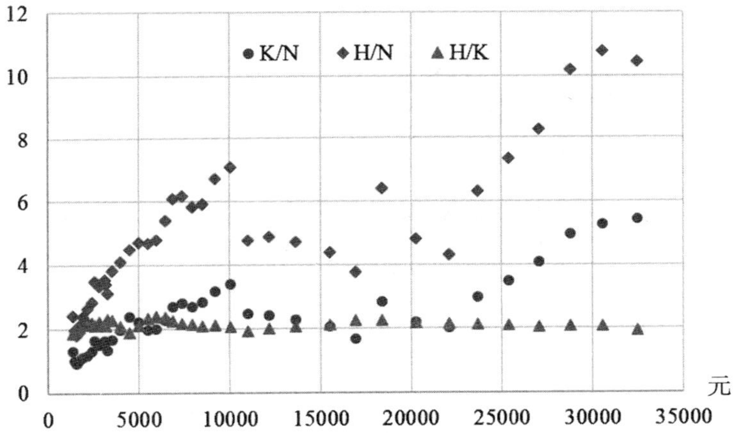

图 9.4 全国三类资本比率随人均 GDP 变化趋势

图 9.4 显示，全国 K/N 与 H/N 随收入水平提高呈波动上升趋势，人均 GDP 在 10000 元以下时其快速上升，人均 GDP 在 10000~20000 元震荡下降，此后再次明显上升；考察期内，H/K 位于 1.8~2.5 且变化很小，按国际经验标准其处于适宜比率区间。

图 9.5 和图 9.6 显示，K/N 与 H/N 随经济发展水平提高呈上升趋势（与图 9.4 全国结果一致），但各省区两类资本比率取值差异持续扩大。显然，这与基于世界银行跨国比较的认识高度一致。

图 9.7 显示，各省区 H/K 随经济发展水平提高而迅速收敛：人均 GDP 小于 5000 元时，H/K 在 1~6 的巨大范围内变化；人均 GDP 在 5000~10000 元时，H/K 变化范围缩小为 1~4；人均 GDP 超过 20000 元时，H/K 变化范围进一步缩小为 1~3，且大多介于 1~2。对比图 9.3 可知，我国各省区H/K随人均

GDP 上升而迅速收敛的趋势符合国际经验，但多数省区 H/K 稳定值低于 2。结合表 9.1 可以预见，随着我国发展水平持续提高，H/K 将逐渐提高并进入 2 ~3 的适宜比率区间。

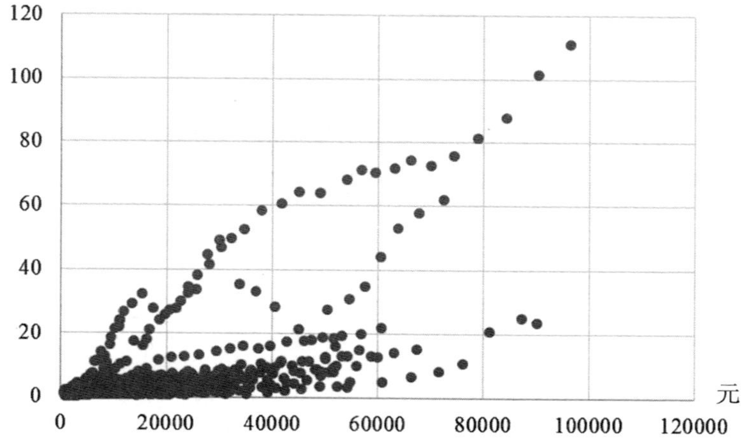

图 9.5　我国各省区 K/N 与人均 GDP

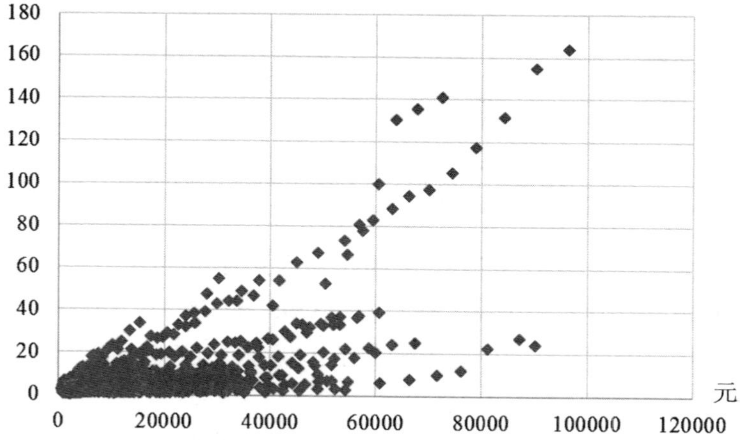

图 9.6　我国各省区 H/N 与人均 GDP

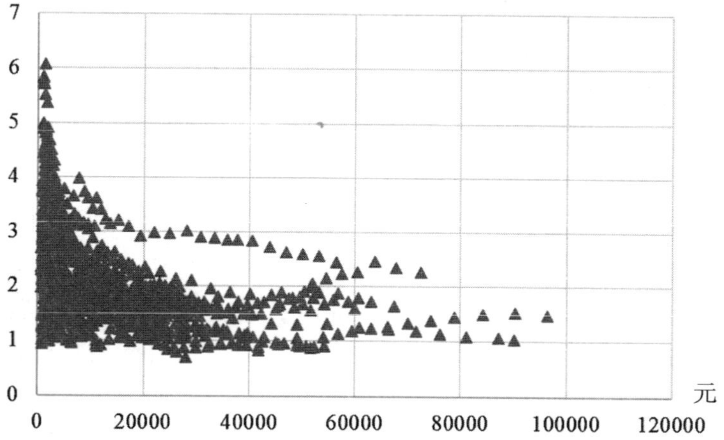

图 9.7　我国各省区 H/K 与人均 GDP

三、基本认识

自然资本高低主要取决于初始禀赋，各国以及我国各省之间 K/N 与 H/N 存在巨大差异。然而，自然资本重要性随经济发展而相对下降，随着经济产出不断流向其他资本投资，导致 K/N 与 H/N 呈明显上升趋势，但两类资本比率在不同经济体之间并无收敛倾向。相比之下，H/K 的变化模式截然不同。由于产出资本和人力资本积累均源于生产活动的新增价值，在两类投资之间的优化配置必须满足边际收益相等的均衡条件。大型跨国数据显示 H/K 收敛到 2~3 的适宜比率，我国各省区 H/K 同样随经济发展而迅速收敛，其取值大致在 1~2。鉴于 H/K 随经济发展水平呈轻度上升趋势，可以预见我国各省区 H/K 均衡值将逐渐向 2~3 这一全球适宜比率靠近。

第二节　关键资本检验

一、研究思路

（一）世界银行方法

利用经济学方法识别国民财富中各类资本的相对重要性，是发展可持续性评估的重要手段之一。世界银行通过估算自然资本与其他生产要素的替代关系，衡量不可再生资源对发展可持续性的作用。其判别逻辑为：自然资本同其他资本替代弹性越高，则其损耗越容易由其他资本积累弥补；此类替代弹性越低，表明其更难甚至不可替代，因而对可持续发展具有关键影响，需要政策制定者给予更大关注与重视。

世界银行2006年报告中选用多层嵌套CES生产函数（Nested Constant Elasticity of Substitution），估计各类投入之间的替代弹性。具体操作中，其依次考察不同要素数量与组合方式下的生产函数，给出一系列要素替代弹性估计值。该方法形式灵活，易于识别某类资本与其他资本组合的替代强度，在K与L两要素情境下尤为简便易行。但随着要素数量增加，多层嵌套形式下要素组合种数级数增长、待估参数急剧扩张；而其所用非线性估计方法的收敛速度，也会随嵌套层数增多而严重减缓，导致迭代效率下降与估计结果不稳健。可见，对世界银行的关键资本检验方法，需就生产函数选择与参数估计方法寻求改进。

（二）本书研究思路

本研究力图结合要素替代与增长核算两种方法，兼顾替代弹性与增长贡献两条路径识别关键资本，以拓展已有研究的应用边界。首先，选取更具包容性的超越对数生产函数，估计各类要素替代弹性并揭示其动态变化。其次，利用增长核算法测算各类资本对经济增长的贡献，对替代弹性研究结论进行验证与补充。最后，综合两方面结果，评判各类资本对可持续发展的相对重要性，据以揭示我国经济发展的关键资本及其变化模式。

二、方法选择

（一）要素替代弹性界定

要素替代弹性是衡量要素之间替代关系强弱的核心指标，最初定义出自希克斯（Hicks，1932）的《工资理论》。罗宾逊（Robison，1933）给出一个更流行的定义：要素替代弹性度量（给定产出不变时）由边际替代率（Marginal Rate of Substitution）百分比变化引致的要素比率百分比变化。

对多要素生产函数 $Y=f(X)=f(X_1, X_2, \cdots, X_n)$，任意一对生产要素之间的直接替代弹性（DES）定义为：给定产出，其他要素投入数量及边际产品不变，二者边际替代率相对变化导致的要素比率相对变化（Sato & Koizumi，1973）。公式为：

$$\sigma_{ij}=\frac{d\ln(X_j \mid X_i)}{d\ln(f_i \mid f_j)}=\frac{d\ln(X_i \mid X_j)}{d\ln(f_j \mid f_i)}=\sigma_{ji} \tag{9.1}$$

DES 仍具有对称性，但值域扩展为整个实数轴：σ 取值大于 0，要素之间为替代关系；取值小于 0，要素之间为互补关系。

（二）生产函数形式选择

要素替代弹性估计，严重依赖于生产函数形式选择。实质上，要素替代弹性是界定生产函数的核心参数。一些形式简洁的生产函数，已内在限定替代弹性取值：线性生产函数假定要素可完全替代（$\sigma=+\infty$）；里昂惕夫生产函数则假定要素完全不可替代（$\sigma=0$）；C-D 生产函数介于两个极端之间，属于要素替代弹性恒为 1 的特例。

直至 CES 生产函数（不变替代弹性）出现，基于实际数据估算要素替代弹性才成为可能。基于 CES 生产函数估计替代弹性，优点在于函数形式灵活且易于由计量模型参数估计结果推算，尤以两要素情形下备受青睐；其缺点在于多要素情形下必须采用多层嵌套结构，要素组合方式与待估参数规模庞大，函数形式复杂且不易估计。

Translog（超越对数）生产函数是对 CES 的自然扩展，其允许替代弹性随要素比率（及时间）变化，是 VES（可变替代弹性）生产函数中最流行的一类。基于 Translog 生产函数估计要素替代弹性，优势在于易于处理生产要素大于 2 的一般情形，且能揭示要素替代弹性的时变特征；其缺点则是要对参数关系施加一系列理论约束，且随要素种类增多其交叉项急剧膨胀，严重消耗自由度且往往导致严重的共线性问题。

既有研究中，两要素情形下多数研究偏爱 CES 生产函数，多要素情形下 Translog 函数则为首选。美中不足的是，Translog 函数仅能逐对估计两要素间的替代弹性，无力揭示某要素与其他要素组合的替代关系，而多层嵌套 CES 生产函数在此大有用武之地。权衡利弊，本研究主要借助 Translog 函数刻画各类要素替代弹性及其时变特征，并辅以多层嵌套 CES 函数补充验证，从投入角度识别经济发展的关键资本。在此基础上，借助 Translog 生产函数估计结果进行增长核算，分解要素投入与技术进步对经济增长的贡献，从产出角度对促进发展可持续性的关键资本进行识别。

1. Translog 生产函数

多要素情形下，Translog 生产函数的指数形式为：

$$Y = f(X_1, X_2, \cdots, X_n) = A\prod_i X_i^{\alpha_i}\prod_i X_i^{\frac{1}{2}[\sum_j \alpha_{ij}\ln X_j]} \tag{9.2}$$

其中，Y 为产出，A 为反映技术水平的效率参数，X_i 为各种生产要素（$i = 1, 2, \cdots n$）。有别于常采用指数形式的 C-D 和 CES 生产函数，Translog 生产函数习惯采用对数形式：

$$\ln Y = \alpha_0 + \sum_i \alpha_i \ln X_i + \frac{1}{2}\sum_i\sum_j \alpha_{ij}\ln X_i \ln X_j \tag{9.3}$$

其中，$\alpha_0 = \text{In}A$，α_i 与 α_{ij} 均为未知参数。根据可积函数 Young 定理，该函数对任意两个自变量二阶交叉偏导数的取值与求导顺序无关，$\alpha_{ij} = \alpha_{ji}$（对称性）恒成立。在交叉项 $\text{In}X_i\text{In}X_j$ 前乘以 1/2，其系数变为 $(\alpha_{ij} + \alpha_{ji})/2 = \alpha_{ij}$，可剔除冗余项以令公式大为简化。但在此设定下，平方项系数为（$\alpha_{ii}/2$）。经验研究中，习惯将式（9.3）改写为：

$$\ln Y = \alpha_0 + \sum_i \alpha_i \ln X_i + \sum_i \tilde{\alpha}_{ii}(\ln X_i)^2 + \sum_{i<j}\sum_j \alpha_{ij}\ln X_i \ln X_j \tag{9.4}$$

平方项系数变为 $\tilde{\alpha}_{ii} = (1/2)\alpha_{ii}$ 且其余参数不变，从而使模型参数与计量软件输出结果完全对应。经复杂推导可以证明，任意两要素之间 DES 表达式为①：

$$\sigma_{ij} = \left(1 + 2\left(\alpha_{ij} - \frac{\eta_j}{\eta_i}\tilde{\alpha}_{ii} - \frac{\eta_i}{\eta_j}\tilde{\alpha}_{jj}\right)(\eta_i + \eta_j)^{-1}\right)^{-1} \tag{9.5}$$

该公式形式简洁，仅由待估参数和要素产出弹性（要素 i 产出弹性为 $\eta_i = \partial \ln Y/\partial \ln X_i$）确定。由于 $\eta_i = \alpha_i + \sum_k \alpha_{ik}\text{In}X_k$ 随投入数量变化，故 DES 并非常数。

2. 多层嵌套 CES 生产函数

多要素情形下，i 要素与其余生产要素组合间的多层嵌套 CES 生产函数为：

$$Y = F[X_{-i}(\cdot), X_i] \tag{9.6}$$

其中，$X_{-i}(\cdot)$ 代表除 i 要素外的生产要素组合（$X_1, \cdots, X_{i-1}, X_{i+1}, \cdots, X_n$）。由简到繁，每个层级均形如两要素 CES 生产函数。鉴于随要素增加其组合方式逐渐烦琐且参数剧增，故层级不宜过多。以两要素和五要素为例，

① 郝枫．超越对数函数要素替代弹性公式修正与估计方法比较［J］．数量经济技术经济研究，2015，32（4）：88-105.

分层嵌套 CES 函数形式分别为：

$$Y = A\left(\delta X_1^{-\alpha} + (1-\delta)X_2^{-\alpha}\right)^{-1/\alpha} \tag{9.7}$$

$$Y = A\left\{\begin{array}{l}\nu\left\{\mu\left[\begin{array}{l}\lambda\left(\delta X_1^{-\alpha} + (1-\delta)X_2^{-\alpha}\right)^{-\beta/\alpha} \\ +(1-\lambda)X_3^{-\beta}\end{array}\right]^{-\gamma/\beta} + (1-\mu)X_4^{-\gamma}\right\}^{-\rho/\gamma} \\ +(1-\nu)X_5^{-\rho}\end{array}\right\}^{-1/\rho} \tag{9.8}$$

其中，A 为技术效率参数；δ、λ、μ 和 υ 分别为各层要素组合的权重参数；α、β、γ 和 ρ 为各层要素替代参数。多层嵌套 CES 生产函数替代弹性计算及组合种数见表 9.2。

表 9.2 多层嵌套 CES 生产函数替代弹性及要素组合

要素组合	替代弹性	权重参数	单层	双层嵌套	三层嵌套	四层嵌套	组合种数
X_1，X_2	1/（1+α）	δ	√	√	√	√	$A_2^2/2=1$
X_1，X_2，X_3	增 1/（1+β）	增 λ		√	√	√	$A_3^3/2=3$
X_1，X_2，X_3，X_4	增 1/（1+γ）	增 μ			√	√	$A_4^4/2=12$
X_1，X_2，X_3，X_4，X_5	增 1/（1+ρ）	增 ν				√	$A_5^5/2=60$

注：单层 CES 模型仅能处理 2 要素情形，四层嵌套 CES 模型至多可处理 5 要素情形。

CES 生产函数嵌套层级越多，则其要素组合方式越复杂，待估参数加速增加。如有 n 种生产要素：其嵌套层数为 $n-1$，任一情形下待估参数均为 $2n-1$ 个；要素组合种数 $A_n^n/2$ 呈阶乘式增长；全部可能情形下待估参数总量为 $(2n-1)A_n^n/2$，其增长极快（两要素时仅为3，五要素时高达540）。对同一组生产要素，不同组合方式下模型参数及替代弹性存在差异；但鉴于遍历所有情形既无可能也无必要，往往应先借助理论与经验酌情取舍。

模型形式确定后，可用 Kmenta（1967）提出的多级 CES 生产函数估计法进行参数估计。具体分两步：首先利用泰勒展开式将 CES 生产函数线性化，以求解参数初值；随后使用拟牛顿法对表达式做非线性优化。但该方法在应用中存在若干局限：一是针对某些复杂多层嵌套 CES 生产函数，难以找到适当泰勒展开式完成线性化；二是参数估计值易受初值影响，可能令非线性优化结果陷入局部解。

为克服上述 CES 生产函数估计方法的偏差，参照世界银行 2006 年报告中的做法，选用 NLS（非线性最小二乘）进行参数估计。NLS 无需对 CES 函数做烦琐的泰勒展开，且不受参数初值设定影响，仅需在迭代过程使估计值收敛至模型残差平方和最小，故其估计效率与准确性均优于 Kmenta（1957）方法。

三、结果讨论

本研究考虑五种投入要素：劳动 L 取全社会从业人员年中值（单位：万人）；四类资本（K、H、N、S）分别取自前面各章估算结果，均调整为 2000 年可比价（单位：亿元）。首先利用我国 31 个省区 1978—2017 年产出与各类投入面板数据估计生产函数①，进而计算要素替代弹性并进行增长核算。

（一）Translog 生产函数估计结果

首先利用面板模型估计式（9.4）全部参数，然后根据 $\eta_i = \alpha_i + \sum_k \alpha_{ik} \ln X_k$ 计算各类产出弹性，最终利用式（9.5）逐对计算要素替代弹性。

表 9.3　Translog 生产函数估计结果

变量	回归系数	聚类稳健标准误	t 值	P 值
常数项	-5.409	0.255	-21.25	0.000
lnK	0.906	0.123	7.36	0.000
lnL	0.960	0.111	8.65	0.000
lnH	0.600	0.159	3.78	0.000
lnN	-0.204	0.062	-3.27	0.001
lnS	-0.225	0.071	-3.16	0.002
lnKK	0.107	0.028	3.82	0.000
lnLL	-0.224	0.017	-12.98	0.000
lnHH	-0.015	0.072	-0.20	0.840
lnNN	0.021	0.007	3.10	0.002
lnSS	-0.004	0.003	-1.24	0.216
lnKL	-0.039	0.036	-1.09	0.278

① 尽管也可直接利用全国时序数据估计模型参数，但样本容量仅为 40；鉴于待估参数过多，其估计效果难以保证。

续表

变量	回归系数	聚类稳健标准误	t 值	P 值
lnKH	−0.182	0.083	−2.19	0.029
lnKN	0.025	0.018	1.41	0.158
lnKS	−0.051	0.031	−1.64	0.101
lnLH	0.192	0.049	3.89	0.000
lnLN	0.102	0.014	7.37	0.000
lnLS	0.014	0.023	0.61	0.544
lnHN	−0.086	0.027	−3.15	0.002
lnHS	0.095	0.047	2.00	0.045
lnNS	−0.023	0.013	−1.84	0.066
样本量 n	1240		调整后 R^2	0.993
F 统计量	9263		F 伴随 P 值	0.000

本研究旨在借助省级面板数据揭示全国生产函数基本特征，省区个体差异并非关注重点，故反映平均效应的混合模型不失为合意选择。尽管包含众多解释变量，但表 9.3 显示该模型几乎未遭多重共线性损害，估计效果令人满意：主要解释变量及其交叉项基本都在 10%的显著水平通过 t 检验，系数符号也符合理论预期，为计算要素替代弹性提供了坚实基础。将相应系数估计值与各种投入要素的产出弹性代入式（9.5），即可计算任意两种投入之间的替代弹性时间序列。简要结果见表 9.4 与图 9.8。

表 9.4　各对要素替代弹性估算结果描述统计

	观测值	平均值	标准差	最小值	最大值
σ_{KL}	40	1.224	0.880	−0.204	2.374
σ_{KH}	40	4.754	1.008	2.417	6.397
σ_{KN}	40	1.415	0.033	1.377	1.501
σ_{KS}	40	1.628	0.075	1.457	1.732
σ_{LH}	40	1.971	1.226	1.134	5.501
σ_{LN}	40	1.107	0.360	0.221	1.392
σ_{LS}	40	0.661	0.269	0.067	0.880

续表

	观测值	平均值	标准差	最小值	最大值
σ_{HN}	40	1. 443	0. 116	1. 317	1. 744
σ_{HS}	40	0. 684	0. 104	0. 454	0. 784
σ_{NS}	40	1. 148	0. 052	1. 088	1. 282

注：DES 具有对称性，K 与 L 之间要素替代弹性 σ_{KL} = σ_{LK}，故仅需报告其一。

表 9. 4 给出 1978—2017 年各类要素替代弹性的概况。产出资本 K 同其他资本的替代性较强，尤以同人力资本 H 替代弹性 σ_{KH} 最高。除 σ_{LS} 、σ_{HS} 小于 1 外，其余投入要素之间均有较强替代关系。

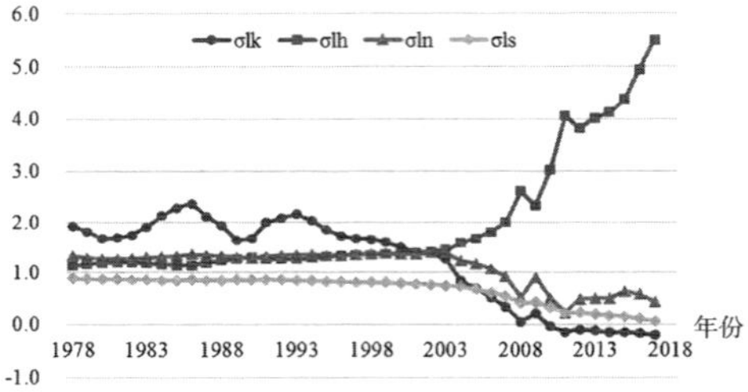

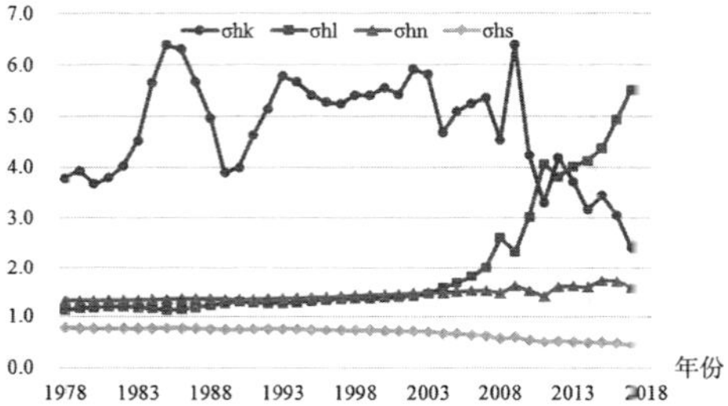

图 9.8　劳动力 L、人力资本 H 与其他投入的要素替代弹性

图 9. 8 显示，改革开放以来，人力资本对劳动力的替代能力明显增强；随着劳动力成本上升及人口老龄化导致适龄劳动力供给不足，人力资本 H 以外各类资本与劳动力的替代弹性均呈下降趋势，尤其是 σ_{LK} 由强替代关系逐渐变为互补关系。从标准差及变化趋势看，自然资本 N 、社会资本 S 同其他投入的替代关系较为稳定。

基于表 9. 4 中各类要素替代弹性的时期平均值，可以构造各类投入要素间的替代弹性矩阵，结果见表 9. 5。每一列（或每一行）反映某种投入要素与其他要素之间整个考察期的平均替代关系。先将替代弹性按列加总再算出平均值，可以反映该投入与其他所有要素的整体替代能力。替代弹性列平均值越大，意味着该投入与其他投入更易相互替代；列平均值越小，则说明该投入不可替代性更强，因而其对经济增长更为关键。根据列平均值大小排序，可直观反映各类投入要素的相对重要性。

表 9.5 要素替代弹性矩阵及关键资本识别

投入要素	K	L	H	N	S
K	—	1.224	4.754	1.415	2.255
L	1.224	—	1.971	1.107	0.661
H	4.754	1.971	—	1.443	0.684
N	1.415	1.107	1.443	—	1.148
S	1.628	0.661	0.684	1.148	—
平均替代弹性	2.255	1.240	2.213	1.278	1.187
不可替代性排序	5	2	4	3	1

社会资本 S 与其他投入之间替代弹性平均值为 1.19，在资本关键性方面居首位。社会资本属于无形资本，其内涵丰富、包罗万象，可揭示传统生产要素无法解释的经济增长动力，其作用很难由其他投入替代。劳动力 L 与人力资本 H 之间的替代弹性迅速提升（图 9.8），但 L 与其他资本的替代弹性均持续下降，折射出适龄劳动力供给减少令其作用日益关键。由于天然属性所限，自然资本 N（尤其是不可再生自然资本）与其他投入也不易替代。以上两点，凸显出经济发展过程中充分利用人口红利并合理利用自然资源的重要性。与社会资本、自然资本和劳动力相比，产出资本与人力资本更易快速积累，且二者之间具有很强的可替代性。第一节发现各国 H/K 随经济发展水平提高向适宜比率区间收敛，也可由此处结果支撑；H 与 K 具有强替代性，是各国通过理性投资决策（根据 H 与 K 相对价格）配置资本组合的根本保证。

（二）嵌套 CES 生产函数估计结果

借鉴世界银行 2006 年报告中所用的多层嵌套 CES 生产函数，估算特定投入要素组合之间的替代弹性。将其作为对 Translog 生产函数估算结果的验证与补充。

要素组合选择方面，从经典的两要素增长理论出发，由特殊到一般逐层扩展①。以劳动力 L、产出资本 K 和人力资本 H 为基本要素，先分别估计其与

① 回顾经济增长理论发展历程，最初仅涵盖物质资本与劳动力。对人力资本的重视，得益于 20 世纪 80 年代内生增长理论的兴起。当前，K、L、H 已成为经济增长理论的核心投入变量。将自然资本 N 与社会资本 S 纳入模型，可以扩展增长模型经验分析视野，并有助于厘清各类生产要素的增长效应及内在关联。

自然资本 N（或社会资本 S）的关系，进而同时考察全部五种投入之间的替代关系。三类基本要素的不同组合方式并非简单顺序变化，其经济含义有明确差别。例如，[（K，L）H] 侧重传统生产要素（K，L）同 H 这一现代生产要素的关系；而 [（L，H）K] 则着重考察反映人力投入的（L，H）组合与反映物力投入的 K 之间的替代关系。

利用 NLS 估计模型，首先需要设置参数初始值。为力求得到全局最优估计值，应保持设定中立，故将各类生产要素权重及弹性系数初始值均设为 0.5。模型估计结果见表 9.6。

表 9.6 非线性最小二乘法下的要素组合参数估计

	[(K,L)H]N	[(K,L)H]S	[(L,H)K]N	[(L,H)K]S	{[(K,L)H]N}S
A	0.450*** (0.025)	0.445*** (0.018)	0.250*** (0.008)	0.229*** (0.004)	0.444*** (0.018)
δ	0.970*** (0.023)	0.988*** (0.005)	0.720*** (0.109)	0.945*** (0.010)	0.931*** (0.018)
λ	0.958*** (0.021)	0.984*** (0.012)	0.348*** (0.034)	0.441*** (0.024)	0.987*** (0.011)
μ	0.729*** (0.040)	0.838*** (0.024)	0.006* (0.004)	0.006* (0.004)	0.849*** (0.027)
ν					0.980 (0.006)
α	-0.078 (0.079)	0.255*** (0.067)	0.958*** (0.159)	1.239*** (0.171)	0.242*** (0.078)
β	-2.181*** (0.353)	-2.240*** (0.547)	-3.133*** (0.301)	-1.682*** (0.223)	-2.550*** (0.592)
γ	-2.421 (1.595)	-2.057*** (0.266)	-2.626*** (0.925)	-1.616*** (0.257)	-0.381 (0.250)
ρ					-1.755*** (0.216)
n	1240	1240	1240	1240	1240
$\bar{R}^2$	0.988	0.991	0.991	0.989	0.991

注：括号内为标准误；*、**、***分别表示在 10%、5%和 1%的显著性水平下显著。

NLS 法参数估计结果不受初始值限制，迭代收敛值具有很强的稳健性。表 9.6 表明，多层嵌套 CES 生产函数中的权重参数大小取决于投入组合方式，给定投入组合后其权重取值非常稳健（例如，全部模型中，K 与 L 权重 δ 取值稳定在 0.93~0.99），几乎不受其他投入干扰；组合次序变换，则会影响要素之间的相对权重。替代参数估计结果以负值居多，且多数负值往往小于-1（据此计算的替代弹性为负值，超出理论值域）；仅首层 α 存在正值，表明 K 与 L 之间具有较强替代弹性。基于表 9.6 估计结果，计算各种要素组合之间的替代弹性，见表 9.7。

表 9.7　不同投入要素组合之下替代弹性比较

四要素				五要素	
[(K,L)H]N	替代弹性	[(K,L)H]S	替代弹性	{[(K,L)H]N}S	替代弹性
[K]L	1.084	[K]L	0.797	[K]L	0.805
[K,L]H	-0.847	[K,L]H	-0.806	[K,L]H	-0.645
[K,L,H]N	-0.704	[K,L,H]S	-0.946	[K,L,H]N	1.614
[(L,H)K]N	替代弹性	[(L,H)K]S	替代弹性	[K,L,H,N]S	-1.324
[L]H	0.511	[L]H	0.447		
[L,H]K	-0.469	[L,H]K	-1.467		
[L,H,K]N	-0.615	[L,H,K]S	-1.623		

注：本表替代弹性基于表 9.6 估计结果，替代弹性计算公式见表 9.2。

替代弹性越大，则投入组合之间的可替代性越强。表 9.7 结果显示，K 与 L 之间替代性较强，H 与 L 之间替代性稍弱。改革开放后，我国劳动增强型技术进步明显表现为资本偏向型，多要素嵌套组合强化了 K 与 L 的相互替代关系。L 与 H 分别反映劳动投入的数量与质量，二者之间兼具替代性与互补性，因而二者替代弹性略低。

同时考虑更多层级，发现单个要素与其他要素组合之间不存在替代性。这意味着各种投入对经济增长均有独特作用，任意单个要素都无法形成对其他要素组合的整体替代。对任一经济体而言，即使经济总量如“麻雀之小”，各类资本要素也须“五脏俱全”。

多层嵌套 CES 生产函数中，产出资本 K、劳动力 L、人力资本 H 三者间存在一定替代关系，但三者组合与社会资本 S 和自然资本 N 之间难以替代。据此判断，社会资本 S 在国民财富各类资本中最为关键，这与 Translog 生产函数的估算结果一致。

（三）基于 Translog 生产函数的增长核算

要素替代弹性对识别关键资本有重要作用，但并非判定关键资本的唯一维度。各类资本对经济增长的贡献大小，同样是衡量其关键性的重要参照。各类资本之间的替代互补关系，不可同其对经济增长的贡献等量齐观。下面基于 Translog 生产函数估计结果，借助增长核素法分解各要素对经济增长的贡献。

多年来，众多国内外学者就我国取得巨大发展成就的原因做了大量理论与经验研究。但对何为快速增长背后最重要的动力与源泉，仍莫衷一是，争论未决。十九大以来，我国经济由高速增长转向高质量发展阶段。鉴于产出资本、劳动力等传统生产要素对经济增长的推力下降，培育新增长点，形成新动能是实现高质量发展的关键所在。本书在广义国民财富框架下，将自然资本与社会资本纳入增长核算研究范围，既可重新审视传统生产要素的贡献，也有助于对 TFP（全要素生产率）的来源做进一步分解与剖析。

索络（Solow，1957）提出的增长核算法基于总量生产函数，将经济增长率分解为要素投入贡献与技术变化影响，后者由作为余值的 TFP 变动衡量，故也称技术进步测度的索洛余值法。该方法对生产函数形式并无限制，只需获取各类投入的产出弹性（或收入份额）与增长率，即可分解其对经济增长率的贡献。

基于 Translog 生产函数估计结果（表 9.3）和各类投入数据，可根据 $\eta_{it} = \alpha_i + \sum_k \alpha_{ik} \ln X_{kt}$ 计算我国 t 年 i 要素的产出弹性。随后，对其进行归一化，$w_{it} = \eta_{it} / \sum_k \eta_{kt}$；增长核算分析中，取对应时期范围的均值 $\overline{w_i}$。特定时期内的经济增长率 g_Y 和各类投入增长率 g_i，均采用几何平均法计算。技术进步引发的经济增长，由余值 $g_A = g_Y - \sum_i \overline{w_i} g_i$ 给出。最终，各投入要素与技术进步对经济增长的贡献份额分别为 $C_i = \overline{w_i} g_i / g_Y$ 和 $C_A = (g_Y - \sum_i \overline{w_i} g_i) / g_Y$。

增长核算分析的一大优势为，可以根据分析需要对考察期做灵活划分。除对 1978—2017 年进行整体分析外，还结合我国经济发展历史特征，以 1985 年、1993 年、2001 年、2008 年为界划分多个子时期。通过比较，不仅能更好认识技术进步与要素投入贡献的时期差异，也有助于梳理改革开放以来我国经济增长源泉的演进脉络。

鉴于价值量测度的人力资本 H，已兼顾劳动投入数量与质量，故与 L 存在大量信息重叠。基于表 9.3 结果计算的劳动产出弹性，考察期内始终为负值；推测 L 与 H 之间的共线性问题，是这一反常结果的主因。为此在增长核算分析时剔除 L，由 H 综合代理劳动投入数量与质量的整体影响。按前述方法对各时期经济增长率进行分解，结果见表 9.8。

表 9.8　中国经济增长贡献来源及其时期变化　（单位：%）

时期	经济增长	产出资本 K		人力资本 H		自然资本 N		社会资本 S		索洛余值 A	
	g_Y	$\bar{w}_K g_K$	C_K	$\bar{w}_H g_H$	C_H	$\bar{w}_N g_N$	C_N	$\bar{w}_S g_S$	C_S	g_A	C_A
1978—1985 年	9.8	2.2	22.0	4.3	44.1	2.3	23.4	1.3	13.2	-0.3	-2.6
1985—1993 年	9.6	2.4	24.7	2.9	29.7	0.8	8.1	0.9	9.0	2.8	28.6
1993—2001 年	9.4	3.2	34.0	3.1	33.5	1.6	17.5	2.1	22.4	-0.7	-7.4
2001—2008 年	11.0	4.1	37.3	3.6	32.5	3.4	31.1	1.5	13.3	-1.6	-14.1
2008—2017 年	8.0	5.0	62.1	1.1	13.7	0.6	7.6	4.1	50.9	-2.8	-34.3
1978—2001 年	9.6	2.6	27.0	3.4	35.2	1.5	16.0	1.4	14.6	0.7	7.2
2001—2017 年	9.3	4.6	49.2	2.1	22.1	1.8	19.1	2.8	29.8	-1.9	-20.3
1978—2017 年	9.5	3.4	35.3	3.0	31.1	1.6	17.2	1.9	20.4	-0.4	-4.0

表 9.8 结果显示，一旦将各类资本投入均考虑在内，即可充分解释经济增长。整个考察期内，K、H、N、S 对经济增长的贡献比重分别为 35.3%、31.1%、17.2%和 20.4%。分时期看，各类资本的贡献存在较大变化：产出资本贡献呈上升趋势，从改革开放之初的 22%提高到近十年的 62%，表明我国经济增长对产出资本投资的依赖程度仍然很高；2008 年以前，人力资本贡献始终在 30%以上，但 2008 年全球金融危机后经济增长更多倚重产出资本投

资，这与“四万亿”财政刺激计划大量投资基础设施有密切关系；自然资本对经济增长的贡献波动很大（低时不足8%，高时超过30%），且近期显著下降；社会资本对经济增长贡献的时期变动更大（低时仅9%，高时超过50%），但其高于自然资本且整体呈上升趋势。

如果直接相加，多数时期（1985—1993年除外）四类资本对经济增长的贡献之和超过100%，作为余值的技术进步贡献则为负值。改革开放以来，得益于国内研发投资与FDI（外商直接投资）带动的技术引进，我国技术水平显著提升是不争事实。故技术进步贡献为负的表面结果并不足信，不应对其做错误解读。只需换一视角，则可从中得到若干重要启示。

传统增长核算分析，通常仅考虑K与L（或K与H）两要素，余值法测算的技术进步对经济增长贡献往往高达30%至40%。此类处理并未考虑自然资本损耗，体制改革等社会资本改善也被忽略，故这些因素均混入索洛余值，导致对技术进步贡献的严重高估。一旦明确测度自然资本与社会资本的贡献，余值法给出的技术进步贡献必然大幅降低。根据第六章，国民财富总量由可持续消费推算，技术进步可通过提高可持续消费而影响国民财富。因此，从国民财富中扣除K、H、N后，剩余的社会资本S必然包含（至少一部分）技术进步对国民财富的贡献。有鉴于此，社会资本对经济增长的贡献很大程度上包含技术进步的影响。因此，表9.8中的C_A不能按传统方式解释，用(C_A+C_S)之和反映技术进步的贡献更为适宜。按此口径，整个考察期内技术进步对我国经济增长的贡献为16.4%，1978—2001年为21.8%，2001—2017年降至9.6%，1985—1993年最高达到37.5%，2001—2008年低至-0.9%，2008—2017年其贡献为16.7%。

总之，近期人力资本对经济增长的贡献有所下降，产出资本K成为主导决定因素，但其主要受全球金融危机这一外部负向冲击所致。长期而言，产出资本对经济增长的贡献将回落到40%以下，人力资本对经济增长的贡献将稳定在30%上下；自然资本贡献波动较大，且整体呈下降趋势，并非支撑经济增长的关键力量；社会资本对经济增长的贡献整体呈上升趋势，且近期超越人力资本和社会资本，成为推动经济增长的第二大动力。以(C_A+C_S)之和刻画技术进步对经济增长的影响，尽管远不如传统增长核算所给结果那样高，但绝大多数时期仍在10%以上，大体相当于自然资本的贡献。综上可见，社会资本对促进我国经济增长具有重要作用，长远而言无疑是经济发展的关键资本。

四、简要总结

本节从要素替代弹性和对经济增长贡献两方面入手，对各类资本的重要程度进行比较。Translog 生产函数估计结果表明，社会资本与其他资本之间的替代弹性平均值最低，很难由其他资本替代，对我国经济发展的作用最为关键。多层嵌套 CES 生产函数估计结果，也支持以上判断。增长核算分析再次确认，社会资本对促进我国经济增长具有重要作用，长期而言是我国经济发展的关键资本。不断深化社会经济体制改革，通过提升社会资本更好激发其他要素的生产效率，对实现以新发展理念引领高质量发展具有至关重要的作用。

第三节　资本类型转换分析

经济发展与财富积累是否具有可持续性，可以借助资本类型转换衡量。世界银行国民财富报告，将国民财富积累看作一种服务于经济发展的资产组合管理。各国产出资本、人力资本、自然资本等相互消长及国民财富总量变化会影响其发展可持续性，值得密切关注。尤其是自然资本会随着不可再生自然资源开采耗用而减少，如果自然资源租金不能投资于其他资本，则将损害经济增长可持续性。世界银行 2006 年报告深入讨论了将自然资源租金进行再投资的重要性，并对各国租金转换进行反事实检验和比较分析。下面借鉴世界银行研究思路，对我国自然资源富裕省区的自然租金再投资进行专题分析，以评估其财富积累和经济发展可持续性。并结合我国实际，给出一种新的反事实评估方法。

一、研究思路

（一）世界银行方法

针对资源富裕国家未必能良性发展的“资源诅咒”（Resource Curse），学术界提出多种备择解释：（1）通货膨胀阻碍非石油出口部门发展（“荷兰病”假说）；（2）资源租金这种“快钱”削弱经济改革动力；（3）资源价格频繁变动加大宏观经济管理难度，乃至引发混乱。

为评估一国是否遭遇资源诅咒，哈特维克（Hartwick，1977）给出一种经验法则：如果自然资源租金都用于投资，则可保证可持续消费不降。以此为基础，世界银行2006年报告分别在两种设定之下，给出满足哈特维克法则之下各国资本存量的反事实结果。

然而，世界银行2006年报告使用哈特维克法则只是计算期末年份产出资本存量实际值与反事实结果之差，因而仅能对某一时点做静态分析。为考察在一段时期内自然资源租金的投资率变化，需要对上述方法进行改进。

（二）本书思路

本研究旨在设计一种方法，据以评估自然资源富裕省区的自然资源租金是否以及多大比重用于投资其他资本，进而判断其是否摆脱自然资源诅咒，走上可持续发展道路。

为此，首先根据不可再生资源租金占GDP比重高低，将我国各省区划分为自然资源富裕省区和自然资源贫乏省区。进而，对前者的资源资金再投资进行测度。各类省区针对产出资本和人力资本的投资序列容易获取，第三章（第二节）和第四章（第三节）对其已有详细介绍。将两类投资与GDP对比，即得到产出资本投资率和人力资本投资率，可将二者之和称为综合投资率。

难点在于，对不可再生自然资源富裕的A省，如何识别其各年综合投资中哪些源于自然资源租金？显然，精确获取此类信息全无可能。但不妨大胆猜测：如果有一个自然资源贫乏的B省，除资源禀赋之外其他重要方面均与A省相似，则B省综合投资率可视为A省反事实结果。随后，推测A省综合投资额的反事实结果，并与自身实际投资比较：如实际投资减去推算投资之差为正，该差值可理解为用于投资的自然资源租金，该差值与自然资源租金之比反映再投资强度（以1位评判标准）；如实际投资减去推算投资之差为负，则表明自然资源富裕的A省，其综合投资率低于应有水平，自然资源租金未能提升其投资率，因而其经济发展不具有可持续性。

毋庸讳言，为特定的自然资源富裕省区A找到一个可供有效参照的B省极为困难。微观研究中，此类对照研究尚可借助双胞胎数据（本质属于匹配方法）较好实现，宏观研究中则不得不另寻他途。所幸，现代计量经济学中为此提供了有益思路与方法，其中合成控制与回归合成方法均可借鉴。合成控制方法之下，针对某个研究个体，可以利用一组其他个体通过加权平均构造一个“替身”，使二者在研究者看重的诸多重要方面高度接近。然而，合成控制要求其他个体合成“替身”时，采用非负权重且合计为1。回归合成放松了这一限制，允许以一组其他个体的某种线性组合构造“替身”，其系数可为负值，且无须施加系数之和为 1 的假定，因而具有更强的模仿能力。回归合成的上述做法，实质等价于以目标省区为被解释变量，以其他一组省区为解释变量，通过逐步回归法确定最优模型形式。但如模型解释变量过多，普通回归模型容易引入过多解释变量，一些系数绝对值很小的次要变量也无力剔除，即遭遇过度拟合问题。为此，可以采用 Lasso 回归对模型形式进行精简，达到模型预测能力与模型简洁性的最优平衡。

二、模型拟合

首先，计算 1978—2017 年各省区不可再生自然资源租金占 GDP 比重（下文简称租金比重）①。其中，不可再生资源包括煤炭、石油、天然气、金属与非金属矿藏等地下资源。之所以排除土地等可再生资源，是因为只要利用得当，可再生资源租金可以永续获取而不会枯竭，因而其是否用于投资并不损害经济发展的可持续性。随后，计算整个考察期内各省区租金比重平均值②，结果见表 9.9。

表 9.9 1978—2017 年各省区自然资源租金比重平均值

省区	R/GDP	省区	R/GDP	省区	R/GDP	省区	R/GDP
新疆	0.160	河北	0.049	云南	0.026	福建	0.009
山西	0.154	贵州	0.047	安徽	0.025	海南	0.007
黑龙江	0.136	辽宁	0.045	江西	0.024	西藏	0.006
内蒙古	0.131	河南	0.042	湖南	0.017	北京	0.005
陕西	0.127	山东	0.036	湖北	0.013	江苏	0.004
青海	0.080	吉林	0.034	广西	0.012	浙江	0.002
天津	0.066	甘肃	0.033	重庆	0.011	上海	0.000
宁夏	0.065	四川	0.026	广东	0.010	全国	0.035

注：表中时期平均值，按照总比率法计算得到。

① 全国各类自然资源租金数据来自世界银行 WDI 数据库。据此，设法将其分解到各省区。每类自然资源的具体处理方法，可见第五章第二节中的第二部分说明。

② 鉴于各年 GDP 差异巨大，故不能直接将各年租金比重简单平均。而是先将各时期 R 相加，再将各时期 GDP 相加，进而将二者对比，得到考察期内租金比重平均值。该方法即相对指标求平均的总比率法，其实质为以各年 GDP 为权重的历年租金比重的加权平均。

据此，可对省区自然资源贫富类型划分。具体而言，将租金比重高于4.5%的省区称为自然资源富裕省区，其他省区为自然资源贫乏省区。之所以未采取世界银行所用的5%作为标准，是考虑到我国全国租金比重为3.5%且各省租金比重简单平均值为4.5%，采用4.5%作为标准便于更好揭示我国省区差异。按此标准，共有11个省区属于自然资源富裕省区：其中8个省区租金比重超过5%，且新疆等5个省区租金比重高于10%；只有河北、贵州、辽宁3个省区租金比重介于4.5%至5%之间。其余20个自然资源贫乏省区，租金比重基本都在4%以下；有7个省区租金比重低于1%，尤其江苏、浙江、上海租金比重可忽略不计。

针对11个自然资源富裕省区，分别由20个自然资源贫乏省区构造“替身”。就本研究而论，构造“替身”时主要关注如下四类指标：人均GDP，综合反映发展水平；第二产业增加值比重，集中反映产业结构；最终消费率，概要反映消费与储蓄力量对比，以及可用于投资的资金规模；劳动份额（劳动报酬/要素价格表示的收入法GDP），集中反映收入分配结构。每个指标有40年观测值，故各省区均有160个样本数据。最终，可以按照如下模型估计构造“替身”的权重或系数。

$$Y_i = \beta_0 + \sum_{j=1}^{20} \beta_j X_j + u \tag{9.9}$$

其中，Y_i代表第i个资源富裕省区，$i=1$，…，11；X_j代表第j个资源贫乏省区，$j=1$，…，20；β_j为待估参数。

表9.10　各类方法效果比较：三个省区为例

省区	方法	Lasso A	回归方法	Lasso B	合成控制
天津	包含省区X数n	15	10	9	2
	模型解释能力R^2	0.999	0.999	0.998	0.988
山西	包含省区X数n	17	9	7	2
	模型解释能力R^2	0.993	0.992	0.991	0.981
新疆	包含省区X数n	18	9	8	20
	模型解释能力R^2	0.997	0.997	0.995	0.985

注：各省区四类方法之下的估计结果呈现类似模式；篇幅所限，不做逐一汇报。

由前述研究思路，有多种方式可估计式中参数。以三个省区为例，讨论各类方法之下的效果优劣，结果见表9.10。其中Lasso估计有两种常用准则：

一是交叉验证准则（表 9. 10 中以 Lasso A 标注），其旨在获得尽可能高的拟合优度，但模型精炼能力较弱；二是一个标准差准则（表 9. 10 中以 Lasso B 标注），是在最优 λ 的一个标准差范围内寻求形式最简单的模型，其以拟合优度的较小损失换取模型简洁性的显著提升。结果显示：由于对系数施加非负限定，合成控制法保留的 X 极少，简洁性最高但模型预测能力（以拟合优度 R^2 衡量）最差；Lasso A 预测能力最强但包含 X 过多；回归方法和 Lasso B 介于中间。经审慎权衡，最终选取 Lasso B 估计结果用于后续分析。

表 9. 11 汇报了 Lasso B 之下的模型估计结果。建模旨在利用其余省区在多个维度拟合自然资源富裕省区的主要发展特征，其主要关注预测能力而非因果效应。鉴于单个解释变量系数估计量统计上是否显著已不重要，故表中并未汇报 t 值或标准误，仅报告模型拟合优度。

结果显示，绝大多数省区模型拟合优度都在 0. 99 以上，对目标省区发展特征有很好揭示作用。因此，可据以推测自然资源富裕省区综合投资率的反事实结果。

表 9. 11 各省区 Lasso B 估计结果汇总

	天津	河北	山西	内蒙古	辽宁	黑龙江	贵州	陕西	青海	宁夏	新疆
截距	-0. 065	0. 101	0. 061	-0. 162	0. 040	0. 154	-0. 049	-0. 010	0. 081	0. 063	0. 100
北京					0. 169					0. 026	0. 045
吉林	0. 713			0. 955	0. 600	0. 064		0. 226	0. 058		
上海	0. 283					0. 008					0. 018
江苏	0. 766			0. 070	0. 204	0. 472	-0. 184				
浙江		0. 193	0. 236				-0. 073		4. E-05	0. 020	
安徽				0. 090				0. 117	0. 272	0. 058	
福建				0. 118			-0. 016		0. 008	0. 063	
江西	-0. 330				-0. 313			0. 257	0. 058		0. 089
山东		0. 154	0. 082	0. 019	0. 191				0. 004		
河南		0. 375	0. 329	0. 018			-0. 073	0. 234		-0. 039	0. 185
湖北	0. 125	0. 049			0. 100					-0. 090	
湖南							0. 698		0. 124		
广东		0. 006									0. 010
广西					0. 128				0. 003	0. 551	

续表

	天津	河北	山西	内蒙古	辽宁	黑龙江	贵州	陕西	青海	宁夏	新疆
海南	-0. 157		-0. 172		-0. 001		-0. 063		0. 027		0. 343
重庆	0. 005		-0. 218	5. E-04				0. 034	0. 094		
四川							0. 078		0. 055		
云南	-0. 267						0. 594			0. 024	0. 046
西藏	-0. 036		-0. 065		-0. 233		-0. 041			-0. 124	
甘肃	0. 000	0. 007	0. 618		0. 084	0. 172	0. 195	0. 150	0. 205	0. 396	0. 115
R^2	0. 998	0. 993	0. 991	0. 994	0. 994	0. 994	0. 973	0. 993	0. 993	0. 989	0. 995

三、省区比较

根据表 9. 11 模型估计结果，利用其余 20 个省区综合投资率数据，推算 11 个自然资源富裕省份综合投资率。随后，将其乘以 GDP 得到 11 个省区综合投资的反事实结果。进而，将综合投资反事实结果 I’ 与实际综合投资 I 相减，将其差额（△I=I-I’）称为超额投资。最后，将超额投资与源自不可再生资源的租金 R 对比，得到超额投资对因资源开采导致的自然资本价值减少的补偿率（△I/R）。

设定如下判别规则：如果补偿率大于或等于 100%，则表明不可再生自然资源的减少，被超额投资完全补偿甚至有余；如果补偿率介于 0 到 100%之间，表明超额投资对自然资源减少有所补偿，但力度不够，长此以往，其财富积累和经济发展不具备可持续性；如果补偿率小于 0，意味着实际综合投资低于反事实结果，表明综合投资率严重不足，连类似省区应有投资量都难以达到，更遑论对自然资源开采的补偿投资，此时经济发展不可持续。利用以上规则对 11 个省区进行判断，附录表 9A. 1 给出主要结果说明①。根据补偿率取值，可将 11 个省区划分为 5 类。

图 9. 9 显示，整个时期而言，内蒙古和贵州的补偿率平均为负，表明其综合投资相比应有的反事实结果尚存亏欠，更谈不上对自然资源开采进行补偿。

① 附录表中专设一列，就 Lasso B 与回归方法结果差异进行比较。基本结论是，多数省区两类方法结果差异不大，但有些省区二者差异在近期有所扩大。

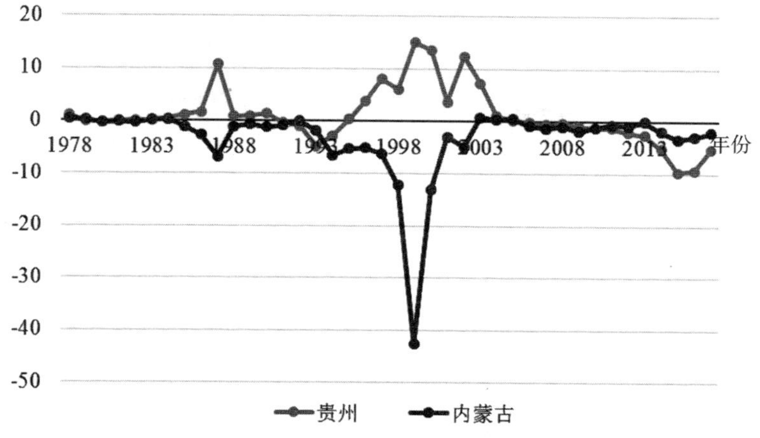

图 9.9 第一类发展不可持续省区：综合投资亏欠严重

内蒙古在整个时期只有 7 年对自然资源开采的价值减少略有补偿，其余年份均处于毫无补偿的不可持续路径，考察期平均补偿率为-90%。尽管贵州 1985—1990 年与 1996—2004 年具有充分补偿，但其他年份补偿率小于 100%，特别是 2006 年之后综合投资缺口巨大，导致其整个考察期（加权）平均补偿率仅为-123%。需要指出，直观看来贵州的投资不足程度低于内蒙古，但其近期补偿率远低于内蒙古，其对应的投资缺口金额巨大，导致加权平均补偿率更低。如果对各年补偿率进行简单平均，则内蒙古与贵州的平均值分别为-326%和 108%。简单平均结果之下，贵州财富积累路径看似可持续，但其忽略了各年 GDP 和投资数量绝对差异，造成严重误导。

相比之下，陕西与辽宁的补偿率介于 0%~100%之间。表明其将自然资源租金的一部分用于投资，但未能充分弥补自然资源开采的价值下降。长此以往，其财富积累和经济发展将受到损害，因而该积累模式也不具备可持续性。

整个时期内，陕西加权平均补偿率仅为 40%（简单平均补偿率则为 170%），但呈现明显的阶段变化；尽管多数年份其投资可以充分补偿自然资源开发，但 2004 年后其年均补偿率仅为 29%，该阶段的巨大缺口导致整个考察期投资补偿不足。相比之下，辽宁数据波动更大：整个考察期加权平均补偿率为 91%（简单平均补偿率仅为 36%），接近可持续状态；但 2000 年以前投资补偿不足，此后补偿过度与缺口交错且波动剧烈。整体而言，陕西投资模式由可持续转向不可持续，而辽宁则由不可持续转向可持续，从补偿率水平与变化趋势看，辽宁投资模式变化路径更为乐观。

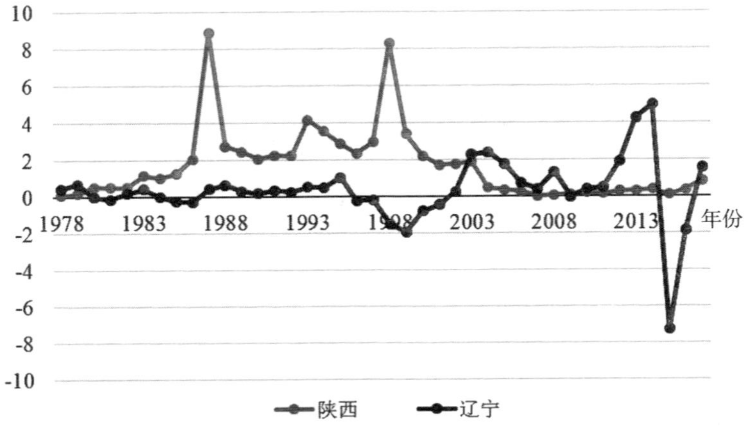

图 9.10　第二类发展不可持续省区：综合投资补偿不足

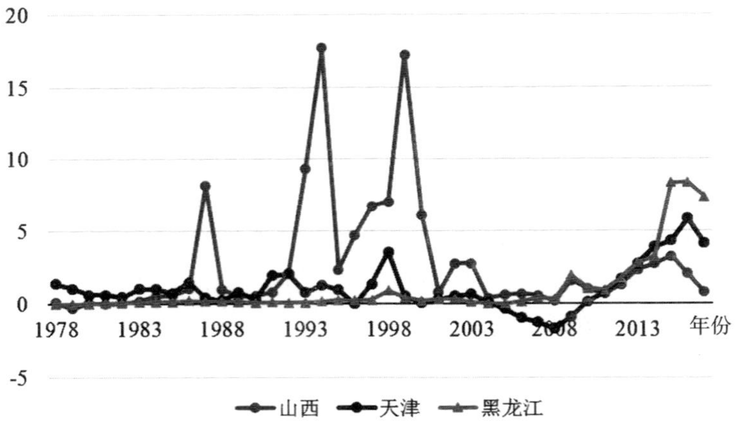

图 9.11　第一类发展可持续省区：综合投资补偿适度

山西、天津、黑龙江的补偿率均高于 100%，可以充分补偿不可再生自然资源开采的价值减少而有余。但三者补偿率变化存在一定差异。考察期内，山西补偿率加权平均值为 111%（简单平均值高达 279%），但各年之间存在剧烈变化且无明显趋势：1978—1985 年，1989—1991 年，2001 年，2004—2008 年，2011 年和 2017 年投资补偿不足，其余年份补偿充分。天津在考察期内加权平均补偿率为 121%（简单平均补偿率为 108%），但呈周期变化特征：2004 年前补偿不足与补偿过度交错，模式不易辨识；2005—2009 年投资缺口严重，但 2012 年后强势补偿。黑龙江整个考察期加权平均补偿率为 122%（简单平均补偿率为 105%），其变化趋势较为明确：1978—2008 年，补偿率大体在 20%上下；2009 年后补偿率迅速攀升到 400%，投资路径由不可持续转向可持续。

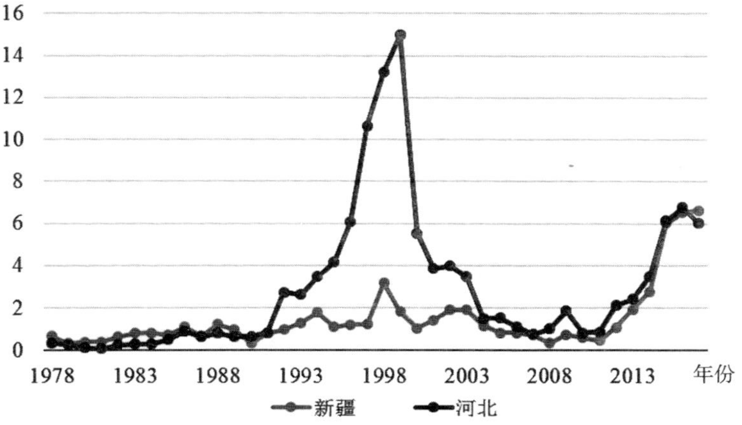

图 9.12　第二类发展可持续省区：综合投资超额较大

新疆与河北的超额投资很高，明显超过弥补自然资源开采所需的金额。整个考察期内，新疆加权平均补偿率为 175%，但存在明显的时间变化：1978—1992 年平均补偿率仅为 73%；1993—2004 年平均补偿率达到 159%；2005—2011 年平均补偿率再次降为 65%；2012 年后平均补偿率猛增到 416%。河北与新疆具有相似特征，整个考察期权平均补偿率为 194%，分阶段看：1978—1991 年综合投资不足，平均补偿率仅有 48%；1992 年后投资对自然资源开采的价值减少有充分补偿，平均补偿率高达 428%。总之，两个省区具有很高的超额投资，足以弥补其不可再生自然资源开采的价值下降，处于可持续资本积累路径。

在所考察的 11 个省区中，青海与宁夏具有最高的补偿率，考察期内加权平均补偿率分别高达 733%和 748%。考察期内，绝大多数年份补偿率均在 100%以上，超额投资远远高于自然资源开采造成的价值下降。与前述省区相比，青海和宁夏的综合投资率显得过高而具有特殊性。《中国统计年鉴》数据显示，青海和宁夏的产出资本投资率（不含人力资本投资）近期急剧攀升，分别于 2012—2017 年和 2014—2017 年超过 100%。其资本形成总额大于 GDP，原因是产品净调出为负值，即从外省和国外的产品调入远高于对外调出。至于支撑这种“过度”投资的资金来源，可以来自本省级政府和企业部

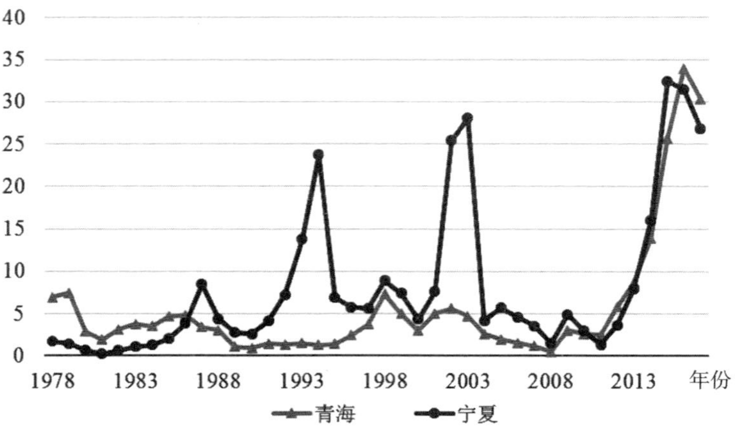

图 9.13　第三类发展可持续省区：综合投资超额巨大

门以往核算期的储蓄积累、金融系统的资金融通，或者来自中央财政转移支出。鉴于这两个西部省区自身积累能力有限，因此中央财政转移应该是其维持高补偿率的主要原因。为避免对中央财政转移的依赖，应该充分利用“过度投资”形成的资本生产能力，提升自身造血能力，主要依靠自身能力走上财富积累与经济发展的可持续路径。

四、简要总结

世界银行 2011 年研究报告显示，从全球范围看，众多自然资源富裕国家并未将资源租金转换为再投资。特别是对自然资源依赖程度最高（不可再生自然资源租金占 GDP 比重超过 15%）的那些国家，据哈特维克法则审视均偏离可持续资本积累路径，尤以刚果、阿曼、尼日利亚、加蓬、委内瑞拉、特立尼达和多巴哥投资缺口最为严重，表明资源诅咒仍普遍存在。自然资源租金比率超过 5%的资源富裕国家中，只有中国、智利、马来西亚、突尼斯、哥伦比亚、毛里塔尼亚六国对产出资本投资超过自然资源租金，尤以中国超出幅度最高（哈特维克法则之下反事实结果仅为产出资本实际值的 30%）。

我国具有全球最高的储蓄率和投资率。高投资可以有效补偿自然资源开采导致的价值减少，因而处于财富积累可持续路径。这也是我国经济持续快速发展的支撑因素之一。然而，我国各省区之间存在一定差异：多数自然资源富裕省区满足哈特维克法则，且超额投资明显高于必要补偿；但也有少数省区在特定阶段甚至整个考察期内对自然资源开采的补偿不足，已对自身发展可持续性造成严峻挑战。

第四节 结论与认识

国民财富涵盖多类重要资本，资本比率受资源禀赋和投资模式共同影响，且对经济发展具有重要影响。国际经验表明，初始禀赋决定的自然资本高低差异悬殊，但其重要性随经济发展而相对下降；新增投资主要投向人力资本与产出资本，且 H/K 随经济发展快速收敛到 2~3 这一适宜比率。我国各省区资本比率取值与变化趋势与国际经验高度一致。

基于 Translog 生产函数估计结果，可以计算我国各类生产投入之间要素替代弹性序列，进而识别各类资本之间的替代能力及其时间变化。结果显示：社会资本最难替代，是我国经济发展的关键资本；自然资本与劳动力可替代性均较低且持续下降，为实现可持续发展，必须果断摆脱过度依赖自然资源与人口红利的传统模式。鉴于自然资本与劳动力不易调整，参照最优资本比率在 K 与 H 之间理性配置投资，是优化资本结构和促进经济发展的根本手段。增长核算进一步表明：长期而言，社会资本是经济发展的关键资本，其有助于提升其他投入要素的生产效率，对提高发展可持续性具有重要作用。

国际经验表明，自然资源富裕国家未必能将资源租金转换为再投资和发展动力，据哈特维克法则判断，多数自然资源富裕国家均遭遇资源诅咒。我国兼具高储蓄率和高投资率，能有效补偿自然资源开采导致的资本减少，财富积累整体上处于可持续路径。但各省区自然租金转化模式存在明显差异：多数自然资源富裕省区的超额投资高于必要补偿，故其财富积累可持续；少数省区对自然资源消耗的补偿不足，令其发展可持续性遭受挑战。

本章附录

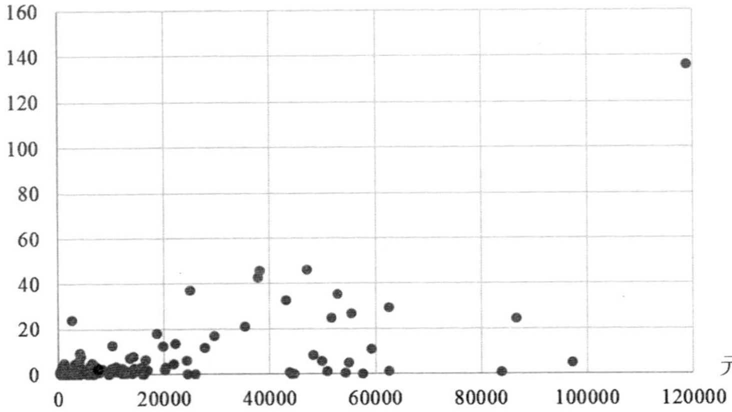

图 A9.1 K/N 与人均 GDP 关系：基于联合国报告（2018）

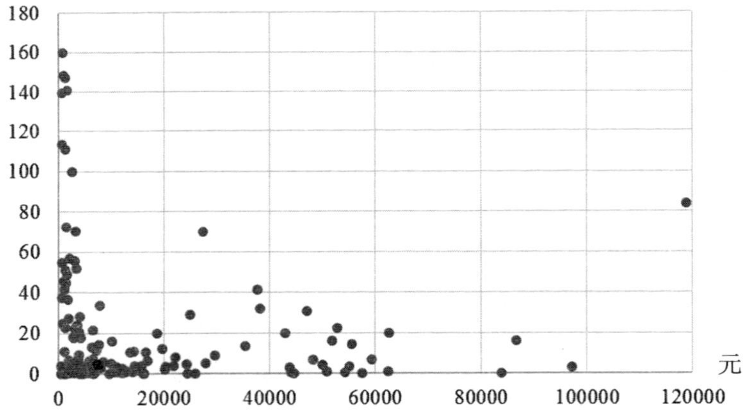

图 A9.2 H/N 与人均 GDP 关系：基于联合国报告（2018）

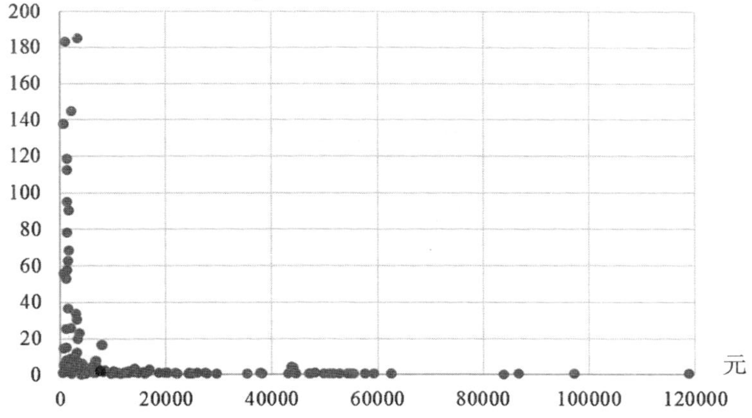

图 A9.3 H/K 与人均 GDP 关系：基于联合国报告（2018）

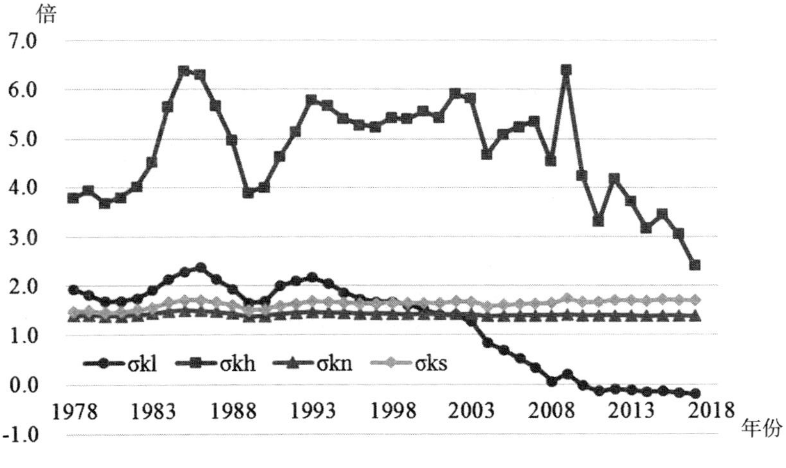

图 A9.4 产出资本 K 与其他投入的要素替代弹性

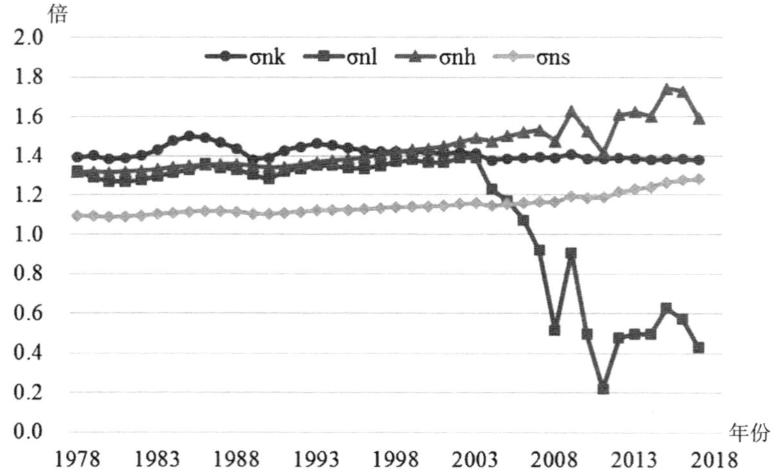

图 A9.5　自然资本 N 与其他投入的要素替代弹性

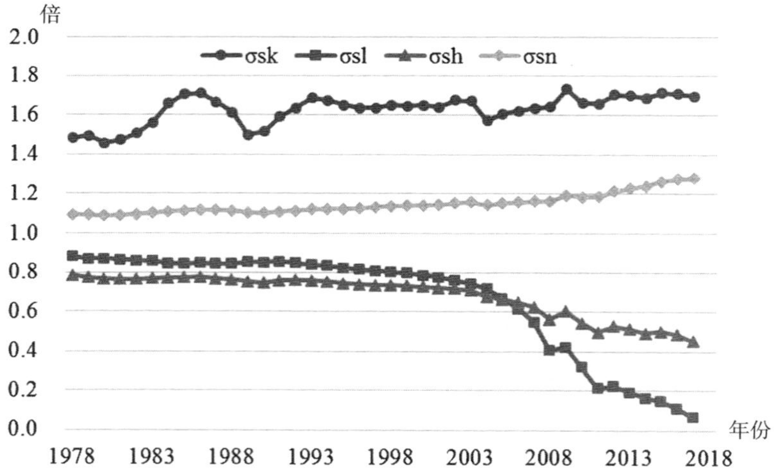

图 A9.6　社会资本 S 与其他投入的要素替代弹性

表 A9.1 自然资源富裕省区财富积累与经济发展可持续性比较

省区	Lasso B 与回归差异	可持续性判断	时期差异特征
天津	差异较小，但随时间呈扩大趋势	整体可持续；补偿率为121%	2004 年前，补偿不足与过度交错，模式不易辨识；2005—2009，缺口严重，2012 年后强势补偿
河北	差异较大	整体可持续；补偿率为194%	1978—1991 补偿不足，平均 48%；1992 年后，补偿充分，补偿率为 428%
山西	差异很小	整体可持续；补偿率为111%，但各年交替变化	补偿不足年份有 1978—1985 年，1989—1991 年，2001 年，2004—2008 年，2011 年，2017 年等；其余年份补偿充分
内蒙古	前期与中期差异较小，近期急剧扩大	严重不可持续；补偿率为-91%	整个时期补偿不足，仅有 7 年略有补偿。绝大多数年份，缺口巨大
辽宁	差异由小变大	整个时期平均，基本有可持续性；补偿率约为 91%	2000 年前，补偿不足；此后混乱，有些年份补偿过度，有些则缺口巨大
黑龙江	差异明显，且逐渐扩大	整个时期平均，可持续；补偿率为 122%	1978—2008 年，投资 R 补偿率为 20%；此后，投资补偿为 400%。从不可持续走向可持续
贵州	差异较大	不可持续；多年实际投资低于反事实结果，投资严重不足。补偿率为-123%	1985—1990 年，1996—2004 年可持续，超额投资；其他年份投资不足，尤其 2006 年后缺口巨大
陕西	差异较小	可持续性不强；整个考察期内，补偿率为 42%。较多年份充分补偿，但近期缺口大，从而整体不可持续	周期性强：1978—1982 年投资补偿 R 不足，平均补偿率为 39%；1984—2003 年超额投资，平均补偿率为 293%；2004 年后，投资不足，补偿率为 29%

续表

省区	Lasso B 与回归差异	可持续性判断	时期差异特征
青海	差异微弱	可持续；过度投资，补偿率为 733%。其 2012—2017 实际投资率超过 100%	整个时期额外投资均高于 R，后期波动大
宁夏	差异微弱	可持续；过度投资，补偿率为 748%。其 2014—2017 年实际投资率超过 100%	整个时期额外投资均高于 R，波动大
新疆	有一定差异，不算小，也不太大	可持续；补偿率 175%。有一定程度的过度投资	周期性强：1978—1992 年投资不足，平均补偿率为 73%；1993—2004 年超额投资，平均补偿率为 159%；2005—2011，投资不足，平均补偿率 65%；此后，投资过度，平均补偿率为 416%

第十章　我国区域经济发展均衡性分析[①]

第八章着眼于区域差异，对各省经济实力与人均福利进行初步比较。第九章则从最优资本比率、关键资本识别与资源租金转化入手，对国民财富积累可持续性进行评估。本章进一步就我国区域经济发展均衡性做专题分析：一方面，直接考察人均国民财富的收敛特征，并比较各省之间各类资本产出效率的敛散性；另一方面，着眼于人力资本跨区流动的规模与影响，从资本空间流动视角间接评估区域经济发展的均衡性。

第一节　引言

当前，我国经济正由高速发展转向高质量发展阶段，协调发展是其重要维度之一。区域发展不协调、不均衡，会损害经济发展前景并降低国民福利水平。实现区域协调发展，内在要求持续缩小区域差距：一是提高各地区向自身稳态的收敛速度（条件 β 收敛）；二是进一步促进各地区稳态水平趋同（绝对 β 收敛）；三是最终走向共同富裕和福利水平均等（ σ 收敛）。为判定上述目标实现程度，必须基于实际数据做经验检验。实证揭示制约我国区域经济发展协调性的问题症结并探寻破解之道，对实现高质量可持续发展具有重要价值。

多年来，我国经济快速发展中的区域经济差异问题倍受关注，并积累起大量文献。少数学者拒绝任意形式的收敛，但更多研究表明我国地区经济增长存在收敛现象。由于研究视角与方法数据选择差异，既有文献对收敛类型和收敛速度的认识存在明显分歧。一些研究显示，我国地区经济增长存在绝对 β 收敛（Chen et al，1996；Lei et al，2008），但有明显的阶段差异（魏后

① 本章主要内容已发表：郝枫，张圆．国民财富视角下我国区域经济发展均衡性初探[J]．商业经济与管理，2021，41（2）：80-96.

凯，1997；潘文卿，2010）。更多学者认为我国区域经济发展不存在绝对β收敛，仅存在俱乐部收敛（董先安，2004；朱发仓，2006；Hao，2008）和条件β收敛（蔡昉等人，2000；沈坤荣等人，2002；王铮等人，2002；彭国华，2005），且此类收敛具有明显的阶段性与区域性（刘强，2001；刘金全等人，2009；李竞博等人，2020）。对收敛速度的认识同样差异悬殊，相对收敛速度估计值多在10%上下（林毅夫等人，2003；董先安，2004；许召元等人，2006），但也有文献估计结果与发达国家2%左右的水平接近（魏后凯，1997；周国富等人，2015）。

上述研究中，绝大多数基于人均GDP指标检验收敛性。彭国华（2005）指出，基于TFP（全要素生产率）检验也可得到类似结论，但收敛速度更快。戴觅等人（2015）则发现，基于部门劳动生产率进行检验，更易得到强于条件收敛的绝对收敛。对区域经济发展收敛性的决定因素也有大量讨论，FDI、TFP和区域发展政策倍受重视（李广东，2013）。资源禀赋差异也至关重要，自然资本密集强度差异不容忽视（Hao et al.，2009），人力资本差异对地区经济收敛影响重大（蔡昉等人，2000）。区域间要素流动有助于要素生产率趋同，进而提升经济增长收敛速度，故劳动力大规模跨区流动也是我国区域经济增长收敛的关键因素。

该领域研究已取得众多成果，但仍有若干方面有待改进。一是过于依赖人均GDP等流量指标，据其收敛性检验揭示区域发展均衡性。财富存量是各期收入流量长期累积的结果，且涵盖范围更广（物质资本之外还包括人力资本、自然资本乃至社会资本），其对评价发展衡量性具有重要价值。对反映福利水平这一发展目标而言，人均财富较人均GDP更胜一筹，故据其检验区域经济发展均衡性可给出更佳评判，但此类研究尚文献阙如。二是偏重发展结果收敛性，对作为过程与手段的资本产出效率（及资本收益率）地区差异缺乏关注，难以深入揭示区域发展差异及其动态变化的成因。三是对各类资本积累特别是其跨区流动关注不足，要素空间流动可以明显改善配置效率，进而有助于提升区域发展均衡性，对此也应深入探讨。可见，以上几方面均亟待加强。

本章充分借鉴国内外研究成果，从国民财富视角评估我国区域经济发展均衡性，并力图从三方面做出改进（图10.1）。首先，基于国民财富统计测度，由人均财富存量刻画区域经济发展均衡性，对基于人均GDP流量的传统方法提供有益补充，并着重探讨存量收敛与流量收敛的实现方式差异与强度关联。其次，兼顾发展结果均衡性与发展过程均衡性，并借助各类资本产出

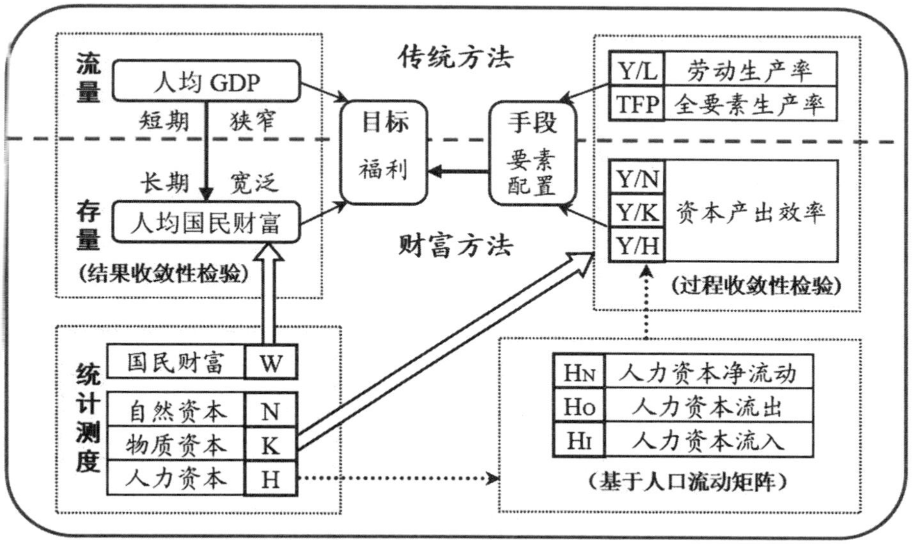

图 10.1 研究思路与逻辑框架

效率收敛性检验，支撑人均财富收敛性的内在特征。最后，比较各类资本积累模式与流动能力差异，由人力资本跨区流动阐释资本产出效率收敛性，进一步剖析区域经济发展均衡性的深层原因。

后文结构安排如下：第二节利用 σ 收敛与 β 收敛方法检验人均福利收敛性，阐明基于人均财富与人均 GDP 的结果差异及相对优劣；第三节针对国民财富的主要资本类型，分别检验资本产出效率收敛性，并剖析其差异成因；第四节借助人口普查数据估算人力资本流动，揭示其对各省区人力资本存量的调整力度与空间差异，以支撑资本产出效率收敛性检验和对区域经济发展均衡性的判断；第五节给出研究结论，探讨提升区域经济发展均衡性的对策，并就该领域进一步研究方向进行展望。

第二节 人均财富收敛性检验

已有研究常用人均 GDP 衡量发展水平。人均财富是刻画福利水平的更优指标，因此选用其检验人均福利收敛性，并将其与基于人均 GDP 的检验结果展开比较。

一、收敛性检验方法

收敛性检验旨在揭示不同地区经济指标在考察期内的趋同或发散状态。其常用于说明地区间特定经济指标的差异能否消除或减弱，或者落后地区发展水平能否最终赶上发达地区等问题。

常用的收敛性检验，包括 σ 收敛与 β 收敛两大类。σ 收敛用于反映地区经济指标偏离整体平均发展水平的动态演化趋势，用以判断地区间经济指标差距是否随时间推移而缩小。β 收敛则假定地区经济指标发展与其初始经济高低成反比，即落后地区经济指标发展速度比发达地区更快。按其假定条件的严格程度，可进一步划分为绝对 β 收敛和条件 β 收敛。二者不同之处在于：绝对 β 收敛假定各指标的经济基础条件相同，最终能够达到完全一致的稳态增长速度与发展水平；至于条件 β 收敛，则承认不同地区的经济条件与特征有所差异，认为各地区会趋近自身的稳态水平，但落后地区与发达地区之间的差距仍然可能持续存在。

比较而言，绝对 β 收敛易于操作，直观性较强，但假设较为严苛；条件 β 收敛虽然放松了前者的严格假定，然而提高了对数据的要求，必须控制与研究指标相关的一系列外生变量。由于国民财富指标的影响因素各不相同，应用条件 β 收敛在控制变量上选择难免挂一漏万。考虑检验口径的一致性与检验过程的可操作性，下文统一采用 σ 收敛与绝对 β 收敛方法对各类资本产出效率指标进行检验。

（一）σ 收敛

本研究以 σ 收敛性检验考察我国不同省区各类资本产出效率指标差异随时间的演化趋势。指标差异通常以标准差、变异系数、基尼系数、泰尔指数等反映离散程度的统计指标衡量，若指标离散程度随着时间变化而降低，则认为该指标存在 σ 收敛。然而，该方法仅易于辨别离散程度单调增减的情形，当离散程度存在反复波动时则不易判断其收敛性，此时需通过计量模型加以验证。本研究以各资本产出效率的变异系数为检验对象，构造如下模型：

$$\sigma_t = \alpha + \theta t + u_t \tag{10.1}$$

其中，σ_t 表示资本产出效率指标第 t 年的变异系数，α 为截距项，t 为时间趋势项，u_t 为随机扰动项。当 θ 显著为正时，意味着该指标的空间差异随时间推移而扩大，不具备 σ 收敛特征；当 θ 显著为负时，则表明该指标的空间差异逐年减小，呈现 σ 收敛；特别地，当 θ 等于 0 时，说明该指标地区差异在考察期内无显著变动，此时既不存在收敛，亦不存在发散趋势。

（二）β 收敛

β 收敛检验，可判别各地区待检指标是否趋近同一稳态均衡值。如果待检指标增长率与其上期水平负相关，则存在 β 收敛。此时，落后地区呈现追赶领先地区的趋势。根据待检指标增长率是否还受其他重要因素影响，可区分绝对收敛与条件收敛两类。

在 σ 收敛性检验基础上，绝对 β 收敛可进一步验证各地区国民财富指标是否趋近同一稳态均衡值，即讨论资本产出效率落后的省份是否存在追赶效应。本质上看，绝对 β 收敛考察国民财富指标的环比增长率是否与其上一期水平存在负相关关系。若存在 β 收敛，则说明指标较低的地区具有向指标较高地区逼近的趋势，进而令区域内国民财富发展势差逐步缩小，反之则意味着势差加大。β 收敛对于区域国民财富发展和区域协调具有促进作用，如不收敛则意味着区域国民财富发展不平衡矛盾持续扩大。

参考国内外有关研究设定，以当期资本产出效率指标对数为解释变量，以其环比增长率对数为被解释变量，基于面板数据构造绝对 β 收敛检验模型（齐绍洲，李锴，2010）：

$$\ln\frac{Y_{it+1}}{Y_{it}} = \gamma + \beta\ln Y_{it} + \varepsilon_{it} \tag{10.2}$$

其中，$i(i=1, 2, \cdots, n)$ 为省区，$t(t=1, 2, \cdots, T)$ 为时期，γ 为截距项，ε_{it} 为随机扰动项，$\beta=-(1-e^{-\eta T})/T$ 为待估参数，η 为收敛速度。

引入控制变量后，则为条件 β 收敛模型：

$$\ln\frac{Y_{it+1}}{Y_{it}} = \gamma + \beta\ln Y_{it} + \varphi\ln X_{it} + \varepsilon_{it} \tag{10.3}$$

其中，控制变量 X 所属时期同样选为前一期。

由于式（10.2）和式（10.3）为面板计量模型，因此在估计收敛参数之前，需先进行假设检验以确定面板数据模型的具体形式。首先通过 F 检验在混合模型与固定/随机效应模型间进行取舍，若未通过 F 检验，则选择反映平均效应的混合模型；若通过 F 检验，则进一步利用 Hausman 检验在固定效应与随机效应模型之间进行选取。确定选取的模型后即可进行估计，进而通过参数显著性与符号判断指标的收敛性。同 σ 收敛检验思路一致，若 β 显著为负，则认为该分析指标存在绝对 β 收敛，即其增长速度与初始水平成反比，发展水平较低地区存在追赶趋势；反之，若β显著为正，则分析指标趋于发散，空间差异持续拉大。

尽管条件收敛对各地区经济环境和相关变量差异有所刻画，但无法全面剔除此类影响。另一思路是俱乐部收敛检验，即专门考察经济发展特征类似的省区是否存在收敛特征。其仍可采用上述模型形式，只需将所用数据限定在属于同一俱乐部的特定地区。

二、人均福利收敛性

利用前述方法，分别检验人均 GDP 与人均财富收敛性，并讨论其结果差异。

人均 GDP 是衡量经济发展的常用指标，其收敛性是刻画区域经济发展均衡性的重要手段。由于研究视角与方法各异，已有文献对我国各地区人均 GDP 收敛性的认识不尽相同。多数研究发现地区间具有条件收敛但未必存在绝对收敛，且对收敛速度存在明显分歧。

表 10.1 人均福利收敛性检验

检验指标	检验类型	参数	系数	标准误	t 统计量	p 值	收敛速度	调整 R^2	方法设定
人均Y	σ 收敛 A	θ	0.047	0.005	8.936	0.000	——	0.896	GLS
	σ 收敛 B	θ	−0.007	0.001	−7.839	0.000	——	0.825	GLS
	绝对β收敛	β	−0.011	0.003	−3.647	0.000	1.13%	0.432	截随时固
	条件β收敛	β	−0.014	0.008	−1.984	0.052	1.42%	0.472	双固定
人均W	σ 收敛 A	θ	1.091	0.161	6.787	0.000	——	0.831	GLS
	σ 收敛 B	θ	0.003	0.001	2.196	0.034	——	0.287	GLS
	绝对β收敛	β	−0.074	0.009	−8.234	0.000	7.69%	0.321	双固定
	条件β收敛	β	−0.116	0.011	−10.198	0.000	12.38%	0.340	双固定

注：σ 收敛 A 基于标准差，σ 收敛 B 基于变异系数；σ 收敛检验采用 HAC 稳健标准误，β 收敛采用 White cross-section 标准误。面板模型设定检验显示，所有情形均不支持变系数模型，故根据冗余似然比检验和 Hausman 检验在变截距模型（随机或固定）与混合模型间做出选择。后同。

表 10.1 显示，绝对 β 收敛检验表明，人均 GDP 存在收敛性但速度很低（1.13%）；以人均财富为控制变量①，条件 β 收敛检验仍支持该判断。理论上，β 收敛为 σ 收敛的必要条件，无法保证各省区人均 GDP 绝对差异减小。以标准差测度，σ 收敛被明确拒绝；以变异系数测度，σ 收敛虽获支持但强度很弱（年均下降 0.007）。落后省区发展速度更快仅可减弱人均 GDP 相对差异加剧趋势，但过低的收敛速度无法扭转绝对水平差异的继续扩大。

相比流量指标 GDP，以财富存量指标反映区域发展差异更为合理。一则国民财富涵盖范围比 GDP 更广，二则财富存量是收入流量的长期累计，故据其检验人均福利收敛性可提供重要洞见。结果显示：无论以绝对形式或条件形式进行判断，人均财富均呈明确的 β 收敛；尽管其收敛速度较高（分别为 7.69%和 12.38%），但人均财富并未出现 σ 收敛，无论以标准差还是变异系数衡量莫不如此。人均财富变异系数随时间轻微上升，人均财富标准差则呈强烈上升趋势。这主要源于人均财富绝对差异远高于人均 GDP，尽管落后省区增速更快，但追赶领先省区绝非易事。我国幅员辽阔，各地区国民财富结构差异悬殊，且主导资本各不相同，国民财富收敛难度很大。尽管各省区物质资本与人力资本差异有所缩小，但自然资本与社会资本省际差异显著且发散，是导致人均财富不收敛的关键。

三、同类文献比较

多年来，围绕我国区域经济发展均衡性积累起大量经验研究。纵览既有文献，多以人均 GDP 或劳动生产率检验区域经济增长收敛性。

表 10.2　区域经济发展收敛性检验文献比较

对比文献	检验指标	检验结果		
		σ 收敛	绝对 β 收敛	条件 β 收敛
赵红（2005）	人均 GDP	不存在		存在
金相郁和武鹏（2010）	人均 GDP		存在	
马颖和李静（2012）	人均 GDP			存在

① 经验研究表明，人均 GDP 增长速度除受初始经济发展水平影响外，还受地理位置、经济环境、教育水平、基础设施建设等诸多因素差异的影响。不失一般性，以人均财富作为各类因素的粗略代理。类似地，在人均财富条件收敛检验模型中，将人均 GDP 作为控制变量，综合代理其他因素的影响。

续表

对比文献	检验指标	检验结果		
		σ 收敛	绝对 β 收敛	条件 β 收敛
张成等人（2013）	人均 GDP	存在弱收敛	不存在	存在
王欣亮等人（2014）	人均 GDP			取决于时期
齐绍洲和李锴（2010）	劳动生产率			存在
戴觅和茅锐（2015）	工业劳动生产率		存在	存在
李竞博和高瑗（2020）	劳动生产率	一定程度存在	存在	存在
刘帅（2019）	经济增长质量	不存在	存在	存在
吕承超和崔悦（2020）	高质量发展水平		存在	
聂长飞和简新华（2020）	高质量发展水平	不存在	存在	存在
邓宗兵等人（2020）	生态文明发展	不存在	存在	存在

注：作者整理得到。

多数研究表明，我国区域经济发展存在 β 收敛，条件收敛较绝对收敛更为常见，但就是否存在 σ 收敛尚难达成共识。最近，一些文献借助 DEA（数据包络分析）或综合评价方法构造“高质量发展水平”等合成指标，据其对区域经济发展的收敛性检验也有类似结论。但就 σ 收敛检验而言，与人均 GDP 等单一指标方法相比，根据综合评价合成指标得出的拒绝结论更为强烈。

本文结果与既有研究基本一致：我国人均福利存在 β 收敛，但尚不足以抵消导致福利水平变动的其他因素，故难以实现 σ 收敛；以人均 GDP 衡量时 σ 收敛初现一线曙光，但以人均财富衡量则明显呈 σ 发散。基于人均 GDP 的研究，未能充分揭示区域经济发展不均衡问题的严重程度。财富是收入长期积累的结果，即使收入流量趋于收敛，其短期内对财富存量的修正力量仍然有限。只有人均 GDP 和各类投资长期保持收敛，人均财富才会最终趋于收敛。虽可由人均 GDP 收敛性衡量区域经济发展均衡性，但理应将人均财富收敛作为长远目标。由人均 GDP 收敛迈向人均财富收敛，是提升我国区域发展均衡性的内在要求与重要体现。

第三节 资本产出效率收敛性

上节从结果视角检验我国区域经济发展均衡性，得到若干基本判断。福利作为发展目标，其收敛性很大程度上取决于作为发展手段的要素配置，后者可由资本产出效率衡量。经济发展与福利提升以国民财富为重要支撑，国民财富则由物质资本、人力资本、自然资本等组成。下面利用我国各类资本存量估算结果，检验各省区分类资本产出效率的收敛性，进一步从过程视角探究区域经济发展的均衡性。

一、收敛性检验

构成国民财富的各类资本，对经济发展的影响方式与强度不同。将 GDP 衡量的产出 Y 与 K、H、N 对比得到资本产出效率，由其收敛性检验，判断资本积累对经济发展影响的空间差异及变化趋势。

表 10.3 资本产出效率收敛性检验

检验指标	检验类型	参数	系数	标准误	t 统计量	p 值	收敛速度	调整 R^2	方法设定
Y/K	σ 收敛 A	θ	−0.005	0.001	−7.499	0.000	——	0.869	GLS
	σ 收敛 B	θ	−0.005	0.002	−3.832	0.001	——	0.655	GLS
	绝对 β 收敛	β	−0.096	0.011	−8.835	0.000	10.12%	0.165	双固定
	条件 β 收敛	β	−0.094	0.011	−8.633	0.000	9.88%	0.169	双固定
Y/H	σ 收敛 A	θ	−0.001	0.0002	−5.598	0.000	——	0.727	GLS
	σ 收敛 B	θ	−0.005	0.001	−5.029	0.000	——	0.692	GLS
	绝对 β 收敛	β	−0.097	0.012	−7.944	0.000	10.16%	0.210	双固定
	条件 β 收敛	β	−0.097	0.012	−7.933	0.000	10.18%	0.209	双固定
Y/N	σ 收敛 A	θ	0.091	0.014	6.644	0.001	——	0.826	GLS
	σ 收敛 B	θ	0.008	0.005	1.567	0.125	——	0.119	GLS
	绝对 β 收敛	β	−0.003	0.004	−0.666	0.506	0.27%	0.444	截随时固
	条件 β 收敛	β	−0.004	0.005	−0.950	0.342	0.45%	0.444	截随时固

注：各类资本产出效率的条件 β 收敛检验中，控制变量选用前一期其余两类资本产出效率的对数值。

表 10.3 给出三类资本产出效率收敛性检验的结果。其中，σ 收敛检验采用广义最小二乘法估计，β 收敛采用面板计量模型方法估计。结果显示，各类资本产出效率的收敛性存在明显差异。无论根据 β 收敛还是 σ 收敛检验，物质资本产出效率 Y/K 与人力资本产出效率 Y/H 均呈收敛性，且在 1%显著性水平通过 t 检验。β 收敛表明落后地区具备明显追赶态势，σ 收敛显示上述两类资本产出效率的空间差异有所减弱。与其截然相反，自然资本产出效率 Y/N 不存在收敛特征：β 收敛检验的系数估计值为负，但统计不显著，表明落后地区无力追赶；至于 σ 收敛检验，以变异系数衡量时系数估计值为正但统计不显著，以标准差衡量时系数估计值显著为正，表明 Y/N 的空间差异呈持续发散状态。

人力资本产出效率呈现很强收敛性，得益于我国基础教育投入持续增大与劳动力流动性显著加强。几十年来，义务教育普及显著提升我国人口教育年限，基础教育落后地区的改善力度更大且追赶趋势明显，促进人均人力资本省际差异降低。20 世纪 90 年代中期以来，劳动力流动规模迅速扩大，其通过改善要素配置效率影响流入地与流出地发展，并有力缩小了 Y/H 空间差异。由于人口与劳动力流动性强且持续提升，人力资本跨区配置有力推动了 Y/H 向其均衡状态收敛。

物质资本产出效率也有很强收敛性，但成因与 Y/H 迥然不同。尽管物质资本存量难以跨区移动①，但其空间差异可借助固定资本投资快速实现增量调整。因而，各地区可根据物质资本产出效率高低调整投资，有效促使资本产出效率空间差异缩小。长期以来，物质资本投资是我国经济增长的主要驱动力，各省区经济发展竞争也集中体现为投资竞争，有力促成了 Y/K 的收敛。

我国各省区自然资源禀赋迥异，导致自然资本产出效率差异明显。自然资本先天分布不均且难以后天积累和跨区移动②，是 Y/N 不收敛的根本原因。我国相继出台西气东输、南水北调等举措，将天然气、煤炭、石油、水由资源丰裕地区调往资源匮乏地区。其一定程度上可缓解各地区自然资源产品供

① 物质资本以固定资本为主，故流动性弱：各类建筑与道路设施无法跨区流动；机器设备虽可拆卸转运，但已投入生产的现役设备极少跨区移动，自外地购置新固定资产属于新增投资而非资本流动。

② 自然资本流动性极差：土地和地下矿藏等绝大多数自然资源无法流动，“西气东输”本质属于产品流动而非资本流动；水资源虽可流动但有方向性，“南水北调”等工程无法根本改变资源分布；流出方自然资本会因开采与出售产品而减少，但并未增加流入方自然资本；购入自然资源用作“长期”储备可视为自然资本流动，但此类情形并不多见。

需矛盾，但无法根本实现自然资本产出效率趋同。

二、基本认识

由过程视角检验要素产出效率收敛性，发现考察期内我国区域经济发展均衡性整体提升的背后，各类资本产出效率的空间差异变化模式不同。人力资本与物质资本产出效率表现出明显收敛特征，是促进区域均衡发展的重要力量。自然资本产出效率不具有收敛性，其由自然资源禀赋先天决定，无法借助后天发展扭转。幸而自然资本在国民财富中占比最低且持续下降①，尽管自然资本产出效率不收敛，其整体影响有限且日益减弱。人力资本在国民财富中占比最高，人力资本产出效率收敛可有力促进地区均衡发展。

基于 Translog 生产函数，可借助增长核算法分解各类资本对我国经济增长的贡献。结果显示：自然资本对经济增长贡献最小且呈下降趋势；人力资本与物质资本对经济增长贡献度较高；为应对全球金融危机，我国 2008 年后加大基础设施建设方面的固定资产投资，导致物质资本对经济增长的贡献显著上升。随着基础设施建设投资逐渐饱和，特别是老龄化加剧和劳动力减少等人口结构变化，人力资本对经济增长的贡献将持续提升，并成为经济增长的主导力量。近几年，众多一线、二线城市积极出台各类政策展开“抢人大战”，也有力揭示出人力资本在经济发展中日益关键的作用。

我国人力资本跨区流动持续加强，各地区吸引人才的竞争日趋激烈。借助人口普查数据，基于人口流动估算人力资本省际流动，有助于支撑人力资本产出效率的收敛特征。

① 考察期内，我国国民财富结构主要特征：（1）自然资本重要性锐减，N/W 由约 20%持续降至不足 5%；（2）物质资本比重稳定，考察期内 K/W 保持在 15%~20%；（3）国民财富长期由人力资本主导，考察期内 H/W 在 40%上下，但存在明显变化，20 世纪 80 年代波动提高，90 年代持续小幅下降，21 世纪初轻微上升，2008 年后逐步降至当前的约 35%。

第四节 人力资本省际流动考察

一、文献回顾

人力资本是蕴含于人体内可为其所有者带来持续收益的能力，其以人口为载体，具有很强流动性。随着经济与社会发展，人口流动规模与强度快速扩大与提高，世界各国莫不如此。我国20世纪50年代建立起服务于计划经济体制的严格户籍制度，将城乡人口流动控制在极低限度。改革开放以来，人口流动限制逐渐放松，20世纪90年代中期起由乡村向城市的人口流动规模急剧增长。大量研究发现，人口红利是我国长期高速增长的重要源泉之一（蔡昉，2004）。这一人口红利不仅来自数量庞大的适龄劳动人口，更离不开人口流动改善资源配置带来的效率提升。

人口流动（尤其是长期迁移）会显著影响人力资本区域分布，并对输出地（Lucas，1988）和输入地（Li，1999；Rozelle et al.，1999）带来重要经济影响。人力资本流动依托人口流动，但二者之间也有差异。沙斯塔德（Sjaastad，1962）早就指出，人口净流动与人力资本净流动未必总是一致，克雷格（Krieg，1991）对美国各州之间迁移的经验研究印证了这一判断。人力资本流动与人口流动的差异，主要来自两方面：一是迁移选择性，即高学历人口更倾向于迁移，且不同特征人口对迁移目的地有不同偏好（Lucas，1990）；二是区域差异，包括经济条件与政策差异等因素及其综合影响。

我国人口与人力资本流动较为特殊。改革开放以来，由计划经济向市场经济转型，由农业向非农产业结构升级以及城市化进程交织推进，共同推动人口流动规模与强度不断攀升。然而受户籍制度影响，我国流动人口中仅有较小部分转化为“永久移民”（Liang & Ma，2004），尤其是特大城市对人口迁移落户仍有严格限制。对我国人口流动的上述特征，一些学者使用“户口移民”和“非户口移民”进行区分（Chan et al.，1999）。“非户口迁移”规模可达“户口迁移”的10倍以上，有力改变了人口的城乡分布与区域分布，对区域经济发展均衡性有重要影响。范（Fan，2009）借助人口普查和家庭收入调查（CHIP）微观数据，测度我国省际人口流动和人力资本流动，并对二者之间的差异进行专题研究。本文基于人口普查与调查数据，在更长时间范围内考察我国人力资本的省际流动。

二、思路方法

人力资本流动依托人口流动。我国人口流动的官方数据，主要来自10年一次的人口普查，以及两次普查之间的1%人口调查。抽样比为1%的常规年份调查，无法提供跨区人口流动的详细信息。

综合利用人口普查和1%人口抽样调查数据，可以构造1987年、1990年、1995年、2000年、2005年、2010年和2015年各省区的人口流动矩阵。随后，借助相应年份各省区平均教育年限，可计算人口流动带来的人力资本流动。进而，利用人力资本净流动量，修正以教育年限衡量的人力资本估算值。最后，借助教育年限衡量的各省区人力资本存量调整前后倍率关系，对收入法人力资本存量进行修正，据以刻画我国人力资本流动特征。

其中，核心工作是利用人口普查和1%人口抽样调查数据，构造省际人口流动矩阵。以2000年为例，说明具体方法与步骤。《中国2000年人口普查资料》中，“表7-3 全国按现住地类型、户口登记地类型分的人口”给出省际人口流动的完整信息。通过汇总整理，得到各省人口流动主要特征。

表10.4 2000年人口普查的省际人口流动特征 （单位：万人，%）

省区	人口流入				人口流出				净流动
	总量	省内%	省外%	占全国%	总量	省内%	省外%	占全国%	总量
北京	463.8	46.9	53.1	3.21	226.6	96.0	4.0	1.57	237.2
天津	218.2	66.3	33.7	1.51	152.9	94.6	5.4	1.06	65.3
河北	488.2	80.9	19.1	3.38	517.0	76.4	23.6	3.58	-28.9
山西	372.1	82.1	17.9	2.58	335.8	90.9	9.1	2.33	36.2
内蒙古	382.8	85.7	14.3	2.65	378.4	86.7	13.3	2.62	4.3
辽宁	648.2	83.9	16.1	4.49	579.9	93.8	6.2	4.02	68.3
吉林	294.9	89.5	10.5	2.04	324.9	81.3	18.7	2.25	-30.0
黑龙江	376.8	89.7	10.3	2.61	455.6	74.2	25.8	3.16	-78.7
上海	538.5	41.8	58.2	3.73	239.2	94.0	6.0	1.66	299.2
江苏	910.0	72.1	27.9	6.30	827.9	79.3	20.7	5.73	82.1
浙江	859.9	57.1	42.9	5.96	639.2	76.8	23.2	4.43	220.6

续表

省区	人口流入				人口流出				净流动
	总量	省内%	省外%	占全国%	总量	省内%	省外%	占全国%	总量
安徽	355.9	93.5	6.5	2.46	765.4	43.5	56.5	5.30	-409.6
福建	591.1	63.7	36.3	4.09	457.7	82.3	17.7	3.17	133.5
江西	336.5	92.5	7.5	2.33	679.2	45.8	54.2	4.70	-342.7
山东	746.8	86.2	13.8	5.17	753.9	85.3	14.7	5.22	-7.1
河南	520.0	90.8	9.2	3.60	779.4	60.6	39.4	5.40	-259.4
湖北	570.5	89.3	10.7	3.95	790.0	64.5	35.5	5.47	-219.5
湖南	439.6	92.1	7.9	3.04	835.4	48.4	51.6	5.79	-395.8
广东	2530.4	40.5	59.5	17.52	1067.0	96.0	4.0	7.39	1463.4
广西	323.5	86.8	13.2	2.24	524.8	53.5	46.5	3.63	-201.4
海南	97.8	61.0	39.0	0.68	71.6	83.3	16.7	0.50	26.2
重庆	262.5	84.6	15.4	1.82	322.8	68.8	31.2	2.24	-60.3
四川	666.6	92.0	8.0	4.62	1306.7	46.9	53.1	9.05	-640.2
贵州	241.5	83.1	16.9	1.67	360.3	55.7	44.3	2.50	-118.8
云南	387.2	69.9	30.1	2.68	305.1	88.7	11.3	2.11	82.1
西藏	21.4	49.2	50.8	0.15	12.5	84.1	15.9	0.09	8.9
陕西	236.5	82.0	18.0	1.64	274.4	70.7	29.3	1.90	-37.8
甘肃	155.7	85.4	14.6	1.08	191.5	69.4	30.6	1.33	-35.8
青海	52.2	76.2	23.8	0.36	49.3	80.7	19.3	0.34	2.9
宁夏	67.2	71.5	28.5	0.47	57.1	84.2	15.8	0.40	10.2
新疆	283.0	50.1	49.9	1.96	157.5	90.1	9.9	1.09	125.5

注：人口流动总量单位为万人；对人口净流动而言，正值代表净流入，负值代表净流出。

表10.4显示，2000年全国流动人口共有1.444亿人，具有如下省际分布特征。（1）总口径之下（省内与省际流动之和），人口流入最多者为广东（占全国17.52%），随后为江苏、浙江和山东（占比均超过5%）；从省外流入占总流入比重看，广东高达60%，江苏和浙江分别为28%和43%，山东则低至14%。（2）总口径之下，人口流出最多的省区为四川、广东、湖南、江苏、湖北；其中广东和江苏主要为省内流动，四川和湖南则主要流向省外。

（3）由于省内流入量和流出量恰好相抵，人口净流动直接反映省际流动规模：广东人口净流入高达 1463 万，上海、北京和浙江人口净流入在 200 万～300 万，福建和新疆的人口净流入也超过 100 万；人口净流出最多的省区为四川（640 万），净流出 300 万～400 万的有安徽、湖南与江西，净流出 200 万～300 万的为河南、湖北与广西，贵州人口净流出也超过 100 万。

以上结果有助于识别人口流出与流入大省，但并未呈现其流入人口来源与流出人口去向的详细信息。必须借助省际人口流动矩阵，才能有效刻画省际人口流动。

表 10.5　基于省际人口流动矩阵推算人力资本流动

迁出地 / 迁入地	0 全国	1 北京	2 天津	3 河北	…	…	31 新疆	外省迁入	人力资本流入 HI_i
0　全国	$\sum_i \sum_j X_{ij}$	$\sum_{i=1}^{n} X_{ij}$							
1　北京		X_{11}	X_{12}	X_{13}			X_{1n}	$X_{1.}$	
2　天津		X_{21}	X_{22}	X_{23}			X_{2n}	$X_{2.}$	
3　河北		X_{31}	X_{32}	X_{33}			X_{3n}	$X_{3.}$	
……									
……	$\sum_{j=1}^{n} X_{ij}$				X_{ij}			$\sum_{j \neq i} X_{ij}$	
……									
31　新疆		X_{n1}	X_{n2}	X_{n3}			X_{nn}	$X_{n.}$	
迁往外省		$X_{.1}$	$X_{.2}$	$X_{.3}$	$\sum_{i \neq j} X_{ij}$		$X_{.n}$		
人均教育年限　h_j									
人力资本流出　HO_j									

表 10.5 中，方阵 X 为人口流动矩阵，非主对角线元素 X_{ij} 代表由 j 省区流向 i 省区的人口，主对角线元素 X_{ii} 为省内人口流动；第 0 列人口流动矩阵行合计 $\sum_{j=1}^{n} X_{ij}$ 反映各省区人口总流入，扣除省内流动 X_{ii} 得到的 $X_{i.}$ 为外省迁入人口；第 0 行人口流动矩阵列合计 $\sum_{i=1}^{n} X_{ij}$ 反映各省区人口总流出，扣除省内流动 X_{jj} 得到的 $X_{.j}$ 为迁往外省人口。

借助第四章第二节给出的各省区平均教育年限 h，将其与外省迁入人口数量相乘，即可得到某省人力资本总流入：

$$HI_k = \sum_{j \neq k}^{n} h_j X_{kj} \qquad k = 1, 2, \cdots, n \tag{10.4}$$

将某省平均教育年限与其迁往外省人口数量相乘，即得到人力资本总流出：

$$HO_k = h_k \sum_{i \neq k}^{n} X_{ik} \qquad k = 1, 2, \cdots, n \tag{10.5}$$

最终，将二者相减即为该省区人力资本净流动：

$$HN_k = HI_k - HO_k \qquad k = 1, 2, \cdots, n \tag{10.6}$$

得到各省人力资本净流动后，用其修正教育指标法人力资本 H，得到调整后的代理指标法人力资本 H_A。进而，据其计算调整比例 $\alpha = (H_A/H - 1) * 100\%$ 。最终，借助该比例对第四章第四节估算的收入法人力资本进行调整，得到对人力资本流动的价值量刻画。

三、结果分析

首先，利用人口普查和1%人口抽样调查数据，测算相应年份省际人口流动。随后，结合各省历年人均教育年限 h_j 信息，计算各省人力资本净流动 HN（单位：万人年）。进而，计算各省区考虑人口流动因素后的人力资本调整比例。

图 10.2 直观展示考察期内省际人口流动导致的人力资本流动方向（流入为正值，流出为负值）与强度。1995 年之前人力资本流动强度很小，此后迅速上升并于 2010 年以后稳定在较高水平，其有力反映出我国 20 世纪 90 年代中期以来劳动力流动加速的情况。

为清晰展示各省区调整比例取值大小及变化趋势差异，将普查年份及 2015 年数据列于表 10.6。结果显示：14 个省区人力资本净流入，17 个省区则为人力资本净流出；上海、北京和广东人力资本净流入比例始终位居前列，天津和浙江人力资本净流入后期也处于较高水平；安徽、江西、湖南人力资本净流出强度最大，贵州、河南、广西、四川、湖北、重庆的人力资本净流出也较明显。而且，人力资本净流出省区的省际差异较小，人力资本净流入省区的省际差异很大。换言之，多数人力资本流出省区的流出强度差异不大，且大多涌向少数经济发达省区。

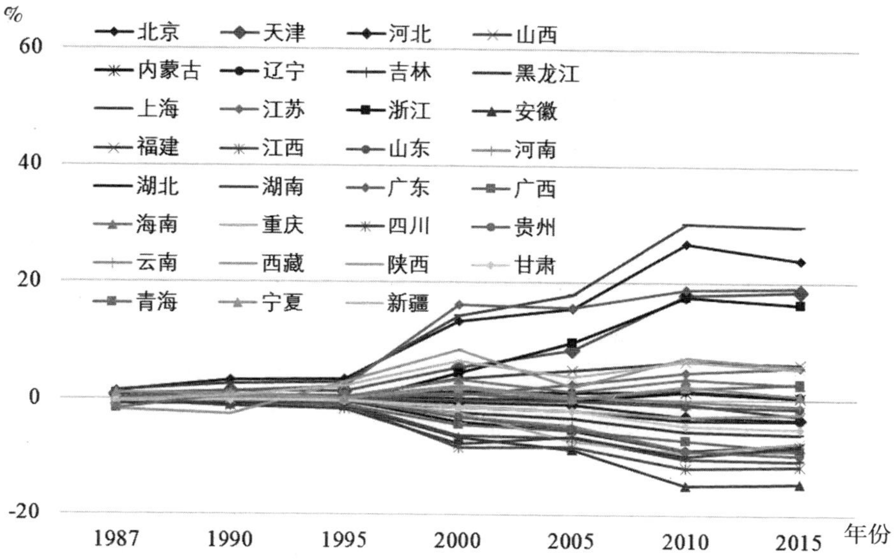

图 10.2 考虑人口流动后各省区人力资本调整比例变化趋势

表 10.6 特定年份各省区考虑人口流动的人力资本调整比例 （单位:%）

省区	1990 年	2000 年	2010 年	2015 年	省区	1990 年	2000 年	2010 年	2015 年
北京	3.35	13.28	26.75	23.82	湖北	0.13	-3.75	-8.61	-7.38
天津	1.46	5.45	17.82	18.51	湖南	-0.45	-6.07	-10.05	-10.42
河北	-0.19	-0.43	-2.87	-3.31	广东	1.48	16.23	18.85	19.13
山西	0.21	1.03	-0.60	-2.66	广西	-1.06	-4.26	-6.96	-8.48
内蒙古	-0.21	0.19	1.37	0.52	海南	0.68	3.42	3.57	2.63
辽宁	0.49	1.46	1.51	0.55	重庆	0.00	-2.14	-9.01	-7.24
吉林	-0.55	-1.18	-3.41	-3.42	四川	-1.11	-7.61	-9.53	-7.86
黑龙江	-0.76	-2.13	-5.39	-5.83	贵州	-0.23	-2.91	-8.66	-9.38
上海	2.72	14.33	30.16	29.63	云南	0.10	2.37	-0.23	-0.90
江苏	0.18	0.79	4.67	5.71	西藏	-2.50	8.45	7.23	5.80
浙江	-0.69	4.51	17.59	16.26	陕西	-0.19	-1.08	-2.80	-2.28
安徽	-0.24	-6.50	-14.62	-14.30	甘肃	-0.18	-1.26	-4.35	-4.94
福建	0.06	3.68	6.60	6.07	青海	0.78	1.07	2.05	2.77
江西	-0.16	-8.17	-11.61	-11.31	宁夏	0.93	2.10	2.42	0.73

续表

省区	1990 年	2000 年	2010 年	2015 年	省区	1990 年	2000 年	2010 年	2015 年
山东	0.12	−0.06	−0.99	−1.43	新疆	0.60	6.60	6.59	5.32
河南	−0.14	−2.76	−8.48	−8.63					

注：正值代表净流入，负值代表净流出。后同。

最终，利用调整比率计算收入法衡量的人力资本净流动（表 10.7）。就 2015 年而言，跨省人力资本流动的目的地均为东部沿海发达省区：人力资本净流入最大者为广东（11.2 万亿元），浙江、北京和上海人力资本净流入也在 4 万亿元至 5 万亿元之间，人力资本净流入超过 1 万亿元的还有江苏、天津和福建。

表 10.7 代表年份各省区人力资本净流动 单位：亿元

省区	1990 年	2000 年	2010 年	2015 年	省区	1990 年	2000 年	2010 年	2015 年
北京	73.3	2310.6	27920.6	49740.9	湖北	6.9	−894.9	−7213.4	−13939.9
天津	23.0	470.4	8861.6	18565.7	湖南	−20.5	−1327.7	−9474.3	−19051.0
河北	−9.0	−131.8	−4140.5	−7038.4	广东	147.7	12070.7	58869.8	112225.9
山西	4.5	85.6	−269.3	−2129.0	广西	−30.4	−588.0	−5019.8	−10179.3
内蒙古	−4.1	17.0	754.1	519.5	海南	4.8	98.8	462.4	717.9
辽宁	20.9	315.4	1205.7	671.3	重庆	0.0	−236.3	−4271.8	−6432.6
吉林	−13.6	−137.1	−1320.9	−2543.0	四川	−68.9	−1693.6	−8488.8	−13295.3
黑龙江	−25.1	−280.7	−2180.9	−4601.3	贵州	−4.1	−222.5	−2949.8	−8143.1
上海	66.9	2694.1	25112.2	43028.8	云南	2.7	238.9	−100.1	−836.7
江苏	14.4	380.5	11278.8	26668.2	西藏	−5.0	68.5	271.3	469.8
浙江	−38.4	1491.3	26714.0	50082.9	陕西	−5.0	−120.3	−1443.6	−2401.3
安徽	−10.9	−1031.5	−10909.1	−19202.2	甘肃	−2.2	−78.4	−1040.0	−2029.2
福建	2.3	862.4	5711.1	10686.1	青海	2.9	15.0	147.5	375.2
江西	−4.2	−1055.6	−5894.4	−10131.5	宁夏	3.3	37.9	302.2	168.4
山东	10.9	−29.0	−2153.7	−6079.4	新疆	10.4	540.9	2586.6	4342.3
河南	−9.2	−846.4	−13725.8	−24276.4	合计	144	13024	89602	165953

人力资本净流出者主要为中西部人口大省。2015 年，河南人力资本净流

出高达2.42万亿元，湖南和安徽超过1.9万亿元，超过1万亿元的还有湖北、四川、广西和江西。最后一行各省人力资本净流动合计大于零，表明人口由欠发达地区流入发达地区可提升收入水平，通过配置效应促使全国人力资本总量提高。

人力资本跨区流动影响各省人力资本占全国比重。表10.8给出2000年和2015年人力资本流动调整前后各省区人力资本占比的变化。

表10.8 代表年份各省区人力资本流动调整后占全国比重变动 单位：%

省区	2000H	2000H_A	2015H	2015 H_A	省区	2000H	2000H_A	2015H	2015 H_A
北京	3.05	3.37	4.33	5.19	湖北	4.18	3.93	3.92	3.51
天津	1.51	1.56	2.08	2.38	湖南	3.83	3.52	3.79	3.28
河北	5.34	5.19	4.42	4.13	广东	13.02	14.79	12.17	14.02
山西	1.45	1.43	1.66	1.57	广西	2.42	2.26	2.49	2.20
内蒙古	1.58	1.55	2.06	2.00	海南	0.51	0.51	0.57	0.56
辽宁	3.78	3.75	2.53	2.46	重庆	1.94	1.85	1.84	1.65
吉林	2.03	1.96	1.54	1.44	四川	3.90	3.52	3.51	3.12
黑龙江	2.31	2.21	1.64	1.49	贵州	1.34	1.27	1.80	1.58
上海	3.29	3.68	3.01	3.78	云南	1.76	1.76	1.93	1.85
江苏	8.46	8.34	9.69	9.90	西藏	0.14	0.15	0.17	0.17
浙江	5.79	5.91	6.39	7.18	陕西	1.94	1.88	2.18	2.06
安徽	2.78	2.54	2.78	2.31	甘肃	1.09	1.05	0.85	0.78
福建	4.11	4.16	3.65	3.75	青海	0.25	0.24	0.28	0.28
江西	2.26	2.03	1.86	1.59	宁夏	0.32	0.32	0.48	0.47
山东	8.85	8.64	8.83	8.41	新疆	1.43	1.50	1.69	1.72
河南	5.37	5.11	5.83	5.15					

注：H代表未经调整的人力资本；H_A代表经人力资本流动调整后的结果。

整体而言，人力资本流动对各省区人力资本比重绝对值影响不大。2015年，比重下降超过0.5个百分点的只有湖南与河南，比重上升超过0.5个百分点的只有广东、北京、浙江和上海；2000年，除广东比重上升超过1个百分点以外，其余省区比重变动绝对值均不超过0.4个百分点。这主要源于比重指标不易变动的内在特性，并非说明人力资本流动对区域经济发展影响不重要。从调整前后比重相对变化看，人力资本流动的影响不容小觑：2015 年，调整后上海与北京人力资本比重分别提高 1/4 和 1/5，安徽与江西人力资本比重则分别下降 1/6 和 1/7。随着人口流动规模扩大与受教育年限提高，人力资本流动对我国人力资本空间分布及区域经济发展的影响持续提升，对此应予充分重视。

通过计算分析，得到三点主要认识。一是与省内流动相比，人力资本跨省流动规模较低：1995 年以前规模很小，2000 年以后迅速上升，人力资本流动对部分省区经济发展产生重要影响。二是人力资本流动具有明确的方向性：始终从中西部人口大省向东部发达省区流动，珠三角、长三角和北京具有最强吸引力；人力资本流出省区众多但强度差异不大，而流入省区个数较少且吸引力差异显著。三是人力资本省际流动具有正外部性：人力资本跨省流动不仅引起省际消长变化的简单再分配，还会通过人力资本流入生产率更高的发达地区而提升要素配置效率，进而提升全国人力资本总量。人力资本流动通过改善要素配置并促进资本产出效率收敛，对我国整体发展具有积极作用。

第五节　结论、建议与展望

一、基本结论

根据“财富—福利等式”估算我国 1978—2017 年国民财富，反映经济实力地区差异及其消长变化，先就发展结果以人均财富检验人均福利收敛性，再就发展过程以分类资本产出效率收敛性予以解释，并借助人力资本省际流动揭示 Y/H 收敛成因。通过实证分析与文献比较，得到如下结论与认识。

第一，已有文献中，为揭示区域经济发展均衡性，多用人均 GDP 收敛性检验。但财富存量比 GDP 流量更能揭示经济实力，人均财富较人均 GDP 可更好刻画福利水平。基于国民财富视角，以人均财富收敛性反映区域经济发展均衡性，可对该领域既有研究做出有益补充。

第二，以国民财富衡量，我国各省区经济实力差异明显，其由发展水平、人力资本水平及人口数量共同决定。经济实力最强者为广东、江苏、山东、浙江等发展水平高且人力资本雄厚的东部省区；京沪两大直辖市虽人口偏少，但凭借突出的经济发展水平与人均人力资本优势，经济实力也跻身前列；经济实力最弱的几个西部省区，无论是经济发展水平与人力资本水平，还是人口数量，均劣势明显。各省区经济实力随时间推移呈现消长变化，经济发达地区相对实力有所提升，其他省区相对实力稳中略降，直观表明区域发展均衡性趋于减弱。

第三，各省区人均财富均呈快速上升趋势，但绝对水平差异明显。国际比较视野下，少数省区跻身发达经济体之列，多数省区处于中等偏下或低收入水平。以人均 GDP 和人均财富衡量，我国区域经济发展都存在β收敛。基于人均 GDP 的σ收敛检验，以变异系数衡量时略有收敛迹象，以标准差衡量仍然发散。基于人均财富的σ收敛检验，两种衡量方式均明显发散。只有人均 GDP 长期协调发展，人均财富才会最终趋于收敛。基于人均财富的判断更为审慎，而人均 GDP 传统检验方法偏于乐观。

第四，我国区域经济发展均衡性整体提升，但各类资本产出效率的空间差异变化模式不同。无论以何种方式检验，人力资本与物质资本产出效率均呈明显收敛特征，是促进区域均衡发展的重要力量。物质资本产出效率收敛，主要是由于固定资本投资由于逐利动机对物质资本存量的有效调整。人力资本产出效率收敛，除人力资本投资流量调整外，更多源自人力资本存量跨区流动。自然资本产出效率不收敛，因为自然资源禀赋由先天决定且无法流动，也难借后天投资扭转。幸而自然资本占国民财富比重最低且持续下降，人力资本和物质资本产出效率收敛确保我国区域经济发展均衡性提升。

第五，我国人力资本流动以省内流动为主，跨省流动规模较低但呈快速上升趋势。人力资本省际流动具有明确的方向性，始终从中西部人口大省流向东部发达省区；流出省区众多且强度接近，流入省区则集中于珠三角、长三角和北京、天津等地。人力资本流动提高资源配置效率，并促使生产要素边际收益趋同，可有力推动我国区域经济发展均衡性提高。

二、对策建议

尽管我国区域经济发展具有明显的β收敛，但远不足以保证人均福利差异随时间缩小之σ收敛。而σ收敛所代表的共享发展与共同富裕，是中国特色社会主义的根本原则与最终目标。为进一步提升我国区域经济发展均衡性，可从以下方面入手：一是发展结果均衡性与发展手段均衡性并重，为真正缩小人均福利差距，必须做好国民财富中各类资本的“投资组合管理”，将自然资源租金转化为物质资本与人力资本投资，并促进自然资本产出效率提升；

二是将政策重心由收入水平收敛转向人均财富收敛，对各类资本积累采用长期平衡策略，优化各省区国民财富结构并促进各类资本收益率的空间趋同；三是深化户籍制度改革，消除限制人口流动的因素，通过人力资本流动提高要素配置效率，提升收敛速度并推动区域经济走向高水平均衡。

三、研究展望

鉴于人均 GDP 收敛性检验存在若干局限，以人均财富和资本产出效率收敛性检验进行扩展与补充，所得结论对评判我国区域发展均衡性有一定参考价值。为深化该领域研究，未来研究应进一步完善国民财富估算方法以提升数据质量，对极具挑战性的社会资本进行有效估算，以直接评判社会资本产出效率收敛性及其影响。同时，积极与基于综合评价构造综合发展指标的研究结合，将人均财富与分类资本产出效率纳入其中，更好地检验我国区域经济发展均衡性。进一步，应注重强化经济收敛机制分析，在资本产出效率收敛性检验基础上，明确测算分类资本收益率并检验其收敛性，对揭示区域发展均衡给出更直接证据。此外，还应大力融合经济学与地理学方法，构造信息更丰富的城市级面板数据，以增强研究结果稳健性和政策价值。

第十一章　整体结论与认识

本研究借鉴世界银行和联合国国民财富测度方法，对我国国民财富及各类资本存量进行统计测度与比较分析，得到了若干发现。本章对此前各章研究结果进行提炼，给出整体结论与认识。

第一节　研究范式比较与选择

世界银行和联合国均采用广义的国民财富观，二者在整体理论思路上基本一致，且均根据国民财富及其变动反映福利变化和经济发展可持续性。但二者在国民财富估算方法上存在重要差异：世界银行最初选用“自下而上—自上而下”方法，先单独估算国民财富，再采用直接估算与间接分解方式确定各类资本价值；联合国则始终基于“自下而上”方法，利用影子价格将分别估算的产出资本、自然资本和人力资本进行加总。近期，两大机构相互借鉴，出现明显合流迹象，二者方法技术均不断发展完善，研究范围也日益拓展。

本研究充分借鉴两大研究范式，采用“自下而上—自上而下”方法，将人力资本列入直接估计范围，仅有不易直接测算的社会资本由余值法算出。分类资本估算中，产出资本 K 采用 PIM 估算，人力资本 H 估算以收入法为主，自然资本估算则基于 NPV 法。具体估算中，注重结合我国实际确定关键参数并充分考虑省际差异，避免直接照搬国外参数的不利影响。此外，充分借鉴两大机构分析技术进行省区比较，并针对我国国情做了若干扩展。

第二节　国民财富与分类资本测算

本研究对我国国民财富规模与结构的测算结果，与两大机构国民财富报告结果有同有异。共识体现在：均认为自然资本比重持续下降且占国民财富的比重最低，而无形资本（人力资本与社会资本）是国民财富最主要的组成部分。但对于产出资本变化趋势存在明显分歧。本研究充分利用我国数据确定参数，故在测度中国国民财富上更具优势。

我国各省区资源禀赋、经济发展阶段均存在显著差异，从省际层面考察国民财富结构具有明显意义。可将我国各省区国民财富结构划分为6类，国民财富结构的各种模式之间虽无精确转换顺序，但其演进路径有据可循。随着经济发展水平提升和发展模式转变，国民财富结构呈现出由自然资本主导模式向产出资本与人力资本联合主导型转变，进而转向人力资本主导型，最终走向社会资本主导型的基本轨迹。

第三节　各地区经济实力与人均福利

国民财富较 GDP 更能有效地反映经济实力。经济实力强弱主要取决于经济发展水平，人口规模对其也有重要影响。国民财富产出比 W/Y 随经济发展水平提高呈特定变化模式：人均 GDP 很低时，W/Y 变动范围巨大；随着人均 GDP 提升，W/Y 变动幅度明显变小，且呈轻微上升趋势。各省区 W/Y 变化特征不尽相同，东部发达省区有更明显的上升趋势。这表明，随着发展水平提高，等量产出可以支撑更高的可持续福利。

我国人均国民财富呈指数增长趋势。各省区差异很大，东部经济发达省区具有更高的人均国民财富。国际比较视角下，北京、上海等少数省区人均国民财富跻身发达国家之列；更多省区则处于中等偏低收入经济体或者中低收入经济体水平。

第四节　我国财富积累可持续性

国民财富涵盖多类重要资本，各类资本比率受资源禀赋和投资模式共同影响，且对经济发展具有重要影响。我国各省区资本比率取值与变化趋势与国际经验高度一致：初始禀赋决定的自然资本高低差异悬殊，但其重要性随经济发展而相对下降；新增投资主要投向人力资本与产出资本，且 H/K 随经济发展快速收敛到适宜比率。我国财富积累整体上处于可持续路径，但也有少数省区对自然资源消耗补偿不足，其发展可持续性遭受挑战。

通过估算各类生产投入之间要素替代弹性并开展增长核算，发现社会资本是我国经济发展的关键资本，其有助于提升其他投入要素的生产效率，对提高发展可持续性具有重要作用；自然资本与劳动力可替代性均较低且持续下降，为实现可持续性发展，必须果断摆脱过度依赖自然资源与人口红利的传统模式。参照最优资本比率在 K 与 H 之间理性配置投资，是优化资本结构和促进经济发展的根本手段。

第五节 我国区域经济发展均衡性分析

我国人力资本流动仍以省内流动为主。跨省流动规模相对较低，始终从中西部人口大省向东部发达省区流动，珠三角、长三角和北京最具吸引力。尽管人力资本流动对流出省区经济发展产生一些不利影响，但通过人力资本流入发达地区导致配置效率提升的正外部性，对我国整体发展具有明显积极作用。

各类资本产出效率的空间差异具有不同变化模式。自然资本产出效率不具有收敛性，这由自然资源禀赋先天决定所致。得益于各省区人力资本投资协调性较高，并受人力资本跨区流动影响，人力资本产出效率收敛性最强。由于人力资本在国民财富中占较高比重，我国区域经济发展均衡性整体呈现提升趋势。我国人均国民财富呈 β 收敛，但无论以标准差还是变异系数衡量均未出现 σ 收敛。尽管落后省区增速更快，但追赶领先省区绝非易事。由人均产出收敛走向人均国民财富收敛，是提升我国区域经济均衡发展程度的内在要求。但鉴于各地区国民财富结构差异悬殊，且主导资本各不相同，实现人均财富收敛的发展目标仍任重道远。

参考文献

［1］国家统计局．新中国五十年统计资料汇编［M］．北京：中国统计出版社，1999.

［2］国家统计局．中国国内生产总值核算历史资料（1996—2002）［M］．北京：中国统计出版社，2004.

［3］国家统计局．中国国内生产总值核算历史资料（1952—1995）［M］．大连：东北财经大学出版社，1997.

［4］国家统计局．中国国内生产总值核算历史资料（1952—2004）［M］．北京：中国统计出版社，2007.

［5］李京文，乔根森，郑友敬，等．生产率与中美日经济增长研究［M］．北京：中国社会科学出版社，1993.

［6］沈利生，朱运法．人力资本与经济增长分析［M］．北京：社会科学文献出版社，1999.

［7］舒尔茨．论人力资本投资［M］．北京：北京经济学院出版社，1990.

［8］王金营．人力资本与经济增长——理论与实证［M］．北京：中国财政经济出版社，2001.

［9］王小鲁，樊纲．中国经济增长的可持续性——跨世纪的回顾与展望［M］．北京：经济科学出版社，2000.

［10］斯密．国民财富的性质和原因的研究［M］．郭大力，王亚南，译．北京：商务印书馆，1974.

［11］杨充霖．GDP 的理论缺陷与可持续国民财富核算［M］．北京：社会科学文献出版社，2014.

［12］李海峥．中国人力资本报告 2018［R］．北京：中国人力资本与劳动经济研究中心，2018.

［13］王德劲．我国人力资本测算及其应用研究［D］．成都：西南财经大学，2007.

［14］白重恩，谢长泰，钱颖一．中国的资本回报率［J］．比较，2007（28）．

［15］柏培文．全国及省际人力资本水平存量估算［J］．厦门大学学报（哲学社会科学版），2012（4）．

［16］蔡昉，都阳．中国地区经济增长的趋同与差异：对西部开发战略的启示［J］．经济研究，2000（10）．

［17］蔡昉．人口转变、人口红利与经济增长可持续性［J］．人口研究，2004（2）．

［18］陈昌兵．可变折旧率估计及资本存量测算［J］．经济研究，2014（12）．

［19］陈秀芝，庞英．黄河流域自然资本存量与流量结构特征：以山东省流域为例［J］．国土资源科技管理，2014，31（6）．

［20］戴觅，茅锐．产业异质性、产业结构与中国省际经济收敛［J］．管理世界，2015（6）．

［21］邓宗兵，何若帆，陈钲，等．中国八大综合经济区生态文明发展的区域差异及收敛性研究［J］．数量经济技术经济研究，2020（6）．

［22］丁小浩．评世界银行对国民财富和人力资源核算的新方法［J］．经济科学，1997（4）．

［23］董先安．浅释中国地区收入差距：1952—2002［J］．经济研究，2004（9）．

［24］方恺，REINOUT H. 自然资本核算的生态足迹三维模型研究进展［J］．地理科学进展，2012，31（12）．

［25］方恺，李焕承．基于三维生态足迹模型优化的自然资本利用国际比较［J］．地理研究，2013，32（9）．

［26］方恺，李焕承．基于生态足迹深度和广度的中国自然资本利用省际格局［J］．自然资源学报，2012，27（12）．

［27］高敏雪．国家财富的测度及其认识［J］．统计研究，1999（12）

［28］高子轶，李晶．陕西省自然资本核算的三维生态足迹模型应用研究［J］．陕西师范大学学报（自然科学版），2014，42（5）．

［29］龚六堂，谢丹阳．我国省份之间的要素流动和边际生产率的差异分析［J］．经济研究，2004（1）．

［30］郝枫，郝红红，赵慧卿．中国基准资本存量研究——基于首次经济普查修订数据［J］．统计与信息论坛，2009（2）．

［31］郝枫．中国省区资本存量估算：1952—2004［J］．数据分析，2006（6）．

［32］郝枫．资本存量核算的国际进展及其对中国的启示［J］．统计与信

息论坛，2005（5）.

[33] 郝枫．超越对数函数要素替代弹性公式修正与估计方法比较［J］. 数量经济技术经济研究，2015，32（4）.

[34] 郝枫．世界银行《国别财富报告》评介［J］. 经济统计学，2016（1）.

[35] 郝枫．中国国民财富总量、结构及其演进模式研究——基于“自上而下—自下而上”测度范式［J］. 统计研究，2021（7）.

[36] 郝枫，张圆．国民财富视角下我国区域经济发展均衡性初探［J］. 商业经济与管理，2021，41（2）.

[37] 郝枫，张圆，陆洲．中国国民财富积累可持续性评估——适宜比率、关键资本与转换模式［J］. 山西财经大学学报，2021（7）.

[38] 何枫，陈荣，何林．我国资本存量的估算及其相关分析［J］. 经济学家，2003（5）.

[39] 贺菊煌．我国资产的估算［J］. 数量经济技术经济研究，1992（8）.

[40] 侯风云，范玉波，孙国梁．中国人力资本存量估计［J］. 南大商学评论，2005（3）.

[41] 胡鞍钢．中美日印四国经济规模与财富比较［J］. 国际论坛，2001（5）.

[42] 胡鞍钢．中国从人口大国到世界人才强国［J］. 第一资源，2010（3）.

[43] 胡本田，徐兵华．国民总财富的估算与结构分析——以安徽省为例［J］. 华东经济管理，2014（11）.

[44] 胡永远．人力资本与经济增长：一个实证分析［J］. 经济科学，2003（1）.

[45] 黄亮雄，才国伟，韩永辉．我国省区财富结构及其发展模式研究［J］. 经济学家，2013（7）.

[46] 黄勇峰，任若恩，刘晓生．中国制造业资本存量永续盘存法估计［J］. 经济学，2002（2）.

[47] 贾润崧，张四灿．中国省际资本存量与资本回报率［J］. 统计研究，2014（11）.

[48] 蒋洪强，潘文，赵越，等．绿色财富核算的理论方法及其应用研究——以神农架林区为例［J］. 生态环境，2007，16（5）.

[49] 焦斌龙，焦志明．中国人力资本存量估算：1978—2007［J］. 经济

学家，2010（9）.

［50］金相郁，武鹏．中国区域经济发展差距的趋势及其特征［J］. 南开经济研究，2010（1）.

［51］李宾．我国资本存量估算的比较分析［J］. 数量经济技术经济研究，2011（12）.

［52］李钢，刘吉超．中国省际包容性财富指数的估算：1990—2010［J］. 中国工业经济，2014（1）.

［53］李广东．中国区域经济增长差异研究进展与展望［J］. 地理科学进展，2013（7）.

［54］李海峥，贾娜，张晓蓓，等．中国人力资本的区域分布及发展动态［J］. 经济研究，2013（7）.

［55］李海峥，梁赟玲，FRAUMENI B，等．中国人力资本测度与指数构建［J］. 经济研究，2010（8）.

［56］李竞博，高瑗．中国劳动生产率的区域差距及收敛性检验［J］. 上海经济研究，2020（2）.

［57］李治国，唐国兴．资本形成路径与资本存量调整模型［J］. 经济研究，2003（2）.

［58］廖楚晖．中国人力资本和物质资本的结构及政府教育投入［J］. 中国社会科学，2006（1）.

［59］林毅夫，刘明兴．中国的经济增长收敛与收入分配［J］. 世界经济，2003（8）.

［60］刘金全，隋建利，闫超．亚洲国家经济增长路径的实际敛散性［J］. 世界经济，2009（2）.

［61］刘强．中国经济增长的收敛性分析［J］. 经济研究，2001（6）.

［62］刘帅．中国经济增长质量的地区差异与随机收敛［J］. 数量经济技术经济研究，2019（9）.

［63］刘夏明，魏英琪，李国平．收敛还是发散？中国区域经济发展争论的文献综述［J］. 经济研究，2004（7）.

［64］罗乐勤．新国民财富与真实储蓄核算探讨［J］. 厦门大学学报（哲学社会科学版）.

［65］罗乐勤，颜云儿．中国新国民财富估算与分析［J］. 经济统计学，2014（2）.

［66］吕承超，崔悦．中国高质量发展地区差距及时空收敛性研究［J］. 数量经济技术经济研究，2020（9）.

[67] 马拴友，于红霞．转移支付与地区经济收敛［J］．经济研究，2003（3）．

[68] 马颖，李静．中国金融发展促进区域增长趋同的经验分析：1978—2010［J］．当代财经，2012（12）．

[69] 聂长飞，简新华．中国高质量发展的测度及省际现状的分析比较［J］．数量经济技术经济研究，2020（2）．

[70] 潘文卿．中国区域经济差异与收敛［J］．中国社会科学，2010（1）．

[71] 彭国华．中国地区收入差距、全要素生产率及其收敛分析［J］．经济研究，2005（9）．

[72] 齐绍洲，李锴．区域部门经济增长与能源强度差异收敛分析［J］．经济研究，2010（1）．

[73] 钱雪亚，王秋实，刘辉．中国人力资本水平再估算：1995—2005［J］．统计研究，2008（12）．

[74] 钱雪亚．人力资本水平统计估算［J］．统计研究，2012（8）．

[75] 乔红芳，沈利生．中国人力资本存量的再估算：1978—2011 年［J］．上海经济研究，2015（7）．

[76] 任若恩，刘晓生．关于中国资本存量估计的一些问题［J］．数量经济技术经济研究，1997（1）．

[77] 单豪杰．中国资本存量 K 的再估算：1952~2006 年［J］．数量经济技术经济研究，2008（10）．

[78] 沈坤荣．1978—1997 年中国经济增长因素的实证分析［J］．经济科学，1999（4）．

[79] 沈利生，乔红芳．重估中国的资本存量：1952—2012［J］．吉林大学社会科学学报，2015（4）．

[80] 沈坤荣，马俊．中国经济增长的俱乐部收敛特征及其成因研究［J］．经济研究，2002（1）．

[81] 宋海岩，刘淄楠，蒋萍．改革时期中国总投资决定因素的分析［J］．世界经济文汇，2003（1）．

[82] 孙琳琳，任若恩．资本投入测量综述［J］．经济学，2005（4）．

[83] 孙琳琳，任若恩．转轨时期我国行业层面资本积累的研究［J］．经济学，2014（3）．

[84] 童岩冰，黄贤金．区域人类社会财富估算初步研究：以江苏省为例［J］．农林经济管理学报，2015（5）．

［85］王德劲，刘金石，向蓉美．中国人力资本存量估算：基于收入方法［J］．统计与信息论坛，2006（5）．

［86］王海兵．财富性还是生产性？同质性还是异质性？［J］．经济学，2017（2）．

［87］王维，陈杰，毛盛勇．基于十大分类的中国资本存量重估：1978—2016年［J］．数量经济技术经济研究，2017（10）．

［88］王小鲁．中国经济增长的可持续性与制度变革［J］．经济研究，2000（7）．

［89］王欣亮，严汉平，刘飞．中国区域经济增长差异的时间演进及空间机制分解：1952—2012［J］．当代经济科学，2014（3）．

［90］王益煊，吴优．中国国有经济固定资本存量初步测算［J］．统计研究，2003（5）．

［91］王铮，葛昭攀．中国区域经济发展的多重均衡态与转变前兆［J］．中国社会科学，2002（4）．

［92］王志刚．质疑中国经济增长的条件收敛性［J］．管理世界，2004（3）．

［93］魏后凯．中国地区经济增长及其收敛性［J］．中国工业经济，1997（3）．

［94］向钧，薛新伟．人力资本存量计算方法的改进与试算［J］．数学的实践与认识，2009（3）．

［95］肖红叶，郝枫．资本永续盘存法及其国内应用［J］．财贸经济，2005（3）．

［96］谢千里，罗斯基，郑玉歆．改革以来中国工业生产率变动趋势的估计及其可靠性分析［J］．经济研究，1995（12）．

［97］徐杰，段万春，杨建龙．中国资本存量的重估［J］．统计研究，2010（12）．

［98］徐现祥，周吉梅，舒元．中国省区三次产业资本存量估计［J］．统计研究，2007（5）．

［99］许宪春．中国国内生产总值核算中存在的若干问题研究［J］．经济研究，2000（2）．

［100］许召元，李善同．近年来中国地区差距的变化趋势［J］．经济研究，2006（7）．

［101］杨灿．可持续发展框架内的储蓄与财富核算问题［J］．统计研究，2001（3）．

[102] 杨充霖．可持续国民财富核算：进展、问题及出路 [J]．首都师范大学学报（社会科学版），2012（6）．

[103] 叶明确，方莹．中国资本存量的度量、空间演化及贡献度分析 [J]．数量经济技术经济研究，2012（11）．

[104] 叶宗裕．中国省际资本存量估算 [J]．统计研究，2010（12）．

[105] 余芳东，世界银行关于国民财富和自然资源核算 [J]．中国统计，2015（5）．

[106] 张成，蔡万焕，于同申．区域经济增长与碳生产率——基于收敛及脱钩指数的分析 [J]．中国工业经济，2013（5）．

[107] 张帆．中国的物质资本和人力资本估算 [J]．经济研究，2000（8）．

[108] 张军，施少华．中国经济全要素生产率变动：1952—1998 [J]．世界经济文汇，2003（2）．

[109] 张军，吴桂英，张吉鹏．中国省际物质资本存量估算：1952—2000 [J]．经济研究，2004（10）．

[110] 张军，章元．对中国资本存量 K 的再估计 [J]．经济研究，2003（7）．

[111] 张军扩．七五期间经济效益综合分析——各要素对经济增长贡献率的测算 [J]．经济研究，1991（4）．

[112] 赵红．中国地区间财富分配趋同分析 [J]．统计研究，2005（8）．

[113] 周国富，倪膝．教育回报率的省际差异 [J]．社会科学家，2014（6）．

[114] 周国富，倪膝，姜晨晨．教育质量、人口流动与人力资本存量的测算 [J]．经济统计学，2016（2）．

[115] 周国富，申博，李瑶．中国经济的正式收敛速度 [J]．商业经济与管理，2015（1）．

[116] 朱发仓，苏为华．区域经济收敛与比较优势发展战略 [J]．管理世界，2006（9）．

[117] 朱平芳，徐大丰．中国城市人力资本的估算 [J]．经济研究，2007（9）．

[118] ARONSSON T，JOHANSSON P O，LÖFGREN K G. Welfare measurement，sustainability and green national accounting [M]. Cheltenham：Edward Elgar Publishing Ltd，1997.

[119] BECKER G S. Human Capital: A theoretical and empirical analysis, with special reference to education [M]. New York: Columbia University Press for NBER, 1964.

[120] DASGUPTA P. Human well-being and the natural environment [M]. Oxford: Oxford University Press, 2001.

[121] DUBLIN L I, LOTKA A. The money value of man [M]. New York: Ronald Press, 1930.

[122] ENGEL E. Der werth des menschen [M]. Berlin: Verlag von Leonhard Simion, 1883.

[123] FISHER I. Nature of capital and income [M]. New York: Macmillan, 1906.

[124] GOLDSMITH R W. A study of saving in the United States [M]. Princeton: Princeton University Press, 1955.

[125] HICKS J R. The theory of wages [M]. London: Macmillan, 1932.

[126] IMF, OECD, EUROSTAT, et al. The system of national accounts 2008 [M]. New York: United Nations, 2009.

[127] JORGENSON D W, FRAUMENI B M. The output of the education sector [M]. Chicago: The University of Chicago Press, 1992.

[128] JORGENSON D W, LANDFELD J. S, NORDHAUS W D. A new architecture for the U. S. national accounts [M]. Chicago: The University of Chicago Press, 2006.

[129] KENDRICK J W. The formation and stocks of total capital [M]. New York: Columbia University Press for NBER, 1976.

[130] MINCER J. Schooling, experience and earnings [M]. New York: Columbia University Press, 1974.

[131] OECD. Human capital investment: an international comparison [M]. Paris: OECD Publishing, 1998.

[132] OECD. Measuring capital: OECD manual—measurement of capital stocks, consumption of fixed capital and capital services [M]. Paris: OECD Publishing, 2001.

[133] OECD. Methods used by OECD countries to measure stocks of fixed capital [M]. Paris: OECD Publishing, 1993.

[134] OECD. The well-being of nations: the role of human and social capital [M]. Paris: OECD Publishing, 2001.

[135] ROBINSON J. The economics of imperfect competition [M]. London: Mac Millian, 1933.

[136] UN, EC, IMF, et al. Handbook of national accounting: integrated environmental and economic accounting [M]. New York: United Nations, 2003.

[137] UNU-IHDP, UNEP. Inclusive wealth report 2012. Measuring progress toward sustainability [M]. Cambridge: Cambridge University Press, 2012.

[138] UNU-IHDP, UNEP. Inclusive wealth report 2014. Measuring progress toward sustainability [M]. Cambridge: Cambridge University Press, 2014.

[139] UNU-IHDP, UNEP. Inclusive wealth report 2018. Measuring progress towards sustainability [M]. New York: Routledge Press, 2018.

[140] World Bank. The changing wealth of nations: measuring sustainable development in the new millennium [M]. Washington, D. C: The World Bank, 2011.

[141] World Bank. Where is the wealth of nations? measuring capital for the 21st century [M]. Washington, D. C: The World Bank, 2006.

[142] World Bank. World development indicators 2005 [M]. Washington, D. C: The World Bank, 2005.

[143] World Bank. The changing wealth of nations: building a sustainable future [M]. Washington, D. C: The World Bank, 2018.

[144] WCED. Our common future [M]. Oxford: Oxford University Press, 1987.

[145] CHRISTENSEN L R, CUMMINGS D, JORGENSON D. Economic growth, 1947—73: an international comparison [M] //KENDRICK J W, VACCARA B N. New developments in productivity measurement. Chicago: The University of Chicago Press. 1980.

[146] CHRISTENSEN L R, JORGENSON D W. Measuring economic performance in the private sector [M] //MOSS M. The measuring economic and social performance, NBER Studies in Income and Wealth, vol. 37. New York: Columbia University Press, 1973.

[147] COEN R. Depreciation, profits, and rates of return in manufacturing industries [M] //USHER D. The measurement of capital. Chicago: The University of Chicago Press, 1980.

[148] HULTEN C R, WYKOFF F C. Economic depreciation and the taxation of structures in the united states manufacturing industries: an empirical analysis

[M] //USHER D. The measurement of capital. Chicago: The University of Chicago Press, 1981.

[149] JORGENSON D W, FRAUMENI B M. The accumulation of human and non-human capital 1948—1984 [M]//LIPSEY R E, TICE H S. The measurement of savings, investment, and wealth. Chicago: The University of Chicago Press, 1989.

[150] JORGENSON D W. The economic theory of replacement and depreciation [M] //SELLEKAERTS W. Econometrics and Economic Theory. New York: Macmillan, 1973.

[151] SAMUELSON P. The evaluation of "social income": capital formation and wealth [M] //LUTZ F A, HAGUE D C. The theory of capital. New York: St. Martin's Press, 1961.

[152] ARROW K J, DASGUPTA P, MÄLER K G. Evaluating projects and assessing sustainable development in imperfect economies [J]. Environmental and Resource Economics, 2003, 26 (4) .

[153] ARROW K J, DASGUPTA P, GOULDER L H, et al. Sustainability and the measurement of wealth [J]. Environment and Development Economics, 2012, 17 (3) .

[154] ARROW K J, DASGUPTA P, MÄLER K G. The genuine savings criterion and the value of population [J]. Economic Theory, 2003, 21 (2) .

[155] ARROW K J, DASGUPTA P, GOULDER L, et al. Are we consuming too much? [J]. Journal of Economic Perspectives, 2004, 18 (1) .

[156] BARRO R J, LEE J. International measures of schooling years and schooling quality [J]. The American Economic Review, 1996, 86 (2) .

[157] BARRO R J. Economic growth in a cross section of countries [J]. Quarterly Journal of Economics, 1991, 106 (2) .

[158] BARRO R J, LEE J. International comparison of educational attainment [J]. Journal of Monetary Economics, 1993, 32 (2).

[159] BERNDT E, CHIRSTENSEN L. The translog function and the substitution of equipment, structures, and labor in U. S. manufacturing 1929—1968 [J]. Journal of Econometrics, 1973 (1) .

[160] CHAN K W, LIU T, YANG Y. Hukou and non-hukou migrations in China: comparison and contrasts [J]. International Journal of Population Geography, 1999 (5) .

[161] CHEN J, FLEISHER B M. Regional income inequality and economic

growth in China [J]. Journal of Comparative Economics, 1996, 22 (2) .

[162] CHOW G C. Capital formation and economic growth in China [J]. Quarterly Journal of Economics, 1993, 108 (3) .

[163] CHRISTIANSEN L R, JORGENSEN D W, LAU L J. Transcendental logarithmic production frontier [J]. Review of Economics and Statistics, 1973, 55 (1) .

[164] COSTANZA R, et al. The value of the world's ecosystem services and natural capital [J]. Nature, 1997 (387) .

[165] DASGUPTA P, MÄLER K G. Net national product, wealth, and social well-being [J]. Environment and Development Economics, 2000, 5 (1) .

[166] EISNER R. The total incomes system of accounts [J]. Survey of Current Business, 1985, 65 (1) .

[167] EISNER R. Extended accounts for national income and product [J]. Journal of Economic Literature, 1988, 26 (4) .

[168] FAN L. Measuring interprovincial flows of human capital in China: 1995—2000 [J]. Population Research and Policy Review, 2009, 28 (3) .

[169] FARR W. Equitable taxation of property [J]. Journal of Royal Statistics, 1853, 16 (1) .

[170] FENICHEL E P, ABBOTT J K. Natural capital: from metaphor to measurement [J]. Journal of the Association of Environmental and Resource Economists, 2014, 1 (1) .

[171] FERREIRA S, VINCENT J. Genuine savings: leading indicator of sustainable development? [J]. Economic Development and Cultural Change, 2005, 53 (3) .

[172] FERREIRA S. HAMILTON K, VINCENT J. Comprehensive wealth and future consumption: accounting for population growth [J]. World Bank Economic Review, 2008, 22 (2) .

[173] FOLLONI G, VITTADINI G. Human capital measurement: a survey [J]. Journal of Economic Surveys, 2010, 24 (2) .

[174] GAFFNEY M. Keeping land in capital theory Ricardo, Faustmann, Wicksell, and George [J]. American Journal of Economics and Sociology, 2008, 67 (1) .

[175] GRAHAM J W, WEBB R H. Stocks and depreciation of human capital: new evidence from a present value perspective [J]. Review of Income and Wealth, 1979, 25 (2) .

[176] HALL R E, JONES C I. Why Do some countries produce so much more output per worker than others? [J]. The Quarterly Journal of Economics, 1999, 114 (1) .

[177] HAMILTON K. Green adjustments to GDP [J]. Resources Policy, 1994, 20 (3) .

[178] HAMILTON K. Sustainable development, the Hartwick rule and optimal growth [J]. Environmental and Resource Economics, 1995 (5) .

[179] HAMILTON K, LEY E. Measuring national income and growth in resource-rich, income-poor countries [J]. World Bank Economic Premise, 2010, 28 (1) .

[180] HAMILTON K, HARTWICK J M. Investing exhaustible resource rents and the path of consumption [J]. Canadian Journal of Economics, 2005, 38 (2) .

[181] HAMILTON K, CLEMENS M. Genuine savings rates in developing countries [J]. World Bank Economic Review, 1999, 13 (2) .

[182] HAMILTON K, RUTA G, TAJIBAEVA L. Capital accumulation and resource depletion: a Hartwick rule counterfactual [J]. Environmental and Resource Economics, 2006, 34 (4) .

[183] HAO R, WEI Z. Sources of income differences across Chinese provinces during the reform period: a development accounting exercise [J]. The Developing Economies, 2009, 47 (1) .

[184] HAO R. Opening up, market reform, and convergence clubs in China [J]. Asian Economic Journal, 2008, 22 (2) .

[185] HARTWICK J M. Intergenerational equity and the investing of rents from exhaustible resources [J]. American Economic Review, 1977, 67 (5) .

[186] JEFFERSON G, RAWSKI T, ZHENG Y. Chinese industrial productivity: trends, measurement and recent development [J]. Journal of Comparative Economics, 1996, 23 (1) .

[187] JORGENSON D W. Capital theory and investment behavior [J]. American Economic Review, 1963, 53 (2): 247-259.

[188] JORGENSON D W, GRILICHES Z. The explanation of productivity change [J]. Review of Economic Studies, 1967, 34 (3) .

[189] KMENTA J. On Estimation of the ces production function [J]. International Economic Review, 1967, 8 (2) .

[190] KRIEG R G. Human-capital selectivity in interstate migration [J]. Growth and Change, 1991, 22 (1) .

[191] LANE P R, MILESI-FERRETTI G M. The external wealth of nations mark ii: revised and extended estimates of foreign assets and liabilities, 1970—2004 [J]. Journal of International Economics, 2007, 73 (2) .

[192] LE T, GIBSON J, OXLEY L. Cost-and income-based measures of human capital [J]. Journal of Economic Surveys, 2003, 17 (3) .

[193] LE T, GIBSON J, OXLEY L. A forward-looking measure of the stock of human capital in new zealand [J]. The Manchester School, 2006, 74 (5) .

[194] LEI C K, YAO S. On income convergence among China, Hong Kong and Macau [J]. The World Economy, 2008, 31 (3) .

[195] LI S. Effects of labor out-migration on income growth and inequality in rural China [J]. Development and Society, 1999, 28 (1) .

[196] LIANG Z, MA Z. China's floating population: new evidence from the 2000 census [J]. Population and Development Review, 2004, 30 (3) .

[197] LUCAS R E JR. On the mechanics of economic development [J]. Journal of Monetary Economics, 1988, 22 (3) .

[198] LUCAS R E JR. Supply-side economics: an analytical review [J]. Oxford Economic Papers, 1990, 42 (2) .

[199] MANUELLI, R E, SESHADRI A. Human capital and the wealth of nations [J]. American Economic Review, 2014, 104 (9) .

[200] MURPHY K M, TOPEL R H. The value of health and longevity [J]. Journal of Political Economy, 2006, 114 (5) .

[201] NICCOLUCCI V, GALLI A, REED A, et al. Towards a 3D national ecological footprint geography [J]. Ecological Modelling, 2011, 222 (16) .

[202] PEARCE D W, ATKINSON G. Capital theory and the measurement of sustainable development: an indicator of weak sustainability [J]. Ecological Economics, 1993, 8 (2) .

[203] ROMER P M. Human capital and growth: theory and evidence [J]. Carnegie-Rochester Conference Series on Public Policy, 1990, 32 (1) .

[204] ROZELLE S J, TAYLOR E, DE-BRAUW A. Migration, remittances, and agricultural productivity in China [J]. American Economic Review, 1999, 89 (2) .

[205] SATO R, HOFFMAN F. Production functions with variable elasticity of substitution: some analysis and testing [J]. Review of Economics and Statistics, 1968, 50 (4) .

[206] SATO R, MORITA T. Quantity or quality: the impact of labor-saving

innovation on US and Japanese economic growth rates 1960—2004 [J]. Japanese Economic Review, 2009, 60 (4) .

[207] SCHULTZ T W. Investment in human capital [J]. American Economic Review, 1961, 51 (1) .

[208] SJAASTAD L A. The costs and returns of human migration [J]. The Journal of Political Economy, 1962, 70 (5) .

[209] SONG H, LIU Z, JIANG P. Analyzing the determinants of China's aggregate investment in the reform period [J]. China Economic Review, 2001, 12 (2) .

[210] STERN D. Elasticity of substitution and complementarity [J]. Journal of Productivity Analysis, 2011, 36 (1) .

[211] WACKERNAGEL M, et al. Natural capital accounting with the ecological footprint concept [J]. Ecological Economics, 1999, 29 (3) .

[212] WÖßMANN L. Specifying human capital [J]. Journal of Economic Surveys, 2003, 17 (3) .

[213] YOUNG A. The tyranny of numbers: confronting the statistical realities of the east asian growth experience [J]. Quarterly Journal of Economics, 1995, 110 (3) .

[214] YOUNG A. The razor's edge: distortions and incremental reform in the People's Republic of China [J]. Massachusetts: Quarterly Journal of Economics, 2000, 115 (4) .

[215] ALBALA - BERTRAND J M. A benchmark estimate for the capital stock. an optimal consistency method [R]. London Queen Mary-University, 2001.

[216] ALBALA - BERTRAND J M. An economical approach to estimate a benchmark capital stock. an optimal consistency method [R]. London: Queen Mary-University, 2003.

[217] ARROW K J, DASGUPTA P, GOULDER L H, et al. China, the US, and sustainability: perspectives based on comprehensive wealth [R]. Stanford: Department of Economics, Stanford University, 2007.

[218] BARRO R, LEE J W. International data on educational attainment: updates and implications [R]. Cambridge, MA: Harvard University, 2000.

[219] BARRO R, LEE J W. A new data set of educational attainment in the world, 1950—2010 [R]. Cambridge MA: NBER, 2010.

[220] BOARINI R, MIRA-D´ERCOLE M, LIU G. Approaches to measuring the stock of human capital: a review of country practices [R]. Paris: OECD Pub-

lishing, 2012.

[221] DIXON J, HAMILTON K, KUNTE A. Measuring the wealth of nations, expanding the measure of wealth: indicators of environmentally sustainable development [R]. Environmentally Sustainable Development Studies and Monographs, Series 17. Washington, D. C: The World Bank, 1997.

[222] FERREIRA S, HAMILTON K. Comprehensive wealth, intangible capital, and development [R]. Washington D. C: The World Bank, 2010.

[223] FRANKEL J A. The natural resource curse: a survey [R]. Cambridge, MA: NBER , 2010.

[224] FRAUMENI B M. Human capital accounts: choice of rates and construction of volume indices [R]. Cambridge, MA: NBER, 2011.

[225] GOLDSMITH R W. A perpetual inventory of national wealth [R]. New York: NBER, 1951.

[226] HAMILTON K. Testing genuine saving [R]. Washington D. C: The World Bank, 2005.

[227] HAMILTON K, LIU G. Human capital, tangible wealth, and the intangible capital residual [R]. Washington D. C: The World Bank, 2013.

[228] KUNTE A, HAMILTON K, DIXON J, et al. Estimating national wealth: methodology and results [R]. Washington, D. C: The World Bank, 1998.

[229] LIU G. Measuring the stock of human capital for comparative analysis: an application of the lifetime income approach to selected countries [R]. Paris: OECD Publishing, 2011.

[230] PEZZEY J. Economic analysis of sustainable growth and sustainable development [R]. Washington D. C: The World Bank, 1989.

[231] STIGLITZ J E, SEN A, FITOUSSI J P. Report by the Commission on the Measurement of Economic Performance and Social Progress [R]. Paris: Commission on the Measurement of Economic Performance and Social Progress, 2009.

[232] UNECE. Measuring sustainable development: report of the joint UNECE/OECD/Eurostat Working Group on statistics for sustainable development [R]. New York: United Nations, 2009.

[233] The World Bank. Expanding the measure of wealth: indicators of environmentally sustainable development [R]. Washington, D. C: The World Bank, 1997.

后　记

经济统计学研究以经济概念统计测度为基础，进而以量化方法对理论命题进行经验检验，最终明确经济理论的适用边界与政策空间。本书基于统计学与经济学交叉研究范式，对我国国民财富统计测度及其对发展可持续性影响进行专题研究，是我主持完成的国家社会科学基金项目“中国国民财富总量构成、地区配置与跨期转换的统计测度研究”（16BTJ001）的最终成果。

这项研究得到我的博士生导师、天津财经大学肖红叶教授的鼓励与支持。他于20世纪90年代中期提出开展统计学与经济学交叉研究的思路，将经济理论适用性与经济政策有效性作为统计学研究对象，指导并带领研究团队开展了一系列主题研究，取得丰硕成果。我希望本书可被视为践行该研究范式的又一次有益尝试。

付梓之际，谨献上对肖红叶教授的真挚感谢。恩师博学多识、德高望重、治学严谨、待人宽厚，无论治学还是做人，都是我终身学习的榜样。忝列师门二十载，以师鉴己，深感学问艰辛、学人任重。肖老工作痴狂，生活简单，“年年勤事疏休假，日日辛劳少暇馀。衣食娱游心外淡，香烟清茗虑中需”。恩师为我国经济统计学科发展殚精竭虑、呕心沥血。办公室夜夜透出的明亮灯光，是指引弟子奋发前行的不竭动力。无论身在何处，每念及此，总是心潮波澜。

本项研究正式开启于2016年，但部分基础性工作，则可追溯至2002—2005年我攻读研究生期间在肖红叶教授指导下完成的物质资本估算研究。经过团队不懈努力，课题于2020年10月顺利结项，鉴定等级为优秀。此后，又结合该领域最新研究进展，对课题成果做了进一步提炼与完善。课题研究的阶段成果，先后发表于《统计研究》《数量经济技术经济研究》《山西财经大学学报》《商业经济与管理》等期刊，并多次入选学术会议汇报交流。期刊审稿人和与会专家给出的宝贵意见，令我受益良多，在此表示感谢。

作为课题组核心成员，天津财经大学白仲林教授、王健副教授，天津商业大学赵慧卿副教授，均对课题做出相应贡献。我指导的博士生张圆、康爱香、藏媛以及部分硕士研究生，也参与了文献收集与数据处理工作。研究期间，天津财经大学统计学院曹景林教授、杨贵军教授、董麓教授、李腊生教授、周国富教授、刘乐平教授，都曾给予诸多帮助。调入天津商业大学后，经济学院领导梁学平教授、吕明元教授、李海伟教授、姜达洋副教授，对我的工作给予大力支持，在此一并致谢。

最后，深深感谢我的父母与家人，他们的默默支持是我勇敢面对任何困难的坚强后盾。我的父母都是农民，没多少文化，但我从他们身上学到的勤勉、坚忍与敬业让我终身受益。妻子曾经与我同窗，现为同行，不仅辛勤操持家务、照顾老幼，更在事业上给我莫大支持。在此期间，儿子郝知照也从天真烂漫的少年成长为意气风发的青年，不时抛出的古怪问题时常让我不堪其扰，但过后细品恰是我幸福快乐的不竭源泉。

国民财富研究方兴未艾，尚有大量难题亟待攻克。本书所做初步探索，权作引玉之砖。学识所限，错漏在所难免，恳请各位专家学者批评指正。

郝　枫

2021 年 9 月于天津商业大学